Gamescape

U0449640

What Video Games Can Tell Us
About Our Culture and Society

嬉游志

透过电子游戏看世界

孙 静 著

生活·讀書·新知 三联书店　生活书店 出版有限公司

目 录

推荐序（冯应谦）/ i
自序 透过游戏看世界 / iii

2022

《文字游戏》：中国独立游戏的新浪潮 / 1

文字勇士：游戏怀旧的创新方式 / 2
从萌芽到新浪潮：独立游戏简史 / 8
中国独立游戏的现在与未来 / 16

2021

《多萝西之家》：电子游戏中的非裔话语 / 22

虚拟维度：多萝西一家的安家困境 / 22
社会维度：两个底特律 / 26
历史维度：种族区隔与中产化 / 30
另一种未来：透过游戏反思种平等 / 34

2021

《哈利·波特：魔法觉醒》：移动电竞时代的跨媒介叙事 / 37

帝国想象：读者眼中的"哈利·波特"小说 / 38
卡牌对战：玩家眼中的《魔法觉醒》游戏 / 48
移动电竞：电竞时代的国产游戏生产 / 53

2019

今天的这座灵剑山，与进击的游戏世代 / 58

解码游戏感：从观众到云玩家 / 58
王陆的冒险游戏：从十里坡到灵剑山 / 61
进击的游戏世代：从中国风到仙侠风 / 65

2019

全球南营：游戏中的族裔话语与地域差异 / 71

全球北营与族裔编码：游戏中的种族刻板印象 / 72
全球南营与族裔解码：通过电子游戏抵抗 / 79
全球语境下的中国游戏文化困境 / 84

主题分类：
- 区域游戏文化
- 跨媒介
- 消费
- 性别

2018

《阿尔罕布拉宫的回忆》：
AR游戏与青年震荡 /87

阿尔罕布拉宫游戏：时空交错的格拉纳达 /88
人工智能时代的旅游游戏 /92
技术与青年震荡：次元壁引发的双重焦虑 /95

2018

《捏脸游戏》：
滤镜面前人人平等吗？ /100

虚拟化妆术：被撕裂成数据碎片的身体 /101
错失恐惧症：虚拟化妆时代的展示焦虑 /104
技术垄断时代的数字神话：
    滤镜面前人人平等？ /106

2017

《旅行青蛙》：
箱庭空间、禅派治愈与技术消费 /109

箱庭空间与东方"枯山水"景观 /110
"禅派游戏"的治愈体验 /115
禅派箱庭外壳下的技术消费 /119

2017

《手机疑云》：
电子游戏中的酷儿性 /122

手机：魔圈的消解与游牧空间的建构 /123
"正常"的麻烦：作为程序修辞的酷儿话语 /126
从酷儿游戏到酷儿游戏研究 /130

2016

《失踪》：严肃游戏与女性保护 /134

被绑架的女孩 /135
通过严肃游戏揭示女性困境 /138
从解救到帮助她们融入社会 /144

2016

《阴阳师》：国产游戏的突围 /149

阴阳师：中国古傩文化的亚洲之旅 /150
混杂游戏：类型融合的全盛时代 /156
调和众口：为玩家服务的国产游戏 /163

2015

《王者荣耀》：
网络竞技与消费逻辑 /169

架空历史化的竞技场 /169
消费至上与数字劳工 /176
瘾与戒瘾对青少年的双重盘剥 /180

2013

《新天龙八部》：游戏大片中的旅行 /186

《新天龙八部》与游戏大片 /188
游客化的玩家 /191
消费驱动的玩家 /196
感官修辞的幻象 /200

2012

橙光游戏：
越轨者寓言与性别异托邦 /204

从网页视觉小说到参与式游戏社区 /205
"耽美"游戏角色的生产与消费 /212
橙光用户：游戏圈的越轨者 /218

*主题分类：
■ 区域游戏文化
■ 跨媒介
■ 消费
■ 性别

2012

《卡通农场》：用游戏想象乡村 /225

浪漫乡村：游戏中的虚拟农家乐 /226
暗黑童话：用都市符号改写乡村 /228
增长神话：农场游戏的悖论 /232

2011

性别养成游戏：
解码游戏中的女性神话 /236

游戏中的女性刻板印象 /237
消费困境：当游戏照进现实 /242
生产困境：游戏职场中的性别歧视 /247
关爱女性，推动游戏中的性别多样化 /252

1995

《仙剑奇侠传》：
90年代的奇幻江湖 /260

奇幻江湖中的游戏叙事 /261
中国游戏社群的俄狄浦斯轨迹 /268
现代性跳转中的李逍遥 /270

1988

批判性游戏：
做头号玩家的正确姿势 /276

批判式游戏：玩家与制作者的两种视角 /277
电子游戏史中的批判传统 /280
游戏素养：游戏中的批判思维 /285

1980

世界游戏语境里的中国传统文化 /289

海外游戏：南营主义视角下的中国传统文化 /290

国产游戏：消费主义视角下的中国传统文化 /295

文化遗产：促进传统文化与电子游戏互动的一种视角 /299

未来中国游戏中的文化遗产 /303

1972

无尽的任务：从竞技游戏到电竞直播 /305

电竞研究指南：透过民族志看世界 /306

无尽的任务：休闲玩家和高级玩家的跨次元游戏 /309

从职业玩家到媒体景观：游戏竞技的产业化 /313

构建媒体事件：直播文化中的电子竞技 /319

全球化视野下的中国电竞文化 /322

1967

互动电影：
电影与游戏的跨媒介融合 /324

互动电影的缘起 /325

数字吸引力时代的游戏式电影 /327

以好莱坞为灵感的电影游戏 /330

互动电影的未来 /336

结语 游戏素养的用途 /339

注释 /345

索引 /362

后记 /377

推荐序

冯应谦

香港中文大学新闻与传播学院教授
北京师范大学艺术与传媒学院教授

《嬉游志》是中国游戏发展的一部里程碑式著作,孙静作为一位卓越的学者,对电子游戏充满热爱。在她的笔下,游戏不仅仅是娱乐,更是通向理解世界的知识之门。她以游戏为媒介,试图透过数字的纷繁,理解这个多元而复杂的世界。我自己也深感共鸣,因为年轻时我同样沉浸于游戏的世界,尽管那时游戏的形态相对简陋。对于她在追求梦想的道路上表现出的毅力、决心和活力,我深感敬佩,她选择了一条专注于游戏的学术之路。

在英语文献中,关于游戏有许多著作,然而,这是中国游戏发展历程的首部系统性中文著作。从引入的外国游戏到中国自主制作的游戏,从 PlayStation 到移动游戏,再到《旅行青蛙》和《绝地求生》等游戏,书中一一进行了时序排列。尽管不可能在 50 多年的时间跨度内详尽涵盖所有游戏,但作者通过突出每个时期的重要游戏及其背后的时代意义,为读者展开了一幅丰富多彩的画卷。

阅读这本书，我意识到作者想要讨论的远不止游戏本身。她运用游戏深入探讨了一些复杂的学术概念，如"全球南营"，并通过游戏反映出当今女性和酷儿所面临的境况。同时，她通过游戏重新构建了农村生活的图景，以及人们对非裔身份的想象。在书中，她运用了大量西方概念来分析游戏内容、游戏发展、玩家参与方式以及社会对待游戏的态度。这使得本书不仅仅是一部学术著作，更是一场对于人生、文化和哲学的思考，意在通过游戏为思想和理念找到表达的途径。

值得注意的是，孙静在引入西方理论之余，能够巧妙地将这些概念与中国的游戏现象相结合，并将这些概念巧妙地融入中国文化背景中，为我们呈现出一个更为丰富、多层次的游戏世界。

最后，祝贺孙静成功出版了这本书。相信这本书将成为那些喜欢游戏的人、曾经热爱并玩过游戏的人，以及当前热衷于游戏的年轻一代的启发性读物。这不仅仅是一部关于游戏历史的书，更是一部关于中国游戏未来的书。这部著作将在学术领域留下恒久的印记。

自序　透过游戏看世界

小时候，我和很多人一样，曾梦想环游世界。长大后，我真的去了不少地方，从墨尔本到芝加哥，再到罗马，从北欧小城舍夫德到日本京都，从弗吉尼亚大学到威斯康星大学麦迪逊分校，从麻省理工学院到纽约大学游戏中心，从都灵大学到鲁汶大学，有时是短暂访问，有时则会停留一段时间。回想起来，大部分旅行都跟电子游戏相关。作为一个游戏研究者，最大的福利就是每年到不同的城市，和来自世界各地的游戏学者、游戏设计师、玩家一起畅谈游戏。

不仅如此，游戏还用另一种方式带我遨游世界。在《极圈以南》（*South of the Circle*，2022）中，气象学家彼得带我穿越南极的风雪。在《永夜：雪落》（*Skábma—Snowfall*，2022）中，我跟牧鹿人一起感受北极附近古老的萨米文明。通过《失踪》（*Missing: Game for a Cause*，2016），我看到了印度城市墙壁上的女孩儿剪影，那是游戏设计师为女性保护做出的努力。《刺客信条：大革命》（*Assassin's Creed: Unity*，2014）中有保留完好的巴黎圣母院，《阿尔罕布拉宫的回忆》（2018年）中的西班牙古城游戏展望了未来AR技术的巨大潜力。我在《绘真·妙笔千山》（2019年）中感受中国画的气韵，在《塞尔达传说：旷野之息》（*The Legend of Zelda: Breath of the Wild*，2017）中悠闲地散步捉鱼，在《纪念碑谷》（*Monument Valley*，2014）中看到了奇妙的几何之美。

在与游戏相伴的旅途中，我看到人们对游戏的态度各不相同，大致可以分为四类：游戏难民、游戏窥视者、游戏移民以及游戏原住民。

游戏难民拒绝任何形式的游戏体验，时不时地为游戏贴上"玩物丧志""电子海洛因"等耸人听闻的标签，甚至建议用电击疗法来解决过度游戏的问题。与之相比，游戏窥视者对电子游戏的态度较为缓和。他们偶尔玩些简单的游戏，但不会投入过多的时间和精力。

游戏移民是游戏的忠实粉丝。他们会主动花费大量时间钻研游戏机制和游戏规则，积极参与线上及线下的游戏活动，甚至购买价格不菲的游戏设备、新款游戏或游戏周边。至于游戏原住民，他们则是伴随电子游戏出生并成长的游戏世代。对他们来说，游戏即生活，反之亦然。

然而，这些阶层并不是不可流动的固化体系，因为有些人在他们之中搭建着数字桥梁，旨在消除数字鸿沟。

游戏主播雪莉（Shirley Curry）就是典型的例子。这位80多岁的老奶奶不仅是《上古卷轴5：天际》（*The Elder Scrolls V: Skyrim*，2011）等硬核游戏的玩家，还在国外视频分享网站上开设自媒体频道，已制作并上传了几百部游戏视频。在日本，名为若宫正子的老奶奶更是在81岁时从零开始自学编程，而且还开发出了一款专门面向老年人的手机游戏。

还有美国知名游戏学者詹姆斯·保罗·吉（James Paul Gee），他出生于1948年，既不是游戏原住民，也不像大多是游戏难民的同辈人。最初，他虽然不玩游戏，但也不像父亲那样，认为玩游戏是浪费时间。后来，他受到儿子山姆的启发，不仅成为积极参与游戏社区的游戏高手，还通过自己的游戏体验完成了不少颇具影响力的游戏研究专著，成为名副其实的游戏移民。更重要的是，他一直致力于推动和普及游戏素养（game literacy）的研究及应用，倡导游戏对社会的积极作用，因此又发挥着游戏桥梁的作用。

我也是游戏移民，最初接触游戏还是在上个世纪末。彼时，计算机特别稀缺，游戏产品也不像现在这么丰富多样。我在印着键盘的纸板上练习指法，用DOS系统学编程，用装着Windows3.2的老式电脑玩《扫雷》（*Microsoft Minesweeper*，1992）。那时候，我从未想过，自己会以游戏为主题完成博士论文，进入游戏产业工作，甚至开始设计游戏。

在这段有趣又有意义的旅程中，游戏总能带给我全新的体验，让我看到更大的世界和更多的可能性。出于这个原因，我也尝试搭建一座游戏桥梁，为您提供一种理解游戏的视角，一起透过游戏看世界。

《文字游戏》：中国独立游戏的新浪潮

提及以中国文字为主题的游戏，很多人会想起传统文化中的文人活动。在《兰亭集序》中，东晋书法家王羲之提及与友人"曲水流觞"，并感慨"虽无丝竹管弦之盛，一觞一咏，亦足以畅叙幽情"。在北京的潭柘寺，"御亭流杯"被誉为十景之一，让游客有机会体验这种即兴赋诗活动。

1991年，电视剧《联林珍奇》在国内热映，观众透过主人公凌大岫（张弓饰）坎坷的仕途生涯，在数百副奇妙的传统对联中了解了汉字的意趣。2019年，故宫首部解谜游戏书《谜宫·如意琳琅图籍》发布，玩家通过画纸、铜钱等实物道具解开数字界面上的文字谜题，从而深入了解故宫的文物。

如果说此类活动主要通过传统媒介来回顾历史中的汉字文化，那么电子游戏《文字游戏》则尝试通过具有创新性的游戏机制展望未来，从而为中国汉字赋予新的生命。

文字勇士：游戏怀旧的创新方式

《文字游戏》发行于 2022 年，由独立游戏团队 Team9 开发，并与独立精神（Indinova）联合发行。在游戏中，玩家需要对文字进行排列组合，以此来完成各个关卡的任务。

对玩家来说，填字游戏是比较常见的文字类游戏，典型的代表是之前火爆全网的《沃德尔填词游戏》（*Wordle*，2021）。其中，游戏界面上有 30 个空白方格，包括 5 列 6 行，可供玩家尝试 6 次。玩家先随意输入一个单词，系统会通过三种颜色提供反馈：绿色代表字母正确且位置正确；黄色代表字母正确但位置错误；灰色则代表字母错误，可以排除。通过这些提示，玩家可以再次尝试，一半靠推理（如元音辅音组合），一半靠运气，直到猜对为止。游戏结束后，界面会显示分享按钮，供玩家将猜词过程分享到社交媒体。

这款游戏由乔什·沃德尔（Josh Wardle）设计。他是纽约的一位软件工程师，因为女朋友帕拉克·沙阿（Palak Shah）喜欢猜词游戏，于是就想给她专门制作一款游戏，用来在疫情期间打发时间。沃德尔从英文词库中挑出了 2500 个单词，每天只能猜一个，可以让女朋友玩 6 年多。游戏对外发布后，很快就吸引了数百万玩家。

游戏学者伊恩·博戈斯特（Ian Bogost）曾指出，填词游戏能为玩家提供一种逻辑上的一致性。当生活处于混乱时，人们通常无法找到解决方案。面对这一困境，填词游戏给玩家提供了一个有能力解决的问题,起到抚慰人心的作用。[1]《沃德尔填词游戏》每天为玩家提供一个简短的任务,每日分享结果,使其在混乱的疫情期间形成了一种惯例,就像每天正常吃饭、睡觉、上下班一样。更重要的是,玩家每天都面对一个新挑战,解决一个新问题,这无形中成了现实困境的一个安慰剂。

与之相比,《文字游戏》并不是一款扁平化的填词游戏,而是一段勇者的冒险历程。在游戏中,玩家扮演一名勇士,面对被囚禁的公主,需要突破重重考验,最终与魔龙决斗。值得注意的是,它并不是一个拯救落难少女的简单故事,也没有为玩家编织一个美好的童话,而是将东方与西方的元素混搭,将复古与创新融合,巧妙地塑造了一个反英雄。

之所以说《文字游戏》具有复古元素,首先是因为游戏的界面采用了像素风,使用黑底白字的配色,鲜少出现彩色元素。这很容易让我们想起电子游戏诞生初期,囿于技术限制,游戏设备无法像现在的电脑、游戏主机和手机一样,为玩家提供炫酷的视觉效果。作为一种常见的怀旧手法,很多游戏开发者都会使用像素风搭配8比特音乐(8-bit music),以此来致敬早期游戏作品。

游戏学者贾斯珀·鲁尔(Jesper Juul)认为,独立游戏开发者之所以有意或无意地回望以前的黄金时代,也就是游戏史的起点,是因为那时的游戏作品通常由小团队或者个人手工制作而成,而不是游戏大厂通过商业流水线批量生产。技术通常与科层制、冷酷无情、理性的算计和缺乏人性等现代性的后果相关。通过返回至手作时代的游戏风格，独立游戏开发者有意地消解了作品中的复杂技术因素，因此具有一种反现代性（antimodernism）。[2] 小说《头号玩家》（*Ready Player One*）将这种心态展现得淋漓尽致：对玩家来说，街机时期才是游戏的黄金时代，主人公需要凭借经典游戏《吃豆人》来拯救一个被资本控制的破败世界。

此外，《文字游戏》还借鉴了早期的文字冒险游戏（text-based adventure game）元素，游戏界面只有文字，没有任何图像。大部分文字冒险游戏出现在20世纪70年代末，通常采用第二人称视角，用代词"你"跟玩家进行对话，如《巨洞探险》（*Colossal Cave Adventure*，1977）、《魔域大冒险》（*Zork*，1977）、《神秘庄园》（*Mystery Mansion*，1978）等。以《巨洞探险》为例，游戏一开始，黑色的屏幕上会出现这样的文字：

> 在道路尽头
> 你正站在一条道路的尽头，面前是一座砖砌的小楼。你的四周是一片森林。一条小河从楼里流出，进入了一个溪谷。
> ＞

玩家需要在"＞"后方输入文字指令，才能进入下一个场景。玩家输入的所有信息和游戏给出的所有反馈，都是通过文字的形式表达，没有任何图像的交互。例如，如果指令为"get cage"（捡起笼子），那么游戏界面接着出现"Taken"（已捡起）。早期的游戏解码能力不太强，玩家通常只能输入两个英文单词。随着软件的发展，文本命令就变得稍微复杂起来，如"take the key from the desk"（从桌子上拿起钥匙）。所有文字使用英语，根据场景分成不同的段落，整个游戏就像是一部互动小说。

在《文字游戏》中，游戏场景也参考了这一类型。然而差异在于，《文字游戏》使用了第一人称，汉字"我"就是玩家在游戏中需要扮演的角色。在界面上，游戏有时候会使用段落形式来展现剧情或是人物对话，但在大部分情况下，会根据不同关卡的需要，将文字设计成相应的游戏场景图案。例如，当游戏中出现树林时，屏幕上会出现一个由几列或几行"树"字组成的图案，表示这里是一片树林。当蛇出现时，玩家则会看到一个由很多个"蛇"字组成的蛇的图案，而且能清晰辨别出蛇的头部和身体，当它在游戏世界中爬行时，这些文字也会跟着蛇的身体调整相应的位置。如果游戏场景中需要一个房间，那么玩家就能看到一个由"墙"字围起来的四边形，出入口位置是"门"字，供玩家进行交互。

因此，《文字游戏》与当前大部分游戏的最大差异在于，后者通常通过线条、图案和颜色来表意，更加直观；而前者则具备一种抽象与具象之间的张力。虽然汉字脱胎于象形文字，但现代汉字历经数千年的演变，大部分较为抽象。如此一来，用汉字组成的图案，就像法国诗人纪尧姆·阿波利奈尔（Guillaume Apollinaire）创作的图像诗，能让玩家持续往返于抽象符号与具身体验之间，从而在复古的游戏形式中感受到一种波德莱尔式的现代性震惊体验。

从动词的维度看，[①] 这款游戏的操作方式并不复杂。在传统的冒险游戏中，玩家往往需要具备极强的反应能力和敏捷性，使用鼠标和键盘，有时还需要持续调整视角和技能，从而完成打怪升级的任务。

然而在《文字游戏》中，玩家主要使用方向键、TAB 键和 ESC 键，对汉字进行拆解或重组，从而解决谜题。例如，当"我"靠近"狗"时，会伴随着狗叫声出现"汪"字；当"我"移动到"门"的位置时，就能够出入那扇门；当"我"移动到"桌""炉"的位置时，可以查看相应的隐藏信息。

不仅如此，就算是碰到了敌人，玩家依然使用类似的方式来消灭怪物。例如，在游戏初期，玩家会通过缝隙进入一个山洞，里面有几个移动的"史"字，代表着名为史莱姆的怪物。此时，洞中会先后出现这样几行字：

史莱姆盘踞洞窟，**没**有要撤退的迹象。
任凭剑气在洞里轰轰作响，**对**敌方一筹莫展。

---

① 游戏学者克里斯·克劳福德（Chris Crawford）认为，游戏世界（game universe）包括"名词"（noun）和"动词"（verb）两个部分。其中，"名词"指向游戏中的符号系统，包括游戏的故事背景、角色、影像、配乐等元素；"动词"是指游戏机制（game mechanics），也就是玩家在游戏中的活动方式。

史莱姆们扭动着黏糊糊的身体跑**来**了。

此时，如果"我"用剑砍向加粗的几个字，无须专门攻击史莱姆，就能将其打败。

最初，玩家以为自己会重复其他冒险游戏主人公的老路：一个默默无闻的草根儿，通过一个特别的契机，偶然成为天选之人，需要打败魔龙、拯救公主，最终迎来美满的欢喜结局。然而，当玩家屠龙成功，见到公主后，会发现一个惊人的真相：公主并不是"落难少女"，而是导致文字世界崩坏的根源；魔龙也不是"恶魔"，而是封印公主力量的世界守护者。如此一来，公主和魔龙的身份发生了反转，而作为"勇者"的玩家则陷入了两难：要么放弃公主，以维持世界的秩序；要么放弃世界，让世界陷入混乱。无论是哪种结局，玩家都没有实现最初的梦想。

就《文字游戏》而言，一方面，它将中国传统文化巧妙地融合到游戏玩法之中，让玩家能够深度体验到汉字的精妙。显然，玩家只有理解汉语、找到关键的汉字，并根据游戏场景对汉字做出相应的改变，才能够成功解开谜题。因此，玩家才会感慨，这是一款"不懂中文完全玩不了"的游戏。另一方面，它又通过游戏叙事的反转，打破了之前的游戏套路，同时也打破了玩家的期待视野，最终将玩家塑造成了反英雄。也正因如此，《文字游戏》被玩家视作一款可圈可点的独立游戏佳作。

从萌芽到新浪潮：独立游戏简史

什么是独立游戏？游戏学者贾斯珀·鲁尔认为，独立游戏不再将游戏视作产品，而是一种由人创建的文化作品，其核心精神在于创新，让玩家用新的方式玩游戏，以此解决新的问题，或是出于新的缘由来解决旧问题，抑或是用新的方式来理解电子游戏。可以说，独立游戏在不断地颠覆主流游戏，甚至颠覆之前的独立游戏作品。[3]

他以电影学者杰夫·金（Geoff King）对独立电影的讨论为基础，提出从三个维度来理解独立游戏。其一，是资金的独立，这能让游戏开发者不受资本的裹挟，进而自由地进行更具个性化的创作。其二，是美学上的独立，采用不同于主流游戏的作品风格和设计原则。其三，是文化上的独立，让游戏承载着文化的、政治的和道德的价值，从而让世界变得更美好。他还指出，独立游戏与主流游戏相对：后者被视作一种产品，由匿名的公司生产，在全球范围内发行；而前者则被视为一种独特的作品，由具体的个体基于自身的经历创作而成，可以直接通过开发者网站或独立游戏社区来发行。[4]

在《手作像素：独立游戏及对真实性的探索》（*Handmade Pixels: Independent Video Games and the Quest for Authenticity*）一书中，鲁尔详细梳理了独立游戏的发展历程，我们可以将其概括为三个时期，分别对应着独立游戏的萌芽、崛起和升级。

2005年以前，是独立游戏的萌芽时期。1982年，伯尼·德科文（Bernie DeKoven）和贾伦·拉尼尔（Jaron Lanier）共同开发了艺术游戏《外星花园》（*Alien Garden*，1982）。在20世纪80年代，街机是最受欢迎的游戏平台，游戏开发者并不看好家用电脑。此外，当时的游戏以冒险类和策略类为主，游戏机制强调战斗和对抗，游戏类型比较单一。与之不同，《外星花园》搭载了8位家用电脑，支持康懋达64（Commodore 64）和雅达利800（Atari 800）。此外，这款游戏并没有追逐当时的潮流，既没有任何暴力打斗，也没有为玩家提供敌人，只是鼓励玩家自主探索，因此具有文化上的独立性。

1998年，《游戏开发者》（*Game Developer*）杂志上刊登了一篇题为"我们的圣丹尼斯在何处？"的文章，由该杂志的编辑亚历克斯·邓恩（Alex Dunne）执笔。作为独立电影节，圣丹斯电影节是人们分享和讨论独立电影的平台。邓恩指出，游戏开发者也需要一个这样的场合，在不受资本和商业的影响下，一起来讨论独立游戏。1999年，邓恩创办了独立游戏节（Independent Game Festival，IGF），并在后来的历届年会中将其延续下来，以便让优秀的独立游戏开发者能够展示作品，并在开发者和发行商之间搭建一座有效的桥梁。

2002年，全球游戏开发者大会（Game Developers Conference）增设了实验玩法工作坊（Experimental Gameplay Workshop），旨在效仿电影、音乐等艺术形式，发现具有实验性的游戏创意。同年3月15日，首届独立游戏限时开发大会

（Indie Game Jam）在位于美国加州的橡树城举办，为期三天。4月，首届卢登游戏挑战赛（Ludum Dare）在线上开启。根据规则，参赛者需要在48小时内基于给定的主题来设计游戏。此类活动契合了资深游戏开发者马克·塞尼（Mark Cerny）和迈克尔·约翰（Michael John）的倡议，即先制作出游戏原型，然而通过玩家体验来快速迭代。

2005年至2011年，是独立游戏的商业化时期。在此期间，Xbox、PlayStation3和任天堂Wii等游戏相继面世，使得独立游戏作品有机会登录游戏主机。2006年，首届北欧游戏限时开发大赛（Nordic Game Jam）在位于丹麦的哥本哈根信息技术大学举办，吸引了900名参与者，至今已经成为全球最具影响力的游戏活动。

更重要的是，独立风格在这一阶段得已形成，代表作品是荣获2005年IGF评审团大奖的游戏《史莱姆救美记》（*Gish*，2004）。鲁尔认为，这款作品一方面使用了二维图像，每个关卡搭配同一个色系的颜色；另一方面，它为玩家提供了丰富的运动、物理和灯光系统，将复古的2D游戏玩法与现代感巧妙地融合起来。之后，不少独立游戏开发者也对这种独立风格颇为推崇，用现代技术来模拟低多边形（low-poly）3D、水彩等早期的视觉风格。凭借此类设计理念和实践，独立游戏终于像独立电影一样，在独立艺术领域有了一席之地。

同样是在2005年，在埃里克·齐默尔曼（Eric Zimmerman）和杰森·德拉·罗卡（Jason Della Rocca）的推动下，

IGF首次与全球游戏开发者大会联合举办。当时，杰森·德拉·罗卡是全球游戏开发者协会蒙特利尔分会的执行主任，负责该组织的日常运营及管理。埃里克·齐默尔曼是全球知名的游戏设计师，创办并领导着游戏实验室（Gamelab），代表作品有《16吨》（*Sixteen Tons*, 2010）、《亲爱的读者》（*Dear Reader*, 2019）等，曾在麻省理工学院、得克萨斯大学、帕森斯设计学院、罗得岛设计学院等高校任教，现为纽约大学游戏中心教授。两人发起了"吐槽例会"（rant sessions），每位受邀的嘉宾可以用5—10分钟的时间来发表自己的观点，对游戏文化进行批判式反思，相关议题包括游戏产业、性别、种族等多个话题，极大地推动了游戏生态的多样性。

从2008年开始，独立游戏进入主流。此时，全球游戏开发者大会已由最初较为独立的游戏开发者社区转变为颇具商业化特点的市场活动，由大型商业会议承办商博闻集团（UBM）运营。作为其中的一个板块，IGF也受到了影响。面对这一问题，更具独立性的游戏节"独立拱廊"（IndieCade）提出倡议，要鼓励更具实验性、更关注社会文化议题的作品，从而维护独立游戏在文化上的独立性。自这一年起，很多独立游戏开发者打破了之前的设计模式（即游戏中要设定目标，玩家要付出努力，而且要与游戏的结果建立情感纽带），开始实验新的游戏结构方式。很快，IGF也做出了回应，在原有奖项基础上设立了创新奖（IGF Nuovo Award），旨在鼓励那些打破传统开发形式的短篇抽象作品，例如《中间》

（*Between*，2009）、《尼德霍格》（*Nidhogg*，2014）等。

2009年，游戏引擎Unity秉承着"让更多人可以制作游戏"的初心，更改了收费模式。根据新规定，所有人都能免费使用Unity进行非商业性的游戏开发活动。若游戏上市发行，开发者再支付相关费用。这一举措极大降低了游戏开发者的技术门槛，后来被其他游戏引擎效仿，进一步推动了独立游戏的发展。在此期间，独立游戏形成了三种常见范式：其一，是由具备3A游戏开发背景的设计师制作的游戏；其二，是学生项目；其三，是基于网页的Flash社交游戏。

2012年，《独立游戏大电影》（*Indie Game: The Movie*）正式发行，由来自加拿大的丽莎娜·帕约特（Lisanne Pajot）和詹姆斯·斯维尔斯基（James Swirsky）联合执导，在游戏社群中引发了热烈反响。作为一部纪录片，这部电影聚焦《时空幻境》（*Braid*，2008）、《超级食肉男孩》（*Super Meat Boy*，2010）和《菲斯》（*Fez*，2012）三部独立游戏，向观众呈现了游戏的制作过程及其开发者的生活。

值得注意的是，在独立游戏快速发展的同时，越来越多的人开始对独立游戏生态进行了批判式反思。例如，分别在纽约大学和美国东北大学任教的游戏设计师娜奥米·克拉克（Naomi Clark）和赛莉亚·皮尔斯（Celia Pearce）都曾指出，独立游戏节和独立游戏奖往往面向受过良好教育的白人男性，忽视了由女性和少数族裔开发的游戏作品。此外，苹果商店和谷歌商店也对独立游戏产生了比较大的影响。就这种数字发行方式而言，虽然它为游戏提供了更便捷的发行渠道，但平台间的价格大战也让游戏定价越来越低，甚至大部分都要免费，使得"微交易"（即游戏免费，道具/增值服务收费）模式颇为盛行。很多小成本的休闲社交游戏也采用了这样的设计模式，因此受到了独立游戏社群的批评。

从2012年至今，是独立游戏的新浪潮时代。独立游戏人的批判性思维延续下来，并得到了进一步拓展。用娜奥米·克拉克的话说，游戏开发者应该效仿美国的新浪潮电影人，用新的方式给玩家带来挑战。在2013年全球游戏开发者大会的实验玩法工作坊上，有26位游戏设计师针对这一主题展开了长达两个小时的探讨。他们指出，独立游戏通常在游戏玩法和游戏机制方面进行实验，很少触及其他层面，如：背景故事、角色设计、声音、叙事等名词维度，女性、老年人等硬核玩家以外的受众，不影响游戏玩法的商业模式或发行机制等。

在这种探索中，游戏研究和游戏教育发挥了重大的作用。一方面，很多独立游戏设计师，如上文提到的娜奥米·克拉克和赛莉亚·皮尔斯，都在大学中开设游戏课程，不仅传授游戏设计技术，而且也在培养学生的批判性思维。另一方面，在接受了这样的培养后，游戏专业的学生也推出了一系列具有独立风格的学生作品，有些游戏后来还取得了商业上的成功，如《风之旅人》（*Journey*，2012）和《回到床上》（*Back to Bed*，2014）。

2012年，斩获独立游戏年度大奖的作品也不再是传统的平台游戏（platform games），IGF将谢默斯·麦克纳利大奖（Seumas McNally Grand Prize）颁给了《菲斯》，"独立拱廊"则将年度大奖授予《无人驾驶》（*Unmanned*，2012）。

《菲斯》出自加拿大法裔独立游戏开发者菲尔·费舍（Phil Fish），游戏的开发历程曾出现在《独立游戏大电影》中。一开始，玩家会觉得它依然是一款2D平台游戏，但很快，游戏就引入了3D元素，通过变换玩家的视角，来完成一系列的解谜任务。

如果说我们从《菲斯》中还能看到独立游戏作品的部分传统，那么《无人驾驶》则完全打破了之前的模式，在文化和审美层面都具有极强的独立性。《无人驾驶》出自意大利独立游戏设计师保罗·佩德奇尼（Paolo Pedercini），后者的工作室软工业（La Molleindustria）在独立游戏社群颇具影响力。从题材上看，这款游戏讨论了无人机对人们施加的暴力。对无人机的控制者来说，每次执行任务就像是一场虚拟的游戏，却能让鲜活的生命就此终结，并因此噩梦缠身。此外，游戏使用了电影语言，界面被划分为左右两个区域，分别用特写和远景来呈现游戏角色本人和他看到的场景。

之后，独立游戏的游戏机制变得更为丰富，开发者的地域性也更为多样化。例如，英国设计师山姆·巴洛（Sam Barlow）的作品《她的故事》（*Her Story*，2015），让玩家在一个模拟的电脑界面上查看视频资料，从而完成解谜任务。再如澳大利亚独立游戏《和班尼特·福迪一起攻克难关》（*Getting Over It with Bennett Foddy*，2017），玩家角色是坐在罐子里，边挥舞着斧子边登山。这款游戏难度极高，却获得玩家和游戏媒体的一致好评，具有一种怪异的幽默感。至于来自瑞典的《滴答：双人冒险》（*Tick Tock: A Tale for Two*，2019），则采用双人合作模式，利用玩家间的信息差来解开谜题，比之前大火的《双人成行》（*It Takes Two*，2021）还要早两年。

与此同时，独立游戏社群的活动也发生了变化。同样是在2012年，首届柏林迷宫游戏节（A MAZE. festival）开幕，聚焦装置游戏艺术，并关注社会话题，较"独立拱廊"进一步淡化了商业性。在2013年全球游戏开发者大会期间，独立游戏设计师马蒂·布莱斯（Mattie Brice）等人为抗议大会高达数千美元的门票，在会场外的草地上发起了一项名为"迷失关卡非会议"（Lost Levels un-conference）的野餐活动，[5] 旨在为所有人提供一个开放包容的交流场合。活动不收取任何费用，人人都能发表个人演讲，或者就感兴趣的游戏话题组织一场讨论，连续数年成为独立游戏人对游戏生态进行反思的重要平台。2014年，"玩家门"（Gamergate）爆发，一些女性游戏开发者及其支持者受到了一系列的恐吓和威胁，其中也包括菲尔·费舍，促使全球独立游戏人和游戏学者通过一系列的媒体文章和学术论文来反思游戏文化中根深蒂固的性别歧视。

此外，越来越多的独立游戏人也开始反思游戏行业内的工作文化。在游戏公司中，加班已经成为常态。对独立游戏人来说，由于缺乏稳定的经济来源，很多人的工作时间会更长，极大地影响了自己的身心健康。鲁尔认为，2018年获得IGF大奖的游戏《林中之夜》(*Night in the Woods*，2017)以"幸福"为主题，不仅面向玩家的精神创伤，而且还在很大程度上回应了独立游戏开发者的心理焦虑。此后，越来越多的独立游戏人告别了埋头苦干的艺术家生活，倡导一种更为健康的职业生涯。[6]

可以说，独立游戏意味着将游戏视作文化作品，而不是纯粹的商业化产品，其宗旨在于内容和形式的创新，其中批判式思维是核心驱动力。凭借这一驱动力，独立游戏在持续地颠覆主流游戏，甚至颠覆之前的独立游戏作品。

中国独立游戏的现在与未来

就当前中国的游戏作品而言，主流商业游戏以MOBA①（如《王者荣耀》）和"吃鸡"游戏（如《荒野行动》）为主要类型，在游戏世界的建构上注重视听景观，在游戏玩法上强调对战和消费。与之不同，《文字游戏》巧妙地融合了

---

① MOBA，即Multiplayer Online Battle Arena Games（多人在线战术竞技场）。

东方的文字文化与西方的游戏类型，用怀旧范儿的游戏世界来呈现颇具新意的游戏机制，而且让玩家对汉字文化产生了浓厚的兴趣，从美学和文化两个维度回应了鲁尔对独立游戏的界定。

斯维特兰娜·博伊姆（Svetlana Boym）指出，怀旧的英文单词nostalgia最早出现在瑞士医学专业学生约翰内斯·霍弗（Johannes Hofer）的学位论文中，用于描述一种病症。该词由nostos和algia这两个希腊语词组合而成，分别意为"返家"和"渴望"，组合起来就是"渴望回到家园"。她区分了两种形式的怀旧：复原式怀旧（restorative nostalgia）和反思式怀旧（relective nostalgia）。前者是一种静态的重建，强调修复历史、重塑丢失的家园；而后者则意味着新的灵活性，强调渴望这一行为本身，注重对历史做出批判式反思。[7]

在当代游戏中，怀旧已经是一个不容忽视的重要元素，尤其是在中国风游戏中。从一开始，国产游戏就承担着传承传统文化的社会责任。然而，大多数作品属于复原式怀旧。例如，很多标榜中国风的游戏，只是将传统文化的元素机械地挪用在游戏场景和角色外形上，游戏机制依然是在复制西方的商业游戏玩法。

与之相比，《文字游戏》称得上反思式怀旧，在游戏史上的价值更胜一筹。对玩家来说，它不仅指向了游戏文化中的早期像素画风和文字冒险类型，而且还指向了文字本身，通过游戏交互将汉字推至聚光灯下，让我们回望一个曾经依靠书信文字而非图像或短视频进行沟通的美好时代。从这一点上看，《文字游戏》中的批判意识已经超出了游戏生产的范畴，将反思进一步拓展至更大的社会文化领域。

令人遗憾的是，并非所有标榜"独立"的国产游戏都有如此鲜明的独立气质。独立游戏人乔晓萌曾指出，中国的独立游戏更看重好玩、有趣、带有一定的复古情结，并不强调个人、多元、观点、艺术表达。她认为，这首先缘起于中国的产业生态。纵观国产游戏发展史，游戏生产几乎跳过了单机游戏时代，之后的主流网络游戏又存在着严重的氪金问题，独立游戏被视作单机游戏的替代品。其二，从受众来看，国内玩家大多是硬核玩家群体，更偏好传统的商业游戏，对强调个性表达的独立游戏宽容度不高。其三，国内独立游戏开发者通常隶属于游戏行业，与艺术界、学界并无太多交集，其设计趣味在很大程度上受到个人游戏体验的影响。出于现实生存的考量，他们更期待自己的作品能够获得商业成功。[8]

在谈及西方独立游戏崛起的原因时，赛莉亚·皮尔斯提到了三个关键因素。首先，学术研究极大地推动了社会各界对游戏的认知。在20世纪90年代末，游戏成为一种艺术表达形式，不再是纯粹的商品。到了21世纪初，这种观念进一步被公共政策制定者认可，针对游戏的相关资助项目应运而生。此外，有些学者参与开发了具有实验性的艺术游戏，还有人在博物馆等公共空间推出了以游戏为主题的展览。这些游戏实践不仅在很大程度上消除了大众对游戏的道德恐慌，还进一步推动了游戏媒体的发展。很多学者成为此类媒体的撰稿人，向大众介绍更多的独立游戏，使游戏成为公共知识领域的重要议题。

其二，新的开发工具、新的发行模式和资金模式极大地推动了独立游戏的崛起。从早期的 Adobe Flash，到游戏艺术爱好者的模组实践，再到 Unity、Unreal、Twine 等游戏引擎，多样化的游戏开发工具在很大程度上降低了游戏制作的技术门槛，为独立游戏开发者提供了极大的便利。在此过程中，游戏平台拓展到了手机、VR 等设备，Steam、itch.io、苹果商店和众筹网站为游戏的发行及资金募集提供了新的模式。与此同时，传统的游戏大厂也开始将目光从主流的大制作游戏转移至小成本的独立作品，与独立游戏开发者展开一系列的合作，或是直接收购独立游戏工作室。

其三，独立游戏开发者共同创造了一种自学自治（autodidactic communalism）的社群文化。这种文化不仅强调对商业逻辑的反思，还包含对社会文化议题的深切关注，甚至包括对独立社群本身的自我批判。这些独立游戏社群既包括临时组织的独立游戏活动，如游戏限时开发大会（game jam），也包括独立游戏合作社。在以上各个群体的共同努力下，以独立游戏为主题的大会、展览和奖项也陆续出现，如 IGF 以及"独立拱廊"等。[9]

其中，游戏教育发挥了重要作用。在国外，游戏产业从业者大多拥有本科、硕士、博士等不同层次的高等教育学历，其中不乏纽约大学、南加州大学、卡内基梅隆大学等国际知名院校的毕业生。根据电子游戏高等教育联盟（Higher Education Video Game Alliance）开展的一项调查，2018年，美国有520多家机构开设了超过1200个与游戏相关的学位项目，还有大量非学位项目。在加拿大，高校在2018年开设的游戏相关项目比2008年增长了9倍。在接受过上述游戏教育的学生中，有过半数的人学习过游戏设计、游戏制作、游戏编程，超过三分之一的人学习过游戏设计、游戏项目管理、游戏与社会等相关的十余门专业课程。此外，国外的游戏教育还提供数据分析、游戏测试等与游戏产业强相关的课程，以及VR/AR等前沿游戏技术课程。[10]在这个体系中，游戏从业者和游戏研究者有机会进行双向交流，兼顾了技术与文化，游戏研究的成果（尤其是批判性思维）也通过课堂传承至学生，形成了良性循环。

就国内独立游戏生态而言，以上三个方面都还存在着很大的成长空间。首先，国内还没有形成成熟的游戏研究体系，研究者缺乏科研支持以及学术平台，游戏教育集中在中高职院校，游戏开发者过于依赖直接经验，忽视了对游戏文化的深度反思。其次，虽然国内游戏开发者可以接触到常用的游戏开发工具，也可以通过众筹、大厂资助等方式募集资金，但却缺少更便捷的游戏发行渠道，导致大部分独立游戏团队选择在Steam等国外平台发布作品。至于独立游戏社群，虽然国内有Indinova等广受认可的交流平台，但开发者和研究者还需要打破圈层,进行更多交流沟通,建构一种"自学自治"的社区文化。

如今,越来越多的游戏开发者认为,"独立游戏"已经变成了一个"文字游戏",丧失了原本的精神内核,沦为商业营销的标签。有人甚至指出,"独立游戏"不存在了。在这种情况下,《文字游戏》不仅完成了游戏机制的创新,而且承载了文化传播的功能,开启了国产独立游戏的新浪潮。

《多萝西之家》：
电子游戏中的非裔话语

1988 年，《自由：在黑暗中反抗》（*Freedom: Rebels in the Darkness*）问世，它来自非裔游戏设计师穆里尔·特拉米斯（Muriel Tramis），由法国游戏开发商科泰（Coktel Vision）发行。在游戏中，玩家扮演甘蔗园的黑奴，需要边躲避看守，边集结伙伴反抗奴隶主。

33 年后，美国非裔作家兼游戏设计师埃文·纳西斯（Evan Narcisse）参与制作了游戏《多萝西之家》（*Dot's Home*，2021），讲述多萝西一家四代在美国安家的故事。如果说《自由》是法国非裔社群对帝国殖民的批判，那么这款游戏则是美国少数族裔对当代社会中的结构性歧视进行的反思。

虚拟维度：多萝西一家的安家困境

《多萝西之家》来自独立游戏工作室"破毛衣"（Weathered Sweater），是一款精炼的短篇游戏，背景设定在美国北部城市底特律。在游戏中，玩家扮演一个名叫多萝西（Dorothea,

昵称为 Dot）的非裔美国女孩儿，透过她的经历来了解一家四代人在这个城市中安家的故事。

作为一款 2D 游戏，它的画风更偏美式漫画，只是没有超级英雄漫画中的夸张成分，更为平实朴素。游戏角色更为写实，既不是 3A 大作中的孤胆英雄，如"战神"系列（God of War）中的奎托斯（Kratos）和"古墓丽影"系列（Tomb Raider）中的劳拉（Lara Croft），也不是幽默搞怪的形象，如《太空狼人杀》（Among Us，2018）和《和班尼特·福迪一起攻克难关》中的主人公，而是日常生活中就能碰到的普通人。以多萝西为例，她留着一头卷发，在头顶扎起来，戴着白色耳钉，穿着红色衬衫和卡其色九分裤，脚上是一双帆布鞋，简单舒适。与之相比，房产中介则是油头粉面、西装革履，一副精明的商人模样。

一般来说，很多游戏主要采用俯视视角或是仰视视角，无形中将玩家置于不同程度的权力关系中。前者如《疑案追声》（2019年），玩家以 90° 的上帝视角俯视一张建筑平面图，通过声音完成解谜任务；后者如《流浪》（Stray，2022），玩家扮演一只猫，在闪烁着霓虹灯的赛博城市中仰望世界。与之不同，《多萝西之家》采用了固定的平视视角。虽然玩家需要控制多萝西来回行走，但因为视角比较平稳，这款游戏不会像某些步行模拟器（walking simulator）那样让人感到眩晕。如此一来，玩家能够以更加中立平和的态度进入游戏，进而反思日常生活中的微观政治。

从游戏机制的角度看,《多萝西之家》是一款典型的"自选历险"(Choose Your Own Adventure)游戏。在大部分情况下,玩家无须完成过于复杂和精准的游戏操作,只需按照提示点击鼠标,就能触发剧情,大部分是多萝西和游戏NPC[①]的对话,其余来自她自己的内心独白。在此过程中,玩家面临着4个重要的节点,需要围绕家庭住房做出选择,不同的选项会导向3个不同的结局。

在游戏海报上,多萝西手中拿着一把闪着光的神奇钥匙。凭借这把钥匙,她能穿越到不同的时代。在各个代际的故事中,游戏主界面都聚焦家人居住的社区:在家门外,总会有一份报纸,以新闻的形式为游戏场景提供必要的社会历史语境;进门后,多萝西会见到家人,通过对话来了解当下的生活状况。虚实结合,相互呼应,让玩家通过交互来探索多萝西家族面临的住房困境。

简言之,多萝西家族的故事要追溯到20世纪90年代。彼时,爷爷和奶奶原本住在美国南部的南卡罗来纳州,在白人的农场做佃农,每天辛苦劳作,但收入却不够支付上缴的租金,跟奴隶的境遇不相上下。后来,他们听说底特律的汽车工厂收入不错,所以举家搬迁到这个新兴的非裔社区。这栋两层小楼有三室两卫,但非常老旧,一楼客厅的地板就要塌陷,墙上还有裂缝。房产中介提供两种合约:一是按月支

---

① NPC,即Non-Player Character(非玩家角色)。

付租金，房子永远不属于自己；二是按月按揭贷款，但一旦停供，房子就要被收回拍卖。

30多年后，多萝西的父母住进了底特律的公租房。这里远离市区，大楼岌岌可危，楼道阴暗，墙上是裂缝和涂鸦，也不隔音。根据父母的描述，房屋一旦有破损，很难联系到物业来修理。当多萝西穿越过来时，恰逢这栋楼即将被拆除。开发商为居民提供了优惠券，号召他们搬走，以便能在此重建价格高昂的联排别墅。夫妻俩意见相左：女方想要搬到一个教育资源更好的住处，让下一代上更好的学校，未来有更多机会；男方已经把这里当作一个无法轻易抛弃的社区，想留下来和朋友一起创业，攒钱录制笑话磁带，通过念广告来营利。

又过了11年，多萝西的姐姐已经有了自己的小家，并且也成为一名房产中介。此时，陷入住房困境的是一个初代移民家庭。男主人拉斐（Rafi）来自伊拉克，怀揣着美国梦，带着妻子女儿来到底特律，投奔了同为移民的姐姐亚历山德里亚（Alejandria），想要通过奋斗白手起家。然而，由于当时美国主流社会对伊拉克人并不友好，夫妻二人连工作面试的机会都没有。雪上加霜的是，亚历山德里亚由于无法按时支付月供，导致房子被收回，两家人只好另觅住所，但困难重重。与此同时，多萝西的姐姐有一栋闲置的房子，位置就在奶奶家隔壁，要么传承社区守望相助的传统，租给拉斐一家，要么卖给想用房子赚钱的投机者。

最后，多萝西会回到现实，也就是2021年。房地产商正在大力鼓吹"房钥匙换现金"（Cash-4-Keyz）的活动，声称用高于市场价格的现金来收购破旧的房屋，从而重建社区。此时，爷爷已经去世，留下奶奶一个人在老房里生活。房子频繁破损，二楼天花板漏水严重，地板上一大摊水渍。姐姐的孩子卡罗斯（Carlos）喜欢在地下室打游戏，但因为墙已发霉，而且这里毗邻污染严重的工厂，他的哮喘经常发作。面对这种困境，奶奶要支付大笔的房产税、修理费和电费，账单也越积越多。她在犹豫是否应该把房子卖给房地产开发商。

玩家使用钥匙在不同时空来回穿越，通过自己的选择来决定多萝西家人的住所。更确切地说，玩家要在游戏中回答一个核心问题：少数族裔如何在底特律安家。

社会维度：两个底特律

如果说那把钥匙是打开虚拟时空之门的关键，那么房门前的所有报纸则是玩家透视现实的利器。透过报纸，我们能够在游戏中梳理出两条线索，分别对应两个人群，即炒房者和居民。在游戏中，历史似乎总在重复：炒房者代代都从事这个行业（游戏角色使用了同一个人物形象），将投机进行到底；而每一代居民几乎都面临着住房困境，甚至有可能会加入房产投机者的行列。

按照时间顺序看,第一份报纸是1959年6月2日的《底特律每日邮报》(*The Detroit Daily Post*),当时多萝西的爷爷奶奶初来乍到,满怀希望,准备在这里安家。在这一天的头条新闻中,一位化名为M·M的投机商人在采访中介绍了自己的发财秘诀:一是利用白人房东的恐慌心理来压价;二是利用黑人急于找房的需求来抬价;三是为购房者提供高利贷,一旦断供,自己就会收回房子。

在游戏中,这些手段得到了充分的印证。一方面,在同一篇文章中,本地的白人受访者表示,当有黑人搬进社区时,自己并不排斥,但很快就因为黑人居民越来越多而感到恐慌,于是低价卖掉了房子,搬走了。另一方面,爷爷提到,自己之前看房屡屡受挫,这是第一次没有因为自己的非裔身份而遭到房屋中介的拒绝。用中介的话说,这里是个新兴的非裔社区。

可见,此时的底特律并不是个特别包容的城市。通过为买方和卖方制造恐慌,中介将两个种族区隔开来,在地理上划定了种族隔离的分界线。因此,当多萝西想要走出社区时,却被拦住,理由是前面的社区"不适合你们这类人"(not for your kind)。此外,游戏设计师也没有在此处设定任何交互内容。即便玩家坚持前进,也无路可走,只能返回。

第二份报纸是1992年6月2日的《城市景观先驱报》(*The Cityview Vanguard*),新闻标题为"是城市翻新,还是城市驱逐？"。据报道，市政府在1935年开启了布鲁斯特－戴维森住房项目（Brewer-Davidson Housing Projects），包括6栋14层高的居民楼、两栋6层塔楼和几排公寓，可容纳1万名居民。该项目于1955年完成，有6500人入住，其中大部分是黑人，有66%是青少年。如今，这批公租房会再次翻新，改建为价格更高的家庭别墅和产权独立的公寓，社区绿化也会进一步提升，因此原来的住户就需要搬走。

虽然市长表示，重建社区并非意味着驱逐。然而实际上，这种做法本身就是通过经济手段进一步进行种族隔离，只不过手段更为隐秘，因为非裔居民根本无法承受如此高昂的房价。用他们自己的话说，让非裔搬离这些社区，意味着一种压迫。

第三份报纸是2010年6月2日的《汽车城报》（*Motorcity Gazette*），文章提及由于房价大跌，各地的投资者纷纷来抄底房产。除了来自国外的炒房者，此时传承到第三代的房产中介已经购买了38套房，还有15套正在交易中，打算趁机大捞一笔。此外，还有一些炒房者是来自美国其他城市的居民，这些人曾是经济衰退的受害者，如今想用这种方式改变生活。

值得注意的是，多萝西的姐姐虽然也是非裔，是炒房受害者的后代，但如今也从事了房产中介工作，很大程度上接受了白人房产商的商业逻辑。此时，陷入住房困境的不仅是非裔社群，而且还有更多身为第一代移民的其他少数族裔，例如来自伊拉克的拉斐一家。对这个社区的居民来说，若是把房子卖给炒房客，就意味着有越来越多的炒房者会涌入，无力买房的少数族裔会遭到进一步的区隔，社区最终也分崩离析。

第四份报纸的日期是2021年6月2日，文章引用了两个当地居民的访谈，来讨论城市的生态环境。其中，塔雷尔·安德森（Tarrell Anderson）表示，自己所在的社区曾一度死气沉沉，就像没人居住一样，但如今，商业日渐繁荣，店铺增多，人们开始整修房子，社区再次获得新生。与之不同，达芙妮·德罗沙（Daphne Derocha）住在城市污染最严重的一个社区，毗邻当地中产化程度最高的社区。当隔壁社区的中产邻居们只是担心是否能喝到咖啡时，德罗沙则为空气污染对健康的伤害而忧心忡忡，因为全家人都患上了哮喘。用她的话说，虽然城市的工业化以及不完善的基础设施会伤害所有居民，但对谁会造成最直接的影响，要取决于当事人距污染源的远近、种族和居住的环境。

此时，房产中介依然在发放大量的宣传单，甚至唐突地闯入当地居民家中，声称用高于市场价格的现金收购破败的房屋，以重建此类社区。对居民来说，尤其是那些在此过了半辈子的老人，他们一生劳苦、四处漂泊，现在年纪大了，想过上稳定的生活。但如今，自家周围的环境存在长期的严重污染，而且由于他们无力支付维修费用，房子破旧不堪。若是卖掉房子，他们只能告别家园，暂时投靠亲属，或是住进养老院。

当多萝西通过时空旅行见到父亲时，两人曾经讨论过一个好社区应该是什么样子。在父亲心中，它应该是一个大家相互关照的地方，没有社区的地方不叫家。然而，几代房产中介一直使用同样的话术，声称帮助少数族裔居民改善住房困境，实际上却在短短几十年间反复炒作同一批房产，步步蚕食少数族裔的生存空间，而且还无耻地将其包装成"希望与平等"项目。此外，游戏结尾还可能出现一种最坏的情况：多萝西的外甥卡罗斯子承母业，加入希望建筑公司，死心塌地地帮助贪婪的炒房者盘剥弱势族裔。多萝西自己则住进了遥远又吵闹的陌生塔楼，延续家族的住房困境。

历史维度：种族区隔与中产化

多萝西一家的故事虽然有虚构的成分，但并非空穴来风，而是在很大程度上还原了底特律的历史。

美国国家广播公司（NBC）曾与一个名为底特律之桥（BridgeDetroit）的公益组织合作，聚焦底特律的一面种族隔离墙，深入讨论了这座城市中长久以来存在的族裔问题。这堵墙修建于1941年，名为伯伍德墙（Birwood Wall），也被当地人称作八英里墙（Eight Mile Wall）或哭墙（Wailing Wall），西边居民多为白人，东边居民主要是非裔。

当地居民伯妮斯·艾弗里（Burniece Avery）曾回忆道，

自己的父母原本是美国南部阿拉巴马州的非裔佃农，居住在四面漏风的小木屋中，收入微薄，连孩子的鞋都买不起。自20世纪初起，大批美国人移居底特律，想要在这个新兴的汽车城开启新生活。1918年，艾弗里的父母也一路向北，来到这里的美国汽车铸造厂（American Car & Foundry）工作。在当时的地图上，白人社区会用蓝色或绿色线条表示；而少数几个非裔社区则用红线圈出，标注为危险区。在这种情况下，艾弗里一家通过房产商，采用每月分期付款的方式购买了一块土地，用焦油纸搭建起简单的棚屋，但由于卖方一再提高月供，他们无力支付，最终失去了房子。[1] 这是当时很多非裔底特律人的遭遇。到了1930年，底特律成为美国人口第四大城市，非裔人口从1910年的5700人增长至12万人。[2]

1935年，底特律启动了布鲁斯特-道格拉斯住房项目（Brewster-Douglass Housing Projects），与游戏中提到的布鲁斯特-戴维森住房项目相对应，是一个面向少数族裔居民的公租房项目。当时，罗斯福总统正在推行新政，主要包括恢复经济、救济穷人以及改革金融系统。这个由联邦政府资助的住房项目不仅能够为美国提供就业机会，而且还能将富裕的白人与贫穷的少数族裔区隔开来，因此虽然遭到了很多非裔居民的反对，依然如期动工，时任总统夫人的埃莉诺·罗斯福（Eleanor Roosevelt）还参加了奠基仪式。[3] 到了90年代，犯罪、毒品和管理不善等问题严重影响了此类社区的居住条件。1991年，底特律公租房项目的空置率高达42%。到了21

世纪初，布鲁斯特－道格拉斯住房项目的大部分居民都是老年人和低保户，厕所堵塞、电梯停运，房屋状况极差。[4]

21世纪初，美国各地的城市都出现了不同程度的中产化（gentrification）趋势。在2015年，底特律的投资者将大部分新资金都用在了市中心，该地区的面积仅占整个城市的5%。例如，在底特律河岸，原本的建筑被拆除，取而代之的是一条可供人们走路和骑行的5.5英里绿化区，还有一条连接河岸和当地最大农副市场的自行车道。这样的后果是，底特律市中心的月租较前一年上涨了200—400美元，吸引了大量科技创业者、艺术家和小型制造厂商，就连大企业也会鼓励年轻职员居住在这一区域。[5] 社区中产化虽然从某种程度上带动了底特律的经济增长，但对收入较低的少数族裔来说，他们并不能享受这些福利，反而增加了生活成本，只能选择更为廉价的区域，或通过申请贷款来购房。

自2009年以来，全美几乎所有金融机构都发布了重建社区的相关法案。然而，少数族裔的贷款利率远远超出了白人要支付的额度，导致大部分少数族裔无法通过贷款来改善住房条件。其中，问题最严重的是道明银行（TD Bank），在2015—2016年间，有45%的拉美裔美国人在申请贷款时被拒，非裔美国人被拒的概率更是高达54%。[6] 在底特律－迪尔伯恩－利沃尼亚（Detroit-Dearborn-Livonia）地区，非裔申请人被拒绝的可能性是白人的两倍；在兰辛－东兰辛（Lansing-East

Lansing)区域,这一数字为三倍;在阿拉巴马州的莫比尔市(Mobile)和北卡罗来纳州的格林维尔市(Greenville),更是高达5.6倍。[7]

作家彼得·莫斯科维茨(Peter Moskowitz)曾在其著作中讨论过新奥尔良、底特律、旧金山和纽约等城市的社区中产化现象。他指出,当大批资本涌入城市后,中产化瓦解了社区、城市和文化,带来了一种创伤。这种创伤并非个人行为,而是一种系统性的暴力,其根源在于美国数十年来在住房方面实施的种族歧视政策。恰恰是这种结构性的歧视,导致美国的少数族裔,尤其是非裔美国人,无法享受与白人一样的住房条件,最终导致他们无法获得与白人同等的财富。[8]

2018年,一群关注住房、土地和种族问题的艺术家和社会人士共同发起了一个名为"强家故事"(Rise-Home Stories)的公益项目,旨在通过多种媒介重新想象美国社区的过去、现在和未来,《多萝西之家》就是成果之一。除了这款游戏,该团队还推出了一系列讨论种族与社区的媒体故事,例如系列播客《但下一次》(*But Next Time*),聚焦受加州山火和得州暴雨影响的社区,讨论如何帮助他们进行灾后重建;童书《阿列山德里亚的反击》(*Alejandria Fights Back*)则透过九岁小朋友的视角来讨论社区面临的危机,从而帮助少数族裔青少年理解并关注自己社区的土地和住房问题。[9]

另一种未来：透过游戏反思种族平等

早在2006年，族裔问题就已开始受到游戏研究者的关注。华盛顿州立大学教授大卫·J. 伦纳德（David J. Leonard）在文章中指出，游戏作品中普遍存在着种族的刻板印象，其中，白人角色通常更具优越性。如果忽略游戏文化中的族裔视角和种族歧视问题，那么我们就无法真正地理解游戏中的奇幻、暴力、性别角色、情节、叙事、游戏可玩性、虚拟现实等内容。[10]

非裔游戏学者兼游戏设计师林赛·格雷斯（Lindsay Grace）进一步指出，游戏中的非裔刻板印象是灾难性的，令人尴尬。这些形象通常由其他种族的设计师建构而成，后者在缺乏非裔属性的情况下，挪用了非裔元素。这就像是美国烟草店门前特意放置的印第安人雕像，将白人的烟草殖民包装为一种商业宣传，是对美国原住民的冒犯。[11]

为了解决这一问题，林赛·格雷斯推出了一系列游戏作品，倡导玩家通过游戏体验来反思日常生活中隐秘但又根深蒂固的种族偏见。后来，他整理了一系列当前比较有影响力的非裔游戏，将其收入《非裔游戏研究》（*Black Game Studies*）一书。其中，既有非裔设计师参与制作的非族裔题材游戏，也有白人设计师制作的非裔题材作品，更多的则是讨论非裔特性、非裔处境、非裔社群的游戏以及颂扬非裔文化的游戏。

以《吊销黑卡》（*Black Card Revoked*）为例，它由拉特莎·威廉姆斯（Latesha Williams）和杰·波波（Jay Bobo）合作设计，最初于2015年上市，目前已成为全美最受欢迎的非裔系列游戏。作为一款桌游，它通过卡牌的形式，围绕非裔社群的生活经验，提出了一系列问题。例如：

> 在进入所有商店前，妈妈会跟你说什么？
> A. 什么都不要碰　B. 什么都不要问
> C. 什么都不要看　D. 以上都正确
> （正确答案：D）

对玩家来说，答对的问题越多，说明自己对非裔文化越了解，同时也揭示出自己曾体验过大量隐性或明显的种族歧视。

与此同时，越来越多少数族裔权益倡导者开始关注游戏产业和学界的种族议题。2016年，游戏设计师凯特·斯莫（Catt Small）和克里斯·阿尔古（Chris Algoo）联合创办了全球少数族裔游戏开发展会（Game Devs of Color Expo），包括游戏展览、主题发言和分组讨论等形式，旨在通过多样化的面对面活动来推广由非白人游戏开发者创作的游戏作品。首次展会在纽约召开，每届活动都有众多游戏开发者和玩家热情参与，还吸引了Xbox、任天堂、亚马逊游戏等知名游戏厂商。2022年，共有包括《多萝西之家》在内的76款游戏作品参展，

84人发表演讲,为5位少数族裔游戏开发者设立并提供了4项游戏开发基金,总额度为10.5万美元。

就在不久前的2022年全球人机交互年会(CHI)上,非裔学者基辛娜·L. 格雷(Kishonna L. Gray)受邀发表了主题演讲,题为"交叉游戏项目:通过游戏想象未来"(The Intersectional Gaming Project: Reimagining Futures Through Gaming),讨论了少数族裔玩家在游戏语境中的异质性数字实践。就像她指出的那样,过去,数字技术曾经在我们之中掘出一道深深的种族鸿沟,但如今,它也可以成为少数族裔的一件利器,用来反思社会中的种族偏见,消除种族歧视。

从这一角度看,《多萝西之家》是一个不错的尝试。在这款游戏的结尾,玩家有可能会碰到一个"好结局":经过居民们的投票,大家设立了一个社区土地基金,团结一致,守望相助,以免家园遭到破坏。虽然中介公司不死心,极力出高价来收购,有些政客也帮助房地厂商来游说人们卖房子,但少数族裔开始在市政厅、学校董事会等公共场合发声、投票,甚至抗议,以此来保护自己的社区。可以说,这为美国少数族裔解决住房问题提供了一个有效的参考方案。

《哈利·波特：魔法觉醒》：移动电竞时代的跨媒介叙事

对中国的"哈利·波特"小说粉丝（以下简称哈迷）来说，2021年的暑假尤为难忘。部分原因是北京环球影城即将正式开放，他们终于能够在国内参观霍格沃茨城堡。另一部分原因是，手游《哈利·波特：魔法觉醒》（2021年，以下简称《魔法觉醒》）即将发行。他们已经选好了心仪的魔杖和学院，正翘首期盼着通过游戏来体验这个魔法世界。

然而在这款游戏上线后不久，有不少玩家就开玩笑说，《魔法觉醒》"又肝又氪"。所谓"肝"，是指玩家在游戏中投入大量的时间，甚至由于经常熬夜而伤肝；而"氪"，则是指玩家需要频繁花钱充值，才能有更好的游戏体验。对《魔法觉醒》来说，它综合了以上两种元素。一方面，游戏获得了"哈利·波特"小说版权方的正式授权，能够借用原作中的元素来建构游戏世界，因此能够在前期吸引大批哈迷。另一方面，作为一款对战游戏，它过于强调消费，鼓励玩家通过购买游戏道具来获得优势，甚至在官网上推出了"高性价比氪金指南"[1]和"氪金攻略"[2]。

对哈迷来说，《魔法觉醒》与他们的期待相差甚远，因为他们原本等着去探索一个塞尔达式的魔法开放世界,然而却迎来了一个强调以时间消费和金钱消费为导向的竞技场。

帝国想象:读者眼中的"哈利·波特"小说

对哈迷来说,"哈利·波特"系列小说建构的魔法世界,并不是简单的儿童文学,而是一个逻辑严密且颇具深度的趣缘文化系统,不仅建构了一个庞大的奇幻符号系统,更映照着我们当下的现实社会。借助弗雷德里克·杰姆逊(Fredric Jameson)的政治阐释学,我们甚至可以从政治视域、社会视域和历史视域三个维度揭示出"哈利·波特"系列小说基于政治无意识的帝国想象。

在政治视域,我们聚焦小说的文本层面。可以说,"哈利·波特"系列小说想象性地解决了一系列现实矛盾,正义与邪恶的冲突是小说发展的主要叙事动力。在格雷马斯矩阵中,这组冲突表现为:

哈利·波特代表着正义,既具有消灭伏地魔的正当理由(为亲友复仇),又具有成为英雄的能力(大难不死的男孩儿、没有血统偏见)。这一点非常明显,在此不作赘述。

反正义(邪恶)的一方是伏地魔。他不仅是一个种族主义者和独裁者,而且还是个饱受童年创伤的"精神分裂者"。他的反社会行径来自缺爱的童年。伏地魔的母亲梅洛普来自

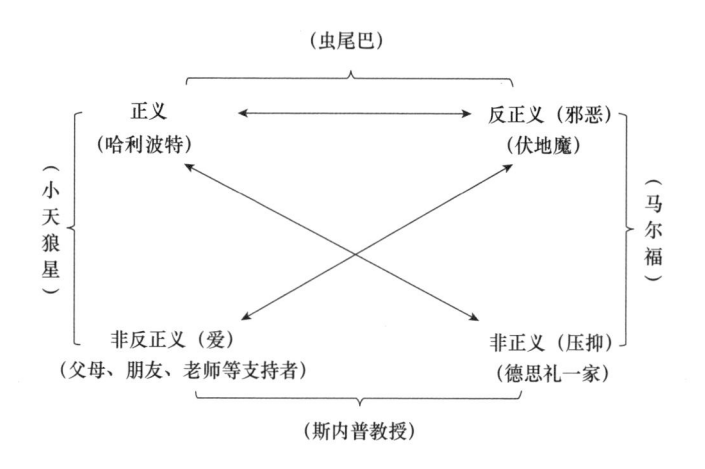

```
                        (虫尾巴)
                    ⌢⎯⎯⎯⎯⎯⎯⎯⎯⎯⌢
              正义  ←⎯⎯⎯⎯⎯⎯⎯→  反正义（邪恶）
           （哈利波特）              （伏地魔）
        ⎛          ↘    ↗                    ⎞
        ⎜             ╳                      ⎟
       （小             ╳                   （马
        天           ↙    ↘                  尔
        狼                                    福
        星）         非反正义（爱）           ）
        ⎝    （父母、朋友、老师等支持者）     ⎠
                          非正义（压抑）
                           （德思礼一家）
                    ⌣⎯⎯⎯⎯⎯⎯⎯⎯⎯⌣
                        (斯内普教授)
```

古老的冈特家族，她打破了家族内近亲结婚以获得纯血统后嗣的传统，用魔法诱骗了一名叫汤姆的麻瓜。魔法失效后，长相丑陋的梅洛普被汤姆无情地抛弃，并在生下伏地魔后便去世了。因此，成长在孤儿院中的伏地魔对父亲充满了怨恨。从某种程度上说，伏地魔痛恨"麻瓜"血统，实质上是一种俄狄浦斯情结在作祟。虽然他长大后便亲手杀死了父亲一家，但还远远不够。只有强调"纯血统论"，只有残害并消灭麻瓜种族，伏地魔才能够真正实现自己的弑父目标。

德思礼一家是非正义的一方，也是哈利在这个世界上仅存的亲人。他们与哈利的关系不是完全对立的，而是一种复杂的矛盾关系。一方面，哈利的天性处于德思礼一家人的压抑之下。他们表面上维持了体面的中产阶级生活方式，但却视哈利一家为怪胎，并处处为难、虐待哈利。另一方面，作为哈利仅存的亲人，德思礼一家也是哈利的避风港。在伏地魔试图杀害婴儿时期的哈利时，哈利的母亲以自己的生命为代价施了一个魔法，即在哈利未成年时，只要他生活在亲人身边，便可以不被伏地魔发现。

哈利的亲友团是非反正义的一方，是一个强大的亲友团，既有罗恩、赫敏这些身边的小伙伴，又有霍格沃茨魔法学校的师长和魔法世界的朋友们，甚至还有哈利已逝的父母。从某种程度上说，这是哈利真正战胜邪恶势力的原因。

此外，我们还会发现方阵中蕴含的意义。其一，虫尾巴是正义与邪恶的融合。他本是哈利父母的朋友，却将其藏身之地出卖给伏地魔，后来还协助伏地魔完成了复活过程，再次引发了魔法世界的巨大危机。然而，当哈利被伏地魔囚禁在地牢时，虫尾巴却在关键时刻放走了哈利，并因此死于伏地魔的魔法。那片刻的犹豫让虫尾巴阴错阳差地挽救了朋友儿子的生命。

其二，小天狼星是持有正义与爱的一方。他热情、正义、勇敢，一直坚守着对朋友的忠诚，并履行着身为哈利的教父的责任，甚至为哈利牺牲了自己的生命。作为家族中唯一一个没有追随伏地魔的人，他是家庭的叛逆者，并愿意为了实现人人自由平等的理想而奋斗。

其三，处在爱与压抑中的是斯内普教授。在他死亡之前，读者都认为他是哈利在魔法学校的最大障碍，当哈利目睹他杀死邓布利多教授的时候，这种憎恨上升至极点。然而，斯内普教授倒在伏地魔的魔杖下，并将隐藏在内心深处的记忆交给了哈利，他的卧底身份才被揭示。原来他所做的一切都是源于对哈利母亲的爱。

其四，邪恶与压抑的一方是马尔福，他的压抑来自对其要求过高的严格父亲。他出身名门，却不学无术，并坚持纯血统论。他本想在一开始拉拢哈利，试图与哈利结盟，遭到后者的拒绝后，便怀恨在心，处处报复。同时，作为哈利的同学，他内心对哈利的名气和成就充满妒忌，并期待自己有一天能在魔法界功成名就，从而催生出诸多邪恶的欲望。然而，当伏地魔命令马尔福去谋杀邓布利多的时候，虽然他坚持执行这一任务，但却懦弱地不敢下手。

通过这个矩阵，我们可以看出小说的主题：爱才是最强大的魔法，母爱、亲情和友情汇聚成了这种强大的力量。因为母爱，哈利得以在首次面对伏地魔时存活下来；因为德思礼一家的亲情，哈利·波特在成年之前才能不被伏地魔发现；因为友情，他才能在众人的帮助下摧毁黑恶势力。由于伏地魔根本不懂得什么是爱，也从没有感受过爱，所以才被魔法能力不高的哈利打败。正是爱，想象性地解决了"哈利·波特"系列小说中正义/邪恶之间的矛盾。

在社会视域，"哈利·波特"系列小说揭示出种族、性别、阶层等诸多社会矛盾。小说将人类的世界大致区分为巫师的魔法空间和麻瓜的非魔法空间。两个社群都分别有自己的政府机构、国家机器以及学校。此外，魔法世界又有巫师、马人、妖精和家养小精灵等阶层。不同社群和阶层间存在着不同程度的意识形态冲突。

对巫师和麻瓜来说，巫师的话语占有统治地位，是主流意识形态的代表。在"哈利·波特"系列小说中，巫师天生能力强大，乐于助人，不但于人类无害，而且还肩负着保护世界的重任，具有不同程度的优越感。面对麻瓜时，他们轻则可以修改或删除对方的记忆，重则对其存在严重的歧视，甚至进行种族迫害。

在魔法世界，家养小精灵是奴隶阶层，而且世代为奴。他们虽然也会魔法，甚至魔法能力比主人还要强，但若没有主人的允许，不能随便使用。在巫师家庭里，家养小精灵负责家里的一切劳动，一旦有错，不仅遭受巫师主人的责骂和惩罚，而且还要进行严厉的自我惩罚。作者将家养小精灵对于主人的服从归结为一种魔法因素。与其说他们之间存在着一种魔法契约，不如说是巫师的意识形态发挥着关键的作用。这种意识形态让巫师心安理得地使唤小精灵，同时也让大多数小精灵心甘情愿地成为没有尊严的免费劳动力。

与之相比，妖精和马人是有条件妥协的边缘阶层。在魔法世界中，妖精被赋予了一种聪明而且精于算计的特质，他们是魔法银行的控制者，以及优美器皿和精良武器的制造者。他们拥有魔法，但是却没有使用魔杖的权利。妖精曾经尝试过利用暴力和非暴力两种形式争取自己的权益。在巫师的历史书中，年幼的巫师一开学就要学习妖精造反的那段血淋淋的历史。巫师用自己阶级的意识形态写就史书，不断提醒自己人要警惕妖精的反抗，同时也是告诫妖精反抗是没有用的。另外，妖精想通过对话来争取他们的政治权利和社会地位，然而这种诉求也是失败的。根据小说中的魔法史书记载，妖精们试图参加国际巫师联合会首届会议，但是却被巫师粗暴地赶走。由于巫师居于统治地位，所以妖精只能将银行当作自己的领地，为巫师服务。然而，妖精阶层的骄傲致使他们没有像家养小精灵那样完全屈服于巫师阶层，没有把巫师当作主人，而是有限度地妥协，被巫师有条件地收编。

与妖精类似，马人只能生活在禁林里，活动范围受到巫师的限制。由于巫师一般都将马人当马看，忽略了他们的人的属性，马人也对巫师充满敌意，不愿与巫师来往。马人可以通过占卜星相而预知未来，这种预言未来的能力是巫师所不具备的，因此马人觉得自己在这个层面上比巫师要高级。

对于巫师来讲，马人本身占尽身体和力量的优势，因此要限定马人的活动范围，将其驱逐到禁林中。当亲巫师派的马人费伦泽成为霍格沃茨魔法学校的占卜课教师时，就遭遇了学生一系列的质疑。首先，学生认为禁林是黑暗势力范围，里面生活的生物也一定是邪恶的。当费伦泽在课堂上提及自己被马人群落放逐时，有个学生下意识地想到了牛群或马群，将马人归类到动物中。而另一位学生直接使用了"喂养"一词，他认为马人是如同动物或宠物一样被饲养，也是将马人视为低等生物。

然而马人并不是巫师想象的那么残忍，他们有自己的种族准则，传承自己的文化传统。虽然马人能够洞悉未来的变化，但却不轻易将预言告知族群以外的人。他们不滥杀无辜，即便是决裂后，当海格带着哈利等学生出现在禁林中，马人依然选择放走海格一行人，因为在他们的文化中"屠杀马驹"是可怕的罪行。虽然被巫师驱逐到禁林中，马人却一直用自己的方式抵抗巫师的意识形态。一旦自己的利益受到威胁，他们会毫不犹豫地通过暴力方式保卫自己的家园以及自己种族的尊严。

显然，巫师是社会各个种族的绝对统治者。通过世代的努力，巫师将麻瓜隔绝在魔法世界之外，但是他们却可以自由来往于麻瓜及魔法两个世界之间。他们将同样具有魔法的小精灵驯化为自己的奴隶，让其为巫师提供免费的苦役，甚至在小精灵死后割下他们的头挂在墙上炫耀。他们占有妖精制造的器物，然而却镇压追求平等的妖精阶层，漠视他们的对话诉求，将其权力范围局限在某个领域中。他们出于对马人种族的畏惧，将其驱逐到危险的禁林之中生活。

进一步看，这些种族也是一种隐喻：家养小精灵极易让读者联想到曾经沦为奴隶的黑人；妖精让人想到貌似精明并看重金钱的犹太人；至于马人，则直指至今很难融入主流社会的印第安人；巫师阶层表征着白人；麻瓜则指向了其他种族。如此一来，魔法世界中各个群体间的冲突也映射到了我们当下的现实社会中。

从历史视域看，罗琳原本是想打破伏地魔的独裁，消除种族偏见和奴隶制，改变魔法政府的腐败、无能及不作为，从而追求更大程度的自由、民主和平等。然而为了实现这一诉求，小说的解决方案却是一种浪漫传奇式的方法。

浪漫传奇（romance）一词来自法语，最初指方言或口头语言，与书面语言拉丁语相对。该词借用到英语中时，特指法语或是用法语创作的作品，后来使用其他方言创作的作品开始出现，于是"浪漫传奇"也逐渐演变成一种特定的文体。[3] 作为中世纪比较流行的文学形式，浪漫传奇通常描写英雄辉煌的成就、骑士故事、对爱情的大胆追求以及卓越的功绩。18世纪末19世纪初，浪漫主义诗人再度关注民间歌谣、民间故事和神话传说，以此来回应工业革命引发的社会文化变革。

在小说中，哈利正是一位浪漫传奇式的骑士英雄。首先，罗琳为他创设了完整的骑士浪漫传奇结构：敌人、对决、英雄、爱人、朋友及家人，还有为人类及社会献身的使命感。[4]

其次，小说中的城堡、大宅和庄园也是浪漫传奇中不可缺少的元素。例如，霍格沃茨魔法学校具有城堡的外观，而且既是培养和训练巫师魔法技能的场所，又是魔法世界的精神圣殿。巫师在这里接受教育，邂逅自己的爱人，进而组成家庭。在生死存亡的关头，学校中的建筑和所有隐秘的魔法力量都被激发和调动起来，学校成为巫师最后的避难所。至于校长邓布利多，他堪称小说中的宗教领袖。

再以魔法世界中的大宅和庄园为例,它们也带有典型的封建体制色彩。出身高贵的马尔福一家就居住在神秘而古老的庄园中。这些古老的巫师家族注重血统,讲究门当户对。大宅或庄园中等级分明,魔法界的仆人家养小精灵与主人之间就是赤裸裸的仆人与封建领主的关系,前者没有人身自由,要无偿地替主人服务,并忍受主人的指责和折磨。哈利的教父小天狼星也拥有祖传的大宅。后来,哈利继承了小天狼星的大宅以及其家族中的家养小精灵,从而成为大宅新的主人。

因此,罗琳实际上为哈利构建了一个类似中世纪骑士浪漫传奇的故事背景,并将哈利打造成一个为了维护正义与爱这一最高准则而英勇战斗的骑士。为了让哈利彻底摆脱他在麻瓜世界中的窘境,小说不仅让他继承了父母和教父留下的房产和巨额财富,而且还赋予哈利古老的巫师身份(相当于魔法世界的封号),这种继承权利恰恰是封建贵族所看重并为之骄傲的。哈利的家族故事以"死亡圣器"的形式,被记录在《吟游诗人皮陀故事集》中,被所有巫师父母讲给自己的孩子,代代相传。作者对哈利家庭渊源的揭示,实质上是赋予了哈利一种高贵而神秘的地位和身份,这与英国社会中的贵族身份不相伯仲。

小说中的悖论由此也浮出表面。一方面,罗琳试图为现代读者提供一个草根儿经过不懈奋斗而取得成功的神话,这与马克斯·韦伯(Max Weber)在其著作中阐释的资本主义文化精神相契合;另一方面,小说作者又赋予哈利封建贵族式的身份，并使其成为哈利获胜的最主要因素。换句话说，作者要用浪漫传奇来实现小说主人公的资本主义价值诉求。这源于英国特色的生产方式，与英国的中产阶级有关。

雷蒙德·威廉斯（Raymond Williams）指出，大多数现代英国人都自认为是中产阶级，但英国的中产阶级却缺乏足够的独立性。在 19 世纪，英国的中产阶级与封建统治阶级彻底达成了妥协。贵族阶级随着封建主义生产方式的崩塌而日渐式微，然而中产阶级却没有将这套贵族做派连根拔起，反而是留恋其在社会地位上的优越感。到了 20 世纪 60 年代，英国依然处于社会转型期，划分阶层的标准既以血统为导向，又以财富和实际地位为导向。[5] 因此，英国的中产阶级具有其独有的特性，它实质上是融合了封建与资本主义两种意识形态的产物。

若我们继续追问，这种产物则来自英国的政治制度君主立宪制。该制度肇始于"光荣革命"，在相当长的时间内，英国人都对这场不流血的国家体制转变表示欣慰甚至自豪。然而，虽然社会分层的标准有了变化，但是居于社会上层的人们依然愿意将自己的社会地位与君主制及其附带的头衔贵族称号相联系。拉尔夫·萨缪尔（Ralph Samuel）曾指出，英国的工业巨头为了实现其社会声望而乐此不疲地为自己赢得贵族身份。在此过程中，现代的中产阶级也是这种制度的帮手，他们成为现代贵族的下等阶级，从而支撑着这个制度的顺利运行。不必说大多数首相都有贵族称号，也不必说前首相戴维·卡梅伦也是英王威廉四世的直系后裔,即便是作者罗琳本人,也因为"哈利·波特"系列小说而获得了女王颁发的荣誉勋爵封号。

因此,与其说罗琳是在为读者描绘一个儿童魔法世界,毋宁说"哈利·波特"系列小说是作者无意识层面的帝国想象,其深层根源在于,英国的君主立宪制造就了英国特色的中产阶级意识形态。

卡牌对战:玩家眼中的《魔法觉醒》游戏

柏拉图在《理想国》中曾提到过一个"床喻"。他认为,床的理念最为真实,因此也最高级;床的实体,例如我们在现实生活中睡觉用的床,只是对理念的模仿,因此低了一等;至于艺术作品中的床,例如绘画中的床,是在模仿生活中床的实体,也就是对模仿的模仿,因此又低了一等。

回到《哈利·波特》,小说为哈迷建构了一个理念版的魔法世界,最复杂、深刻,因此也最有魅力。与之相比,电影版由于受到篇幅和媒介形式的限制,无法将文学作品中的全景展现出来。例如,在《哈利·波特与火焰杯》电影中,并没有提及家养小精灵闪闪,实际上她在伏地魔复活的过程中起到了重要作用。此外,前文提及的伏地魔的母亲,小说作者为她设定了完整的女性画像,也没有出现在电影中。因此,在哈迷看来，电影版比小说略逊一筹。至于以哈利·波特为题材的电子游戏，如果离哈迷的期待太远，难免被他们视作对模仿的模仿。

《魔法觉醒》受哈迷关注的原因很明显。首先，早在游戏正式发行前，营销团队就将"正版 IP 改编"作为推广文案的核心，因此直接把这款游戏的世界观与口碑不俗的同名小说和电影对应起来。

就视觉风格而言，游戏与小说比较贴合。虽然罗琳为了给读者提供更多想象空间，没有给书里的人物提供太多外貌方面的细节，但英国插画师吉姆·凯（Jim Kay）却受邀为图书匹配了童书风格的插画。[6] 在电影上映前，这些插画成为读者想象魔法世界的重要参考。网易的游戏团队则在原有插画的基础上进行了优化，营造了一种神秘的复古气质，用复古绘本风同时满足小说读者和玩家的审美趣味。[7]

就声音而言，《魔法觉醒》则借鉴了电影中的声景，不仅保留了英式英语，还使用了大量电影版配音和配乐。在"哈利·波特"系列电影中，让观众印象最为深刻的要数作曲家约翰·威廉斯（John Williams）创作的《海德薇主题曲》（*Hedwig's Theme*）。以此为基础，德国团队笛美音乐（Dynamedion）为这款游戏创作了配乐。他们在接受采访时表示，对《魔法觉醒》的音乐而言，保留电影原创音乐的感觉，显得尤为重要。在电影《哈利·波特与魔法石》中，约翰·威廉斯通过《海德薇主题曲》为这个魔法宇宙奠定了基调，其中的钢片琴（celesta）提供了冷峻的铃声，营造了独特的魔法氛围。这首曲子既受到了柴可夫斯基（Peter Ilyich Tchaikovsky）、尼古拉·里姆斯基-科萨柯夫（Nikolai Rimsky-Korsakov）等俄国浪漫主义作曲家的影响，又使用了法国印象派音乐中的全音阶或八音阶。这些元素也被纳入《魔法觉醒》的配乐中。[8]

对玩家来说，游戏的新手引导任务也是自己入读霍格沃茨魔法学校的过程。游戏的加载页面是一幅霍格沃茨的夜景。流动的云层遮挡着一部分圆月，城堡、禁林、湖泊都笼罩在月光下，神秘感十足。稍后，镜头随着一只飞翔的猫头鹰由天空转向一个小房间，有个看起来像哈利的男孩儿（玩家角色）正趴在书桌前写日记，同时玩家会听到他的内心独白。原来，他是一个出身麻瓜家庭的巫师。突然，敲门声响起。他起身开门，发现是海格送来了霍格沃茨的录取通知书，只不过校长由邓布利多变成了麦格教授。

接着，就是一系列哈迷们非常熟悉的环节：跟海格骑着会飞的摩托车去破釜酒吧，看他用装着魔杖的雨伞敲开对角巷的入口，去摩金夫人的店里挑选校服（同时也是创建自己的游戏角色），去奥利凡德买魔杖，收到海格赠送的入学礼物（猫头鹰），然后乘地铁回家。开学那天，当你拖着行李寻找九又四分之三站台时，哈利·波特出现，手把手教你通过了隐藏通道，赶上了去往霍格沃茨的火车。

继而，游戏再次使用猫头鹰的视角来介绍霍格沃茨的一

系列场景：新生坐船从大湖进入城堡，格斗俱乐部中魔杖飞舞，一群康沃尔郡小精灵正在教室搞恶作剧，身着盛装的师生们正在舞会上跳着华尔兹，巨型蜘蛛和马人出没的禁林，充满欢呼声的魁地奇球场……你还会在天花板闪烁着烛光的礼堂完成分院仪式。这相当于带着玩家快速回顾一遍整个"哈利·波特"系列。

《魔法觉醒》为玩家提供了两类游戏任务，其一是以探索为导向的单人任务，其二是以对战为特色的多人竞技。

单人游戏任务延续了新手引导任务的风格，依然以小说和电影为蓝本，用大量过场动画呈现了丰富的剧情，并频繁提及原著内容。例如，在第一节魔咒课上，弗立维教授也是用羽毛向玩家讲解漂浮咒，而且还会说起罗恩曾用这个咒语击败巨怪的事迹。接着，玩家就会穿越到当年巨怪所在的房间，用代表各种咒语的卡牌与其对战。

此外，游戏还通过学年记录的形式为玩家提供了主线剧情，由多个解密小故事组成。以"艾薇失踪夜"为例，玩家需要和几个NPC一起，晚上偷溜出宿舍，在城堡里寻找失踪的艾薇。在此过程中，玩家会看到活动楼梯，跟墙上画作里的人对话，遇到爱捉弄学生的皮皮鬼，同时要躲避管理员费尔奇先生，最终在一个神秘的房间找到艾薇。除了几个简单的单人对战任务，玩家大部分时间是在城堡中探索，体验一个悬疑故事，并解开重重谜团。

然而很快，玩家就会在海格的引导下，前往格斗俱乐部，并在此开启多人对战任务。与单人任务一样，此时玩家的武器依然是卡牌。卡牌分为召唤卡、咒语卡和伙伴卡，其稀有等级从低到高包括普通、稀有、史诗、传说、禁忌、光辉，功能级别存在着相应的差异。此外，随着游戏经验的累积，每张卡牌的战斗力也会由低升高。一旦决定加入对战，系统会根据玩家当前的等级，为其匹配同一个服务器上的其他玩家，可以是一对一对抗，也可以是组团战斗。每局对战的界面相同，对战结果会影响玩家的排名，同时也会在不同程度上持续激发玩家的战斗欲望，使其投入大量时间。

不仅如此，游戏里还存在着一个非常活跃的交易系统。一方面，游戏界面会频繁出现有关商店的消息，提醒玩家充值，以便购买钻石和金币，或是用来抽卡，从而在对战中占据优势。另一方面，游戏官网还提供了名为藏宝阁的专栏，以便让玩家能相互买卖游戏资产。在目前上架的商品中，价格最低的是100元，最高为6.5万元。

显然，《魔法觉醒》延续了游戏《阴阳师》的模式。从名词角度看，两款游戏都是根据已经取得商业成功的作品来建构游戏的世界观，而且特别强调游戏的声景。从动词的角度看，两者都提供了两种并行的游戏机制，一个是探险故事，另一个是多人对战，而且是后者为主、前者为辅。换句话说，虽然玩家在游戏中能够享受到单人探索的乐趣，但此类内容只是锦上添花，不仅内容有限，而且自由度远远不及《塞尔达传说》。最终，玩家会在多重引导下，陷入时间消费和金钱消费的循环中，难以自拔。如此一来，哈迷们很难在《魔法觉醒》中找到海拉鲁式的体验。

移动电竞：电竞时代的国产游戏生产

当前，大部分国产游戏都以移动端为主，而且轻叙事、重对战。之所以如此，一部分原因是中国的游戏产业肇始于90年代中期，几乎错过了单机游戏开发的锤炼，除了《轩辕剑》（1990年）、《仙剑奇侠传》（1995年）等少数作品外，鲜少出现具有影响力的单机游戏。进入21世纪后，全球掀起MMORPG①热潮，国内开发团队也更关注网络游戏，直接跨越到了大型网游时代，并再次加速进入移动3A游戏时代，因此缺乏足够的单机叙事设计经验。另一部分原因则在于，对战游戏很容易转化为兼具市场价值和社会价值的电竞产品。

与其他体育运动相比，电子竞技还是一个相对年轻的领域。我们不妨以知名电竞学者T. L. 泰勒（T. L. Taylor）的著作为参考，简单回顾一下电子竞技的发展历程。[9]

从20世纪70年代持续到80年代，是电子竞技的萌芽

---

① MMORPG，即Massive Multiplayer Online Role-Playing Game（大型多人在线角色扮演游戏，又名大型多人网游）。

期。这一时期以街机游戏厅（arcades）和家用游戏机为主，具有极强的地域性，关键词是竞技性游戏。在《跨次元游戏：探索网络游戏文化》（*Play Between Worlds: Exploring Online Game Culture*）一书中，泰勒教授以《无尽的任务》(*EverQuest*, 1999—)为案例，结合自己的游戏经验和对其他玩家的访谈，讨论了以这款游戏为核心的趣缘群组。

从 1990 年跨世纪到 2010 年，是电子竞技发展的第二阶段。在此期间，电竞发展成为一个产业，关键词是"体育"，赛事的软硬件逐步完善，职业化程度持续提升。1998 年，《星际争霸》(*StarCraft*)进入中国，网吧也一度成为国内玩家重要的游戏空间。2002 年，首届中国电子竞技大会（CIG）举办，吸引了数十万观众参与。[10] 接着，旅游卫视和央视体育频道陆续推出电竞栏目《游戏东西》和《电子竞技世界》。[11] 2003 年 11 月，国家体育总局将电子竞技列为第 99 个正式体育项目。2005 年，由中国科技新闻学会主办的《电子竞技》杂志创刊，至今依然是国内最具影响力的电竞读物。同年，电竞选手李晓峰数次在全球电竞赛事上夺冠，成为中国电竞选手的代表人物。在这一时期，国内高校也陆续出现了一些面向大学生的电竞赛事，例如城际高校电子竞技精英赛、中国高校魔兽联赛等，互联网上也涌现出一批提供游戏和电竞赛事的网络电视平台，如 PP 视频、乐视、56 网、六间房等。在游戏开发商、游戏运营商、电竞俱乐部、比赛场馆、内容制作团队、赞助商、监管组织等多个机构的共同作用下，电竞被构建为一种媒体景观。

自 2010 年至 2015 年，是电竞发展的第三阶段，关键词为直播。2010 年底，中国视频直播网站优酷在美交所上市，促使中国的网络视频媒体引发行业内外的极大关注。第二年，美国视频网站 Justin.tv 宣布将游戏内容列为公司业务核心，并将品牌升级至 Twitch，成为全球最具影响力的电竞赛事直转播平台之一。同年，网易代理了《星际争霸 2》（*StarCraft II*，2010— ），腾讯开始收购《英雄联盟》（*League of Legends*，2009— ）的开发商拳头（Riot）。在这些国内游戏大厂的推动下，竞技类游戏在中国获得了更多关注。2013 年，腾讯开始运营中国区英雄联盟职业联赛（LPL），获奖队伍有机会角逐全球总决赛。2014 年，国内直播平台斗鱼和虎牙成立，次年龙珠 TV、熊猫 TV、全民直播等多家直播平台也陆续问世。在此期间，电竞不仅成为一种以多种媒体为核心的大众娱乐，而且被构建为一种强调视觉和叙事的网络式媒体事件（networked media event）。

自 2016 年至今，是电竞发展的第四阶段，关键词为移动电竞。在这一年，腾讯和英雄体育颇受瞩目，前者发起了王者荣耀职业联赛（KPL），后者推出了一系列针对移动电竞赛事的业务。后来，国内涌现出一大批移动对战游戏，如《阴阳师》《荒野行动》《第五人格》和《和平精英》。值得注意的是，在这些国产游戏中，有些衍生出了电竞产品，例如《决战！平安京》（2018 年至今）就源于《阴阳师》；有的则直接根据电脑版电竞游戏改编而成，如《暗黑破坏神：不朽》（2022年至今）和《英雄联盟手游版》（2022年至今）。因此，如果说欧美、韩国是传统电竞的重镇，那么中国则是移动电竞的主要推动者。

从商业价值的角度看，国内游戏厂商之所以对电竞游戏情有独钟，首先是因为生产成本相对较低，利润相对更高。电竞游戏的核心游戏机制是多人对战，国内团队已经有了多年的制作经验。在研发时，开发者无须耗费大量人力财力去创作复杂的游戏叙事，只需参考成熟的游戏机制，就能完成一款对战游戏，而且游戏代码等游戏素材还可以复用到后续的其他作品中。更为重要的是，此类游戏虽然免费，但游戏内购系统却非常成熟，能够在最大程度上吸引玩家付费。

此外，电竞游戏潮流还源于国内对游戏的偏见。众所周知，在相当长的一段时期内，游戏轻则被视作"玩物丧志"，重则被冠以"电子海洛因"的标签，经常引发大众恐慌，成为媒体关注的焦点。与之相比，由于电子竞技自带体育运动属性，加上中国选手和中国战队多次在全球电竞赛事上夺冠，促使电竞受到了国内各方的肯定和认同。

因此，与其说《魔法觉醒》代表了网易的游戏生产模式，不如说它揭示了整个中国当代游戏产业的生产困境。从短期来看，这种模式的确能够快速吸引玩家，刺激国产游戏市场的增长。但从长期来看，这有可能会让国内游戏开发商缺乏足够的动力去探索更具吸引力的游戏叙事和更具创新性的游戏机制，最终导致国产游戏产品由于过度同质化，从而在全球市场中缺乏足够的竞争力。

今天的这座灵剑山,与进击的游戏世代

往年每逢"双十一",人人都在边看"猫晚",边进行狂欢式消费。然而 2019 年购物节前后,成交额刷新纪录似乎在意料之中,反而是两个与游戏相关的事件受到大众关注。一是 FPX 战队赢得英雄联盟总决赛冠军,延续了中国在全球电竞赛事折桂的神话。另一个是出现了一类颇具"游戏感"的影视剧,不仅回应了年初韩剧《阿尔罕布拉宫的回忆》所引发的影视剧与游戏思维的讨论,而且还标识出正悄然崛起的中国游戏世代以及他们独特的集体情感结构,典型代表就是电视剧《从前有座灵剑山》。

解码游戏感:从观众到云玩家

之前,我们在评价一款游戏作品时,有时会说它有"电影感",尤其是 3A 大作,总是利用成熟的影像语言来丰富游戏世界的细节。典型的例子是《荒野大镖客 2》(*Red Dead Redemption 2*, 2018),根据当时 PlayStation 的官方宣传,这部游戏使用了"30 万个动画镜头、50 万句对白,以及

1200位演员在2200多天里完成的动态捕捉",耗时五年,"让你足不出户地欣赏到一百多年前的美国西部美景"。再如育碧(Ubisoft)出品的"刺客信条"系列,其特色就是用精美的影像呈现不同的历史空间,以至于巴黎圣母院因火灾被损坏时,就连专家都主张参照《刺客信条:大革命》(*Assassin's Creed: Unity*,2014)来修复这一历史建筑遗产。

然而如今,电视剧《从前有座灵剑山》让观众感受到扑面而来的"游戏感"。那么,到底何为"游戏感"呢?想要回答这个问题,我们需要先来讨论一下传统媒介与游戏的关系。

在韩国电影《雪国列车》(2013年)中,整个故事发生在一辆被永动机驱使的火车中,不同车厢之间相互隔离,主人公柯蒂斯(克里斯·埃文斯饰)带领队伍从代表社会最底层的车尾一路突进,就像在动作类游戏中打怪升级一样,直至到车头见到大Boss。

与之相比,美国小说家丹·布朗(Dan Brown)的"密码三部曲"则更像是文字解谜游戏(puzzle games)。其中,哈佛大学宗教符号学教授罗伯特·兰登(Robert Langdon)总是遵循着一个套路,即发现神秘符号,然后运用艺术史和宗教知识解决谜题,继而得到下一个提示,如此反复,直至揭晓整部小说的悬念,并解决世界性危机。给人印象最深的案例是在《达·芬奇密码》(*The Da Vinci Code*)一书中,丹·布朗借雷·提彬爵士(Sir Leigh Teabing)之口,解构了达·芬奇名作《最后的晚餐》，将抹大拉的玛丽亚直接解构为耶稣的妻子，并使其成为驱动整部小说的关键元素。

更有意思的是，1992年的电影《土拨鼠之日》（Groundhog Day）与2017年班尼特·福迪（Bennett Foddy）创作的独立游戏《田径选手游戏》（QWOP，2008）有异曲同工之妙，让受众在重复性叙事中不断体验挫败感。在电影中，气象播报员菲尔（比尔·默瑞饰）发现自己被困在2月2日，每天所见所闻都一模一样，就像走进了一个游戏场景，每次互动都能引发一样的对话和事件，而跳出这个时间循环就成了菲尔最大的愿望。

至于《田径选手游戏》，玩家要做好"福迪虐我千百遍，我待福迪如初恋"的心理建设，在游戏中扮演一名奥运会跳远运动员，用键盘上的Q、W、O、P四个按键协调游戏角色的身体部位，尽力让他跳得更远。虽然游戏机制很简单，但由于难度太高，玩家需要反复经历失败，才能持续玩下去。

不难看出，游戏作为一种新媒体，与传统媒介本身就有不少相似之处。用游戏学者詹姆斯·保罗·吉（James Paul Gee）的话说，电子游戏是一种拥有多模态符号的互动语言，比传统媒介增加了互动性元素。所谓游戏感，就是在游戏这种新式互动媒介与小说、电影等传统媒介之间建立互文关系，再调用之前的游戏经验来理解传统文本。

正是出于这个原因，在看《双子杀手》时，游戏经验丰富的观影者会有强烈的游戏感。不必说故事本身的赛博朋克范儿是很多游戏构建世界观的基础，也不必说 120 帧影像效果与 4K 游戏画质类似，单就那段摩托车追击场景就有《刺客信条》等游戏的影子，而小克（克隆人）的日常训练，则直接使用了模拟游戏。

与上述作品相比，电视剧《从前有座灵剑山》的游戏感要更强。以灵剑派招募新人的"升仙大会"为例，整个过程完全遵循着电子游戏的套路。霄云古钱与剧中人物具有绑定功能，除非主动赠送，否则就算被抢走，对方也无法使用，这是典型的游戏道具设定。再以任务设计为例，游戏设计者（灵剑派诸位长老）不仅制定规则（如只有 23 岁以下才可参与游戏），还可以实时修改规则（临时将游戏难度提升 100 倍）。更有意思的是，关卡"桃源村"甚至还模拟了游戏的加载场景，所有挑战者需要进入这个被法术隔离的结界中，用现代人玩游戏的方式，不停与作为 NPC 的村民聊天，触发隐藏事件，解开谜题后才能顺利通关。如此一来，与其说受众是读者/观影者，毋宁说他们从一开始就已经将王陆理解为游戏玩家角色，只是无法亲身参与游戏互动，变成了名副其实的"云玩家"。

王陆的冒险游戏：从十里坡到灵剑山

《从前有座灵剑山》源于国王陛下创作的同名仙侠小说，

而很多带有强烈游戏元素的仙侠小说都始于十里坡，此处是游戏《仙剑奇侠传》的初级任务场景。这款游戏是同名电子游戏系列中的第一部，出自台湾大宇资讯股份有限公司旗下的游戏制作小组"狂徒制作群"，领军人物是"仙剑之父"姚壮宪，又被玩家昵称为"姚仙"。

从游戏类型上看，《从前有座灵剑山》与《仙剑奇侠传》有很多相似之处，都属于"冒险游戏"（adventure games）。早在1984年，克里斯·克劳福德（Chris Crawford）就在其著作《电脑游戏设计艺术》（*The Art of Computer Game Design*）中讨论过这一类型。他认为，冒险游戏重故事，玩家必须在一个复杂的世界中探索，收集足够的道具和战利品以完成每次挑战，最终获得宝藏或完成游戏任务。后来，欧内斯特·亚当斯（Ernest Adams）还在《游戏设计基础》（*Fundamentals of Game Design*）一书中补充了冒险游戏的两个基本元素。

其一，弱化甚至消除对抗、经济管理和动作挑战部分。在《仙剑奇侠传》中，玩家控制李逍遥、林月如和赵灵儿三个角色对抗怪兽，此时玩家需要判断敌人的弱势，并且根据玩家角色的优势来选择对战招式。不过，有时候冒险与动作两种游戏类型也会融合成为动作冒险游戏，玩家可以在整个游戏探险的过程中时不时地体验到身体对抗。

《从前有座剑灵山》亦是以"智斗"为主。在很多情况下，王陆之所以能解决问题，并非是因为法术高强，而是源于各种各样令人脑洞大开的怪点子。与此同时，互动性更多来自玩家角色与NPC角色之间，包括触发剧情后进行对话，进而接受任务或得到提示，就像诸位灵剑派候选人在"桃源村"中遇到的情况一样。

其二，冒险游戏少不了英雄情结，主人公需要通过探险来获得荣誉，玩家往往会从不知名的小人物逆袭为大英雄。在《仙剑奇侠传》中，玩家角色是李逍遥，他最初与姑母李大娘相依为命，虽然是个渔村客栈的伙计，但却一直想要闯荡江湖、行侠仗义。后来，他意外结识了隐居在仙灵岛的女娲族后裔赵灵儿，并与她结为夫妻，二人却因故而分离。玩家需要扮演李逍遥，开启解救灵儿的探险之旅，最后会成为名震江湖的大侠。

与之类似，《从前有座灵剑山》在开篇就呈现了灵溪镇，这里有客栈，有凶凶的老板娘，有天赋异禀的少年王陆（许凯饰）。后来，王陆凭着聪明才智，不仅成为灵剑派真传弟子，开启了修仙之旅，还结识了来自五湖四海的朋友，一起斩妖除魔，最后拯救了九州，俨然是另一个仙剑故事。

需要指出的是，中国的仙剑题材作品与西方冒险故事亦有不同之处，首先是兼具武侠和奇幻元素的世界观。姚壮宪表示，最初构思《仙剑奇侠传》的游戏故事时，本想"以金庸小说为师，故事背景是历史加武侠，并无神怪成分"，将游戏名称定为《逍遥侠客行》。但后来，姚壮宪决定重写游戏故事，参照白蛇传、西游记、三皇等民间故事和少数民族文化，构建出一个奇幻的蜀山剑侠游戏世界。

它承袭了中国神魔小说传统，即代表行为规范的"神"系统、以一己私欲为先且行为残暴的"魔"系统和邪不胜正的打斗系统，继而创造了融汇"道家武侠"美学的奇幻武侠主题。道家武侠与儒家之侠不同，后者往往表现为"重信义、讲承诺、不爱其躯且从不自夸"的谦谦君子，而道家之侠以道家文化作为精神内核，道法自然，与魔性抗争，强调"神化物件、御气而行"的"中华灵异武功"。《从前有座灵剑山》亦是如此。

此外，中国的仙剑故事还少不了人妖/鬼之间的羁绊。1993年，24岁的姚壮宪产生了设计国产角色扮演游戏的念头，至1995年《仙剑奇侠传》上市，历经两年左右的时间。在此之前，"倩女幽魂"系列电影自1987年开始陆续上线，带火了中国式的"人鬼情未了"。电影改编自蒲松龄故事集《聊斋志异》中的"小倩"一篇，讲述宁采臣所经历的鬼怪故事。尤其是在第一部中，宁采臣行至兰若寺，遇到被千年树妖控制的游魂聂小倩。虽然宁采臣在道士燕赤霞的协助下打败树妖、救出小倩，但最终由于人鬼殊途，小倩转世投胎，二人的恋情以"相忘于江湖"而结束。

1991年末，电视剧《新白娘子传奇》开始播出，用传统的方式讲许仙和白素贞的人妖恋。1993年，徐克的电影《青蛇》改写了传统的《白蛇传》，无论是许仙与白蛇，还是青蛇与法海，皆以悲剧收场。类似的冲突出现在中国的仙侠文本中。

在游戏《仙剑奇侠传》的结尾，半人半蛇的赵灵儿最终为世间大爱牺牲了自己，化为石像，与李逍遥天人相隔，让很多男性玩家都掉了眼泪。《从前有座灵剑山》也沿用了人妖羁绊的主线，只不过是通过海云帆体现出来。作为王陆的挚友，他一生痛恨妖族，但自己却是妖王。

更为重要的是，肇始于游戏《仙剑奇侠传》的仙侠类作品，往往还在古代背景中使用了大量现代元素，这在《从前有座灵剑山》中非常普遍：万年玄铁外形酷似奥斯卡奖杯，灵剑派掌门需要常配眼镜，身为客栈老板娘的玲儿和闺蜜王舞一起用符咒去腿毛，七皇子朱秦为了找通关秘诀支付"公关费"。至于王陆，"人设""智商"等现代语言是他的口头禅，还将"升仙大会"称作"修行界世界杯的预选赛"，有人提前闯关却失败，是因为"裁判还没吹哨，怎么可能让你随便发球"。由此，古代与现代之间形成了强大的张力，产生了强烈的幽默感，造就了《从前有座灵剑山》的爆笑仙侠气质。

进击的游戏世代：从中国风到仙侠风

从表面上看，王陆似乎是另一个李逍遥。然而实际上，电视剧《从前有座灵剑山》虽然与游戏《仙剑奇侠传》有着千丝万缕的关系，但两者在精神内核上已经大相径庭了，这种差别可以从两部作品的"戏中戏"中窥见一斑。

《仙剑奇侠传》走中国风,用游戏这种新媒体来传达传统内容,给玩家带来了充满现代性的震惊感。一方面,它以中国古代神话传说、传统文学或历史故事等为蓝本构架宏大叙事,以儒释道等传统中国文化元素设计游戏关卡和游戏角色中的视觉符号;另一方面,它又以古风音乐为声景,虽然词富有古典韵味,曲以民族五声调式或具有中国韵味的和风歌古风音乐为主,但极为依赖电子合成器,传播以网络为主。

在《仙剑奇侠传》的这段戏中戏中,李逍遥和林月如在寻找赵灵儿的路上,曾碰到一个戏班子演出《白蛇传》,正好唱到白娘子借伞环节,众人感慨"人间天上无双美,玉洞金屋巧姻缘"。据看戏的NPC所说,这段戏是最为精彩的部分。其中一人边夸奖这出戏,边感慨白素贞报恩却以悲剧结尾。同时,也有人为法海叫好,喊他尽快把蛇妖收进雷峰塔。

实际上,无论是赵灵儿半人半蛇的外形,李逍遥与赵灵儿之间跨越种族的爱情,还是灵儿变身为蛇逃出林家大宅的桥段,抑或是灵儿被关在蜀山剑派中的锁妖塔中,玩家都可以从游戏角色和故事中看到白蛇传的影子。或者说,赵灵儿就是守护人类的"白娘子",李逍遥是闯荡江湖的"许仙","小青"在游戏中化身为有情有义的林月如和古灵精怪的阿奴,剑圣独孤宇云则是武林高手版本的"法海",因为一己偏见而将赵灵儿锁在《仙剑奇侠传》中的"雷峰塔"里。

另一方面,对于当时的中国玩家来说,之前很多优秀电子游戏都是来自欧美或日本,鲜少有国产作品,而且很多玩家最初的游戏体验都始于《仙剑奇侠传》。这种震惊不仅包括游戏技术带来的视听快感,而且还包括玩家通过手指操纵按键来控制游戏角色而获得的快感。它不同于以往看电视或阅读小说的体验,整个游戏故事需要通过玩家互动式参与来共同完成:既与李逍遥一起体验了闯荡江湖的过程,又与他一起经历了凄美动人的爱情。

更为重要的是,"仙剑"为玩家提供了一个可以肆意闲逛的空间,处处都可能藏有宝物,寻宝的过程与解谜的乐趣让中国玩家对游戏爱不释手。游戏的每个场景都是一个"拱廊街"式的隐喻,其中的道具和物品都充满着有用性,是可以用金钱交换的对象。就连人与人的对话内容及顺序也是遵循着一定的目的,成为隐藏游戏线索的重要组成部分。玩家通过在"人群"中的闲逛,无时无刻不在默默观察,并且在探索过程中将游戏空间改写。一旦开始游戏,李逍遥就变成了游戏人群中的闲逛者,成为一个商品化的装置。而在将物品商品化的过程中,玩家也以虚拟的方式经历着真实生活中的现代性体验。这种震惊体验是《仙剑奇侠传》的核心,更为后来中国风游戏的游戏语言提供了范本。

与之不同,《从前有座灵剑山》则是用传统媒介表征当下的青年文化,让观众体会到饱含后现代性的青年震荡(Youthquake)。在这里,戏中之"戏"指游戏。实际上,编剧在该剧中设置了很多游戏环节,除了前文提到的"桃源村"之外,结尾还有一个名为"五绝大会"的团战游戏,不同门派的弟子需要组队进入众生之门,在随机生成的幻境中完成积分赛。尤其是在"孝门验孝"环节,参赛者的任务是个名副其实的桌游,规则如下:

1. 试炼者自由挑选一张父母牌并指定一人佩戴一张子女牌。
2. 父母牌持有者必须向指定子女牌持有者进行养育,即向子女牌的持有者赠送一笔灵石,数额不限。
3. 受到馈赠的子女牌持有者须以双倍的灵石回馈父母方,该过程可视为尽孝。
4. 完成尽孝的试炼者可进行过关确认,成功可获得相应的积分,失败则无积分。

听起来,这就像玩家常见的 Rouge 游戏(又被称为肉鸽游戏)一样。此类游戏的特色在于,任务随机生成,规则高度灵活,玩家可以充分发挥想象力。实际上,王陆战队也的确是这么做的,有时甚至利用规则漏洞来作弊。在此,我们不难看出,灵剑山中的戏中戏并不旨在构建宏大叙事,而是强调碎片式的拼贴[①]。在剧中,有广播,还有学校运动会式的动员(弘扬道法精神,促进仙术发展,青春拥抱梦想,拼搏

---

① 有关"拼贴"的概念,在本书《橙光游戏:越轨者寓言与性别异托邦》一文中亦有涉及,详见第220页。

成就辉煌）；配乐杂糅了多种风格，除了古风曲和摇滚乐，还有反复出现的《小刀会序曲》，让人想起《大话西游》中至尊宝变身成为孙悟空的场景；有浪漫爱情剧（九尾狐玲儿和哈士奇薛公子的桥段），还有《哈利·波特之火焰杯》（升仙大会规则中的年龄限制，五大仙门共同参与的五绝大会）。总之，万物皆可拼贴，这是《从前有座灵剑山》爆笑仙侠风的核心所在。

如果说中国风游戏《仙剑奇侠传》为玩家带来的是现代的闲逛者体验，那么爆笑仙侠风剧集《从前有座灵剑山》则是后现代式的混搭式体验。这种拼贴之所以没有给观众造成任何违和感，不是因为混搭本身不够无厘头，而是因为受众被缝合为一个趣缘群体，即游戏世代。根据游戏工委发布的数据，截至2019年9月底，中国游戏用户数量已经达到6.51亿。也就是说，几乎每两个中国人中，就有一个是游戏玩家，而且这一比例很有可能还在增长。

游戏世代所关注的焦点一直都不是内容本身，而是思维方式。在讨论游戏与教育的关系时，詹姆斯·保罗·吉教授曾提到过"内容问题"。他的老父亲在看孙子玩游戏，之后评价游戏"没有任何值得学习的内容"，这也是很多游戏难民所持有的观点。吉教授对此的回复是，游戏给玩家提供的不是应试教育所要求的内容，而是主动学习需要的思维方式。这种思维方式将青年震荡提升至2.0版。

最初，"青年震荡"源于美国时尚杂志主编戴安娜·弗里兰（Diana Vreeland）于1960年代发起的新时尚倡议：用低端元素混搭高阶设计，既可以保留高端时尚的仪式感，又可以加入青年文化元素。按照游戏世代的视角，文化无所谓高阶或低端，这些都不重要，关键是文化元素以何种机制组合成更有创意的游戏，就像用scratch拖动模块进行编程一样。

如此一来，我们也就不难理解《双子杀手》引发的两极化口碑。一方面，传统观影者责备李安抛弃了电影本身的质感和叙事魅力；而另一方面，游戏世代则为导演的技术创新而感慨，为影片的游戏感而津津乐道。但可以肯定的是，鉴于游戏世代的队伍正在不断扩大，未来，游戏思维会对传统媒介产生更大影响，具有游戏感的作品会越来越多。

全球南营：
游戏中的族裔话语与地域差异

2019年8月21日，备受国内游戏开发者和玩家关注的"蒸汽平台"（Steam China）正式官宣，成为当前TI9[①]之外的另一个热门话题。之前，有些国内玩家因为游戏缺少中文字幕而组团去国外的Steam平台刷过差评。

大概半个月前，2019年全球电子游戏研究年会（DiGRA 2019）在京都落下帷幕。在本次会上，日本游戏研究协会主办了长达一天的工作坊，议题为"当代日本数字游戏研究的相关事宜"。有位西方学者说，自己特别想去听，但可惜是日语。

1985年，游戏学者兼设计师林赛·格雷斯教授制作了独立游戏作品《黑/白》（*Black/White*，2009），反思传统游戏中"白人/黑人"的二元对立。之前的游戏中，黑人要么是体育健将，要么是帮派成员。然而在这款与《超级马里奥兄弟》（*Super Mario Bros.*，1985）类似的游戏中，不仅玩家角色与NPC长得一模一样，而且NPC也没有差别，根本无

[①] TI9，即第九届DOTA2国际邀请赛。

法根据外形分辨是敌是友。设计师试图向玩家传达一个简单的道理,即肤色不能成为评判人的标准。

以上几个案例看似毫不相关,但却从游戏消费、游戏研究和游戏表达三个维度指向了电子游戏文化中的地域差异。

提及地域差异,联合国下属机构世界银行基于经济发展水平,将整个世界分为全球北营(global north)和全球南营(global south),前者指发达国家及地区,后者包括中低收入国家及地区。就电子游戏而言,全球游戏文化图景也存在着上述分野,包括游戏北营和游戏南营,划分标准是游戏生产能力和作品在玩家中的认可度。欧美、日韩在全世界的游戏生产中占主导地位,游戏作品在全球玩家中的口碑普遍比较高,属于北营。与之相对,以游戏消费为主的国家属于南营,很少出现能斩获国际大奖的游戏精品,如中东、非洲、南美、东南亚等区域。

在世界游戏图谱中,南北双方到底在游戏话语构建中发挥着什么样的功能?在全球语境下,中国游戏文化又面临着什么样的挑战?这是本文要讨论的核心。

全球北营与族裔编码:游戏中的种族刻板印象

早在游戏发展初期,电子游戏就与电影等其他媒介一样,塑造着有关种族的刻板印象。在1991年,玛莎·金德(Marsha

Kinder)就在其著作《电影、电视和电子游戏中的权力游戏》（*Playing with Power in Movies, Television, and Video Games*）一书中指出，游戏设计者往往将受众锚定为中产阶级白人男性玩家。在1994年出版的《赛博人生》（*Cyberlife*）一书中，作者认为，游戏通常将少数族裔边缘化，如：射击游戏《德军总部3D》（*Wolfenstein 3D*，1992）中的所有角色都是白人；模拟直升机游戏《百战铁翼》（*LHX: Attack Chopper*，1990）中虽然有利比亚人、越南人和东德人三种NPC角色，但玩家角色依然是白人；虽然《真人快打》（*Mortal Kombat*，1992）设定了7种角色供玩家选择，但也只是亚洲人和白人两类。

到了21世纪，虽然游戏中出现了更多少数族裔的角色，但族裔偏见却并没有消失，而是以更隐晦的方式在更深层面发挥着作用。索亚·穆雷（Soraya Murray）在其著作《论电子游戏：种族、性别和空间的视觉政治》（*On Video Games: The Visual Politics of Race, Gender and Space*）中采用文化研究的方法，通过对游戏作品进行文本细读，揭示出当前电子游戏中的"种族—视觉逻辑"（racio-visual logics）主要用两种套路来构建种族话语。

其一是英雄叙事套路，即在拯救/被拯救的框架下表现种族，借以想象东方和世界。穆雷以《刺客信条3：解放》（*Assassins Creed III: Liberation*，2012）为例，讨论了东方主义作为一种程序修辞如何被编码在游戏中。作为一款典型的育碧游戏,《刺客信条3》将背景设定在1765年至1780年,坐标美洲大陆。彼时,新奥尔良是法、英、西班牙三国争夺的战略要塞,也是全球奴隶贸易中心。游戏主人公是法国和非洲混血的艾芙琳·德·格朗普雷(Aveline de Grandpré),兼具欧洲、非洲和美国三重文化身份。从艾芙琳一出生,身为奴隶的母亲就失踪了,并一直处于缺失状态,艾芙琳被身为富商的法国父亲带大,成为推翻奴隶制的美洲英雄。

事实上,这样的族裔修辞是育碧反复使用的策略,主要表现为刺客/圣殿骑士这组二元对立。在《刺客信条3》中,主角为英国人和美洲原住民混血的康纳(Connor,原名为Ratonhnhaké: ton),后来成为刺客,反抗殖民者的暴政。之后推出的"刺客信条编年史"系列(Assassin's Creed Chronicles)也遵循着相似的结构。在中国篇中,原本是明代皇妃的邵君逃离乱作一团的祖国,不仅到了意大利,而且还接受了佛罗伦萨刺客艾吉奥·奥迪托雷(Ezio Auditore)的训练,成为刺客兄弟会的一员,回国消灭祸国殃民的"八虎组织"(明朝的圣殿骑士)。在印度篇中,故事背景设定在19世纪锡克帝国(Sikh Empire)与英国东印度公司交战期间,作为刺客成员的主人公阿尔巴兹·米尔(Arbaaz Mir)维护的是代表锡克帝国的爱情和信仰,对抗的是被圣殿骑士掌控的东印度公司。俄罗斯篇则将战场转移至十月革命后的俄国,主人公尼古拉·奥列洛夫(Nikolai Orelov)作为一名刺客,需要潜入被占领的沙皇皇宫,拯救沙皇尼古拉二世的小女儿阿娜塔西娅（Anastasia）公主。

其二是受害者叙事套路，即通过处于危机中的白人受害者视角，来突出当代文化中的"白人属性"（whiteness）。社会学家露丝·弗兰肯伯格（Ruth Frankenberg）认为，所谓"白人属性"，首先是一种结构性优势，或是种族优越性；是白人看待自己、他人以及整个社会的视角；通常是未经标识以及未经命名的社会文化实践，与殖民主义、帝国主义和同化等观念紧密相连。因此，白人属性作为一种权力话语，既将这一群体放置到种族修辞中，又为反思种族主义提供了可能性。

提及作为受害者的白人属性，最典型的例子是由顽皮狗工作室（Naughty Dog）出品的游戏《最后的生还者》（*The Last of Us*, 2013）。与其他末世游戏类似，《最后的生还者》呈现了一个后启示录式空间，人类被病菌感染，现代文明毁灭，玩家需要以幸存者的视角打僵尸。游戏主人公乔尔（Joel）是一位被灾难夺走了家人的中年白人男性，心中最温情的部分留给了游戏中的小女孩儿艾莉（Ellie），因为后者让他想起死去的女儿萨拉（Sarah）。为了守护艾莉，他成为走私犯，不惜与整个世界对抗、历经困苦。可以说，乔尔的人设遵循着西方主流文化中的典型美国男性形象：高加索直男，留着深色的短发和胡子，穿着西式衬衫和牛仔裤；坚定自信，身体素质过硬；话不多，但只要开口，就言语犀利。

与受害人相对的一方，是游戏中感染了病毒的他者。可怕的变异病菌先侵蚀他们的大脑，继而像癌细胞一样扩散到全身，逐步将其转变为一种毫无理智的暴力怪物。这种被感染者还是四种僵尸类型中最可怕的那类，具有最强的攻击力和防御力，正常人一旦被抓住，必死无疑。即便被杀死，腐烂的尸体还会继续生长，散发出具有传染性的病毒孢子。穆雷认为，正是从这一角度上看，游戏不仅营造了恐怖的氛围，而且还让玩家通过乔尔的视角，在恐怖与伤感之间徘徊。如此一来，游戏构建了"徒劳的白人属性"（whiteness as ineffectual）这一意识形态，似乎玩家与角色一起，被困在死寂又失效的父权秩序中，苦苦挣扎。用穆雷的话说，《最后的生还者》在白人属性/激进他者这组二元对立的框架下，通过让白人男性气质受挫的创伤性叙事，将玩家角色乔尔塑造成受害者，而不是超级英雄或超级战士。

《特殊行动：一线生机》（*Spec Ops: The Line*，2012）和《古墓丽影9》（*Tomb Raider 9*，2013）亦是如此，玩家角色都是处于危机中的白人。在《特殊行动：一线生机》中，玩家角色为美国三角洲部队军官马丁·沃克（Martin Walker），奉命前往被沙尘暴围困的迪拜执行任务。摆在他面前的困境，不仅是自然灾害，还有内部分裂的先遣部队（原本想出于人道尽可能帮助当地人撤离，但却在维持秩序的过程中使用了暴力），以及想要掩盖真相的CIA（对出生入死的本国战士以暴制暴，并试图掩盖真相）。对于作为军人的沃克而言，他在身心两个层面都承受着极大压力，最终精神出现了幻觉。因此，沃克并不是拯救世界的超级硬汉，而是在一系列危机中被建构成一位反英雄。与之类似，《古墓丽影9》颠覆了之前的劳拉形象，从自信、刚毅、机智，甚至有些调皮的人物设定，变得较为柔弱、缺乏经验和不自信。在这款游戏中，劳拉的敌人是太平洋神秘岛屿上的居民，后者信奉着一种邪教，主张用少女来祭祀他们的太阳女王。玩家需要扮演劳拉，在危机四伏的小岛上面对生存挑战，比笛福笔下的鲁滨逊要艰难得多。就新版劳拉而言，无论是角色外形，还是言语行动，都跟《最后的幸存者》一样，强化了为生存而挣扎的无助和困顿感。

穆雷继而指出，白人游戏角色从超级英雄转变为受害者，实际上源于后9·11时代集体无意识层面的社会焦虑。在西方的媒体话语中，这样一组二元对立屡见不鲜：组成正统美国家庭及社会中流砥柱的异性恋白人基督徒，以及因为长得像阿拉伯人而容易被推断成恐怖分子的人群。此外，在现实世界中，越来越多的少数族裔成为社会精英，如电影明星威尔·史密斯、高尔夫球手泰格·伍兹（Tiger Woods）、主持人奥普拉·温弗瑞（Oprah Winfrey）等，从某种程度上进一步加深了日常生活中的种族焦虑，这种现象通过大众文化媒体表现出来，包括电子游戏。正是在这类游戏角色中，白人属性在两个维度发挥着作用，向上可通达普世性的人性光辉，向下可以最普通的个人身份对抗生活困境，从而让白人在族裔修辞中获得结构性优势，并通过程序修辞传达给所有族裔的玩家。

那么问题来了,为什么上述刻板印象和族裔修辞被电子游戏一再重复?学者山姆·斯劳伊(Sam Srauy)给出了答案:部分原因是为了规避市场风险,部分是由于以往的游戏设计惯例。他在《北美游戏产业的职业规范与种族》("Professional Norms and Race in the North American Video Game Industry")一文中指出,北美的游戏开发依然是以白人男性主导的行业。接受采访的北美开发者都认为,游戏与电视、电影、文学等媒介发挥着同样的作用,都在用虚构的故事讨论现实世界的问题,并传达特定的社会文化观念。因此,在进行游戏设计时,他们会参考以往商业上获得成功的游戏作品,从而让新作品能被更多受众理解和接受。

受访者还表示,玩家角色通常都是"白人男性";如果有个角色穿着帽衫待在角落,那很有可能被设计成黑人男性,因为这才能强化危险氛围。此外,斯劳伊还指出,英国作家托尔金(John Tolkien)的奇幻小说和罗琳的"哈利·波特"系列也在很大程度上影响了当代游戏设计惯例,出现了半兽人、精灵、巫师、矮人等虚构种族,并将这些种族与现实世界中的族裔联系起来。例如,有的设计师把矮人族(dwarves)看成苏格兰人,还有人把黑精灵族(black elves)当作黑人。值得注意的是,这种互文性指涉非常普遍,"哈利·波特"系列小说中,现实世界中的种族刻板印象几乎都能对号入座:天生具有种族优势的巫师、缺乏天赋但心地善良的麻瓜、世代为奴的家养小精灵、被驱逐到禁林中的马人、视财如命又富有的妖精。换句话说,游戏设计师是在用新瓶装旧酒,用电子游戏这一新媒体来重写大众文化中已有的族裔话语,因为只有这样,才能让受众尽快理解并接受游戏内容,但同时亦强化了现实世界中的种族偏见。

全球南营与族裔解码:通过电子游戏抵抗

虽然全球北营由于技术优势和经济优势,是游戏内容的主要生产者,但游戏在全球南营也普及开来,不仅成为日常生活中的重要娱乐方式,而且还逐步成为南营表达自我的媒介,使其能通过互动性体验来理解我们所生活的世界。

在《文化符码:电子游戏和拉丁美洲》(*Cultural Code: Video Games and Latin America*)一书中,游戏学者菲利普·芬尼克斯-泰德森(Phillip Penix-Tadsen)透过跨媒介视角,结合具体社会历史语境,讨论了拉美地区的游戏产业和游戏文化。从产业角度看,拉美游戏产业起步于上世纪90年代,产业发展具有很大阻力:缺乏政府有利支持;缺乏技术及游戏设计方面的教育;存在大面积的"数字贫困区",尤其是在农村地区,数字技术未得到普及,致使游戏用户增长缓慢;年轻的游戏创业团队缺乏经验丰富的设计师及产业导师指导;本土产品无法满足全球玩家的需求。即便困难重重,当地游戏开发者依然通过游戏限时开发大会或其他合作形式，以当地文化为素材进行多种游戏设计实践。与此同时，产业孵化中心和创业扶植项目逐渐增多，政策制定者也开始关注游戏产业的巨大经济潜力。

从文化角度看，拉美元素早在 1980 年代就出现在电子游戏中，从 1980 年代的《太阳面具》（*The Mask of the Sun*, 1982）、《阿芝台克人》（*Aztec*, 1982）和《远征亚马逊》（*Expedition Amazon*, 1983）到后来的《古墓丽影》等，拉美元素通常在古墓探险式叙事中发挥营造环境的作用。换句话说，这些游戏的玩家角色通常是西方考古学家，对拉美古墓进行殖民式探索，其中拉美符号是一种空洞的工具，并不涉及对拉美历史文化的再现和深入探讨。此外，有些现代军事游戏也喜欢使用拉美元素来构建游戏世界，如以英国和阿根廷的福克兰战争为蓝本设计的《鹞鹰战机》（*Harrier Attack*, 1983）；《使命召唤：黑色行动 2》（*Call of Duty: Black Ops II*, 2012）则涉及了由美国资助的尼加拉瓜革命。

值得注意的是，还有一类游戏细致刻画了拉美本土文化，例如以墨西哥亡灵节（Day of the Dead）为题材的游戏。亡灵节是美洲印第安文化与西班牙文化融合后的产物，燃烧着蜡烛的祭坛、鲜花、糖做的骷髅、大笑的头骨以及其他祭品，都是亡灵节庆典的重要意象。更重要的是，亡灵节的精神特质在于，用游戏的方式纪念逝去的家人。因为在墨西哥文化中，死亡并不是结束，而是生命轮回中的一个组成部分。当地人认为，死去的灵魂会在亡灵节被唤醒，与活着的人再次团聚，共同庆祝。作为墨西哥文化的重要元素，亡灵节曾多次出现在大众文化文本中，典型的例子是电影《寻梦环游记》（*Coco*）。至于电子游戏对亡灵节的呈现，则可以追溯到上世纪80年代，相关作品包括《太阳面具》和《阿芝台克人》、《小小大星球》(*Little Big Planet*, 2008)、《墨西哥英雄大混战》（*Guacamelee!*, 2013）等。这类游戏通常或多或少带有幽默感，让玩家穿梭在生死两个世界中。

以《文化符码：电子游戏和拉丁美洲》为基础，芬尼克斯-泰德森与来自全球的学者合作，推出了《电子游戏与全球南营》（*Video Games And the Global South*）一书，里面的话题涉及中国、印度、中东、南非、南美等地的区域游戏文化。在前言中，芬尼克斯-泰德森为读者展示了几组意味深长的图片，大概可以分为三个主题。

在第一组中，有张照片记录了1995年7月的多米尼加共和国，芬尼克斯-泰德森与当地人合影留念。在照片中，屋里一片漆黑，因为当地人彼时缺水少电，还过着日出而作、日落而息的生活。然而在这种情况下，这家人却利用汽车电池，不仅能看电视，还能让那台香港产的游戏机运转起来，让全家人在摇曳着烛光的铁皮屋子里享受任天堂和世嘉的经典游戏。另一张照片摄于2014年的南苏丹。当时，在难民营附近的一个阴暗狭窄市场里，靠近窗口的地方有个锈迹斑斑的铁架，上面摆着一台笨重的电脑，电线向上缠绕在头顶的木棍上。在电脑对面,一群当地的孩子/难民围在屏幕前,中间的小朋友拿着手柄,正聚精会神地玩游戏,小伙伴们目不转睛地看他玩,还有一位对着镜头露出了灿烂的笑容。此时此刻,简陋的毛坯墙和透着光的铁门似乎围起了一个"魔圈"(magical circle),圈外是饱受折磨的难民,圈内则是沉浸在虚拟世界中的头号玩家。

在第二组中,有张插图是第一人称射击游戏《特种部队》(*Special Force*,2003)的游戏截图。玩家角色背对观众站在一个 3D 房间里,右侧墙上挂着巨幅画作,描绘的是一座雄伟的伊斯兰风格建筑。2003 年,有个住在巴勒斯坦杰宁市(Jenin)的小女孩儿高兴地对前来做田野调查的研究者说,《特种部队》是史上最棒的游戏,因为自己再也不用对着阿拉伯同胞射击了。换句话说,这款游戏打破了原有的刻板印象,以前,阿拉伯人总是被设计成玩家的敌人。还有一张图是 2014 年后两名菲律宾电竞选手庆祝胜利的合影。右侧是 18 岁的安德雷·阿尔巴(Andreij "Doujin" Albar),刚在菲律宾马尼拉市举办的《铁拳 7》(*Tekken 7*,2015)国际电竞比赛中,爆冷战胜了韩国夺冠热门崔振宇(Jinwoo "Saint" Choi)。如果给崔振宇一次重来的机会,他一定不会选择用"艾迪·戈尔多"(Eddy Gordo)这个角色出战,因为它虽然在电竞比赛中不常见,但在菲律宾却早就尽人皆知了。显然,韩国选手对菲律宾的游戏文化知之甚少。因此,无论是巴勒斯坦小女孩儿,还是菲律宾的电竞新星,都将游戏文化的地域差异推至前景。

最后一组照片更耐人寻味，它们摄于2016年，主角都是小朋友。其中一张照片里，8岁的印度男孩儿麦丹什·麦它（Medansh Mehta）戴着黑框眼镜，身上的蓝色白点衬衫搭配黑色西装马甲，正对着话筒侃侃而谈。之所以能获得媒体关注，一方面是因他开发了游戏《让彼处有光》（*Let There Be Light*，2016），在如此小的年纪就用游戏这种新媒体讨论城市生态发展；另一方面，是因为他对当时的微软首席执行官说，自己也想做微软的掌舵人，这句话让他成了全球媒体的头条人物。另一张照片的主人公是9岁大的印度裔澳大利亚女孩儿安薇塔·维贾伊（Anvitha Vijay），她参与开发了好几款苹果应用，其中包括介绍野生动物的教育游戏《智慧动物园》（*Smartkins Animals*，2016），并因此受邀至美国旧金山，参加全球苹果开发者大会（Worldwide Developers Conference）。在绿植的衬托下，维贾伊举着一个平板电脑，屏幕上是自己的设计作品，正自信地对着镜头微笑。

从多米尼加到南苏丹，从巴勒斯坦到菲律宾，从亚洲到大洋洲，参与构建游戏文化的人群，就像通关升级的游戏玩家一样，逐步解锁新地图。更为重要的是，我们面对的并不是单向度的游戏文化建构，而是融合了消费、反思，甚至抵抗的游戏文化参与实践。在盗版游戏中成长起来却打败韩国电竞选手的菲律宾青年，为微软和苹果两家国际企业输出创意文化产品的印度裔少年，以及那个因为游戏打破种族偏见而欣喜的少女，所有这些都给传统的游戏生产者和消费者带来了启发，不仅有可能使其反思游戏中的族裔表征，而且还会将反思带入更大的社会文化语境。正是从这一角度上看，针对全球南营游戏文化的研究，才显得可贵又有意义，因为它能让我们有机会反思游戏文化中的科层体系，打破几十年来由北营主导的游戏设计和消费惯例，最终推动全球游戏文化和游戏研究的多样性。

全球语境下的中国游戏文化困境

根据中国音数协游戏工委（GPC）发布的《2021年中国游戏产业报告》，中国游戏用户已经达到6.6亿人。即便在被称为"游戏寒冬"的2018年，当媒体公布中国电影票房突破600亿的时候，同年游戏总产值已经超过了2144亿。按照2019年的发展态势，同比收入还会继续增长。那么问题来了，中国游戏用户和游戏市场收入持续增长，是否能让我们取得全球北营游戏圈的入场券呢？起码目前看来，答案是否定的。实际上，中国游戏文化在产业和研究两个维度都面临着巨大挑战。

中国游戏产业面临的首要问题在于，游戏自主创新不足，游戏类型过于同质化，产品过于单一。当前的游戏依然以娱乐游戏为主，鲜少涉及游戏的其他应用场景。近年来，虽然严肃游戏已经成为产业关注的热点，但这一游戏类型依然停留在概念阶段，成熟的精品游戏还很欠缺。由于开发经验不足，且本土开发者尚未找到功能游戏的盈利模式，国内的严肃游戏发展明显落后于全球南营。

之所以如此，是因为游戏企业依然处在自发探索的状态下，过于依赖直接经验，学术研究和产业实践之间存在着巨大的断裂。国内对电子游戏的学术研究极为欠缺，尤其缺乏高水平的学术专著，缺少针对中国游戏文化的深度阐释。

就游戏研究来说，国外游戏研究已经颇为成熟，不少学者用多种研究方法针对游戏进行学术讨论，一些权威学术出版社每年都会推出游戏研究专著和学术论文。反观国内，游戏研究还有很大的进步空间。

首先，主流游戏话语往往还停留在过度游戏层面，没有跳出"过瘾"与"戒瘾"的限制，尤其缺乏对具体游戏作品的深入分析，缺少批判性思维。

此外，国内学者缺乏讨论游戏的学术平台，如学术会议、学术期刊等。近年来，欧美、大洋洲等地区每年都会举办多次游戏研究的国际会议，如全球电子游戏研究协会（DiGRA）的历届年会，其研究对象涉及少量中国游戏文化，但由于语言壁垒，国内参与者较少。虽然协会下设中国区域分会（Chinese DiGRA），但令人遗憾的是，会议依然以国外学者为主导，参会语言多为英文，尚未与中国本土学者形成良性的互动。在这种情况下，一方面，西方学者不懂汉语，且解读方式往往带有不同程度的偏见性预设，很容易将中国的游戏文化视作"他者"；另一方面，语言障碍依然将大部分本土学者排除在外，无法实现有效的学术交流。因此，推动兼具国际视野和地域关照的游戏研究，是亟待解决的问题。

更重要的是，学界与产业间的合作模式还有待探讨，需要以更加严谨的态度对待游戏研究，否则会导致研究成果以快消品的方式被生产出来，成为双方进行商业营销的工具。

因此，虽然中国游戏产业一片蓬勃，但实际上却卡在南营，举步维艰，缺乏长期可持续发展的动力。想要推动中国游戏文化生态的良性发展，我们需要从生产和消费两个环节，提升公众的游戏素养，以提升游戏品质和欣赏趣味；需要在国内外学者间搭建桥梁，消除双方研究中的断裂；需要沉下心来，严肃地对待游戏研究，推出更多优质的原创成果；需要打通产业和学界，助力游戏产业创新。如此一来，我们才能打破北营在游戏生产方面的垄断，打破我们在国际游戏研究领域的失语状态，提升全球游戏文化的多样性。

《阿尔罕布拉宫的回忆》：AR游戏与青年震荡

毫无疑问，"游戏思维"是2018年影视作品的新潮流。如果为这股流行风潮标记区域，那将是全世界。

早在初春，斯皮尔伯格的《头号玩家》（*Ready Player One*）就以迅雷不及掩耳之势席卷全球，通过3D影像为观影者呈现一个名叫"绿洲"的VR游戏空间。进入寒冬后，当美剧粉还在翘首企盼《黑镜：潘达斯奈基》（*Black Mirror: Bandersnatch*）时，韩剧粉已经追了近一个月的《阿尔罕布拉宫的回忆》（알함브라 궁전의 추억），前者号称是互动电影，后者则以AR游戏为叙事框架。尤其值得注意的是后者，它不仅受到硬核韩剧爱好者（如玄彬及朴信惠粉丝）的追捧，而且还吸引了不少游戏玩家，成为公众热议的话题。

简言之，《阿尔罕布拉宫的回忆》讲述投资公司负责人刘振宇（玄彬饰）前往西班牙古城格拉纳达（Granada），无意中体验到一款以城市历史风情为主题的AR游戏，并由于投资需要结识了游戏设计师的姐姐郑熙珠（朴信惠饰）。令刘振宇始料未及的是，在体验游戏的过程中，现实世界与游戏世界紧紧纠缠，昔日的朋友们竟然在游戏对战中离奇死亡，甚至转化为游戏的 NPC，以敌人/盟友的身份反复出现，迫使刘振宇处于永恒战斗状态，身心俱疲。

从某种程度上说，刘振宇在对全球电视观众进行着游戏直播，而我们则变成了"云玩家"，边通过玄彬的视角打怪升级，边猜测下个关卡的游戏任务和游戏规则。

阿尔罕布拉宫游戏：时空交错的格拉纳达

就《阿尔罕布拉宫的回忆》中的 AR 游戏（以下简称"阿尔罕布拉宫游戏"）而言，玩家只要戴上隐形眼镜大小的 AR 设备，一登录游戏，马上就能看到以下文字："欢迎来到 1492 年的格拉纳达。目前在格拉纳达，拿撒勒王国和阿拉贡王国战争正打得火热。没有敌军和我军，你必须幸存后成为战士。"接着，玩家就可以启程，前往各个意想不到的角落进行探险，整个过程既是对过去的回望，又是对未来的畅想。

之所以说它在回望过去，一方面是因为这款游戏的故事始于西班牙的格拉纳达城，以城市历史文化为基础构建世界观。

谈及格拉纳达，它可以追溯到公元前 5500 年，从早期的凯尔特伊比利亚居民，到后来的犹太人、基督徒以及被称作"摩尔人"的穆斯林，再到融汇三大宗教风格的历史建筑古迹，一砖一石皆透露出浓厚的历史文化底蕴，是西班牙社会变迁的见证。尤其是著名的阿尔罕布拉宫（Alhambra Palace），更是14世纪摩尔人的皇宫，至今仍保留着当时的建筑风格，是西班牙著名旅游胜地之一。这些历史古迹就是玩家做任务的地点，他们需要在整个城市中寻找游戏设备，随时与身着古装的游戏角色陷入激烈的虚拟巷战。

另一方面，是因为阿尔罕布拉宫游戏与前电子游戏时代的LARP极为相似。

所谓LARP，全称为live action role-playing games，即"真人角色扮演游戏"，其特色在于玩家在真实物理空间中演绎虚构的游戏故事。在整个游戏过程中，玩家装扮成游戏角色的模样，挥舞着道具武器，严格按照角色设定说话，短则几个小时，长则几天，参与人数也从几人到几千人不等，游戏既可以侧重可玩性，也可更强调戏剧性或艺术性，甚至可以以教育目的或政治诉求为宗旨。

最早的真人角色扮演游戏可以追溯到公元前735年，是由真人扮演的国际象棋游戏。到了17、18世纪，欧洲宫廷出现了一种注重战斗场面和神话元素的"旋转木马游戏"（carousel games），亦由真人扮演。至20世纪20年代，心理学家莫雷诺（Jacob Levy Moreno）利用"心理剧"（psychodrama），引导病人进行戏剧表演，以找出病灶所在。

现代意义上的真人角色扮演游戏萌芽于20世纪60年代后期，形成于70年代末，于80年代普及到世界大部分地区，并且产生了各种变体，典型代表是英国佩克弗顿城堡（Peckforton

Castle）的《宝藏陷阱》（*Treasure Trap*，1982）。佩克弗顿城堡建于维多利亚时期，宽敞的大厅和塔楼非常适合组织这类游戏，通常要求玩家在限定的时间内从怪物手中解救人质。玩家以小组为单位进行游戏，所有角色都由真人来扮演（包括怪物），角色属性和升级情况会记录在卡片上，生命值用点数表示，受到攻击后相应数值就会降低。

由于此类游戏融合了伪装游戏、战斗表演、化装舞会、即兴戏剧、心理剧、历史剧等元素，后来以俱乐部的形式风靡于杜伦大学、剑桥大学、伯明翰大学等高校，颇具历史感的校园建筑成为"宝藏陷阱"俱乐部的活动场所。

从某种程度上看，阿尔罕布拉宫游戏就是高配版的LARP。其中，改编后的历史故事（15世纪末的格拉纳达）和真实的物理空间（21世纪初的格拉纳达）相互重合。

在玩家眼中，酒吧的卫生间贮存着游戏装备（锈迹斑斑的长剑），广场的雕塑则是游戏新手任务中的NPC，看似静谧祥和的街道两侧有可能埋伏着一群弓箭手。更为重要的是，那些现实生活中的陌生人、街道上熙熙攘攘的行人、酒吧里帅气的服务员、正在与朋友拍照留念的游客，看似不相关，但其实都成了游戏的一部分，城市景观与游戏景观融为一体。不仅如此，当阿尔罕布拉宫游戏在韩国完成本地化后，参与测试的玩家也需要前往知名历史地标建筑，与朝鲜时期的武士进行战斗。

毫无疑问，这种游戏体验要得益于阿尔罕布拉宫游戏的制作团队对未来 AR 游戏的大胆展望。

所谓 AR，是指增强现实技术（augmented reality），旨在将虚拟影像投射与现实世界嵌套在一起，形成和谐的整体，以此提升用户的互动体验。提及 AR 游戏，很多人都会想到任天堂推出的《口袋妖怪 GO》（*Pokemon Go*，2016— ），这款游戏在全球掀起了一股 AR 游戏热潮，每日活跃用户量多达 500 万，月均收入超过 1 亿美元，下载总量超过了 8 亿次，甚至吸引了很多御宅族走到户外，兴致勃勃地用手机寻找小精灵。

《阿尔罕布拉宫的回忆》的编剧宋载正也曾在专访中表示："本来想要写其他题材，但当时正赶上《口袋妖怪 GO》的热潮，因此有了新灵感。"然而在《阿尔罕布拉宫的回忆》中，AR 游戏设备已经由手机升级为更小巧的隐形眼镜，不仅方便携带，而且还更具影像表现力。

事实上，在该剧开篇，导演就花费了大量篇幅呈现游戏为主人公带来的震惊体验。身着金属盔甲的骑士、嘶鸣的战马、街边建筑物上掉落的砖块、隐藏在天花板中的铁剑、打火机引发的爆炸、弹奏吉他的红纱少女，无不传达出身临其境的质感，分分钟秒杀当前的 3A 游戏大作。用主人公刘振宇的话说，这就是"魔法"，是未来的高端旅游产品，能吸引有钱有闲的游客来格拉纳达进行深度体验。

人工智能时代的旅游游戏

从表面上看,阿尔罕布拉宫游戏似乎是未来大众旅游的发展方向,让用户兼具游客及玩家双重身份,既能达成旅游的目的,又能通过互动领略当地"真实"的历史文化。但实际上,它只是人工智能时代的后游客体验而已。

英国社会学家约翰·尤里(John Urry)曾撰文讨论过后旅游(post tourism)时代的游客体验。他认为,在后现代语境下,游客无须"行万里路",凭借电视节目或录像,不出家门,就能看到所有东西,还能将其放在具体语境中进行比较、凝视。

不仅如此,后现代的游客体验实际上是一种游戏,是一种囊括多种文本的虚假体验,即便后游客(post tourists)对这种虚假性和游戏性心知肚明,但依然乐此不疲地愿意加入其中,典型的例子就是环球影城、迪士尼乐园等主题公园中的游人。

以哈利·波特园区为例,游人都知道这是基于虚拟故事建造的人工空间,但却狂热地掏钱买一根并没有魔法的魔杖,尝一口味道清奇的黄油啤酒,花几个小时排队进入城堡,坐在定制好的运动座椅上,享受飞翔在霍格沃茨上空的快感。

总而言之,大众的参与、集体的凝视以及目不暇接的人工奇观,是后旅游不容忽视的特色。

如果说尤里意义上的后游客体验强调的还是机械复制(千篇一律的主题公园),以观看为中心,那么人工智能时代的旅游游戏则升级到了2.0版本，其特色是数字复制，旅游产品融入数据和代码，凭借人工智能和数字算法，促使实时互动成为游客体验的核心。

作为一款AR游戏，虽然阿尔罕布拉宫游戏鼓励玩家走进古城，但它依然是一套代码，只需稍加修改，便可基于任何一个城市完成本地化，除了格拉纳达版，还能有首尔版、伦敦版、佛罗伦萨版、京都版，以服务器分区的形式出现在全球。实际上，首尔版游戏与格拉纳达版的游戏机制的确大同小异，只是改了皮肤。

更为重要的是，格拉纳达的游戏体验显然已经远远超过了尤里提及的后游客游戏。玩家无须排队便可直接进入游戏，若干个人可以在同一个场所做同一个任务。吃东西并不是为了让味蕾获得满足，而是为了恢复或提升玩家角色的生命值。至于旅游手册，这在AR游戏中根本不存在，因为玩家只需按游戏的简短文字提示做任务就够了。一切都是未知的，他们需要在不断的试错中发现游戏规则，理解游戏的逻辑。过去、现在与未来交织在一起，让历史变得更为扁平。

从游戏机制来看，刘振宇的核心任务是找装备、杀敌、升级装备、再杀敌，如此反复循环，根本无暇像参观美术馆一样凝神静思，无法获得深度历史体验。

理查德·巴托（Richard Bartle）曾将玩家分为四类，分别是探索型、社交型、杀手型和成就型。在游戏中，探索型玩家更喜欢跳出常规游戏方式，发现完成任务的多种可能性，例如找出到达目的地最快捷的路线，或是在获胜后再尝试另一种方法等。社交型玩家的关注点是"人"（即其他玩家）。游戏只是为他们提供了一个社交平台，供其在虚拟世界中相互认识，并深入了解，以建立持久的人际关系，例如《第二人生》（*Second Life*，2003— ）。杀手型玩家以获得对战胜利为目标，打败对手越多，其游戏快感越高。成就型玩家总是想获取更多积分并让游戏角色不断升级，因此会持续关注升级所需的数值。[①]

不管是游戏设计师郑世珠（朴灿烈饰），还是兼投资人、测试者、主要玩家三者于一身的刘振宇，抑或是被迫进入游戏的车教授（金义城饰），都在游戏中疲于奔命，时刻处于被追杀的状态，唯一的办法就是杀敌升级，苦不堪言。游戏技术带来的震惊式"魔法"很快消失，被重复性的游戏任务所取代。显而易见，这款游戏将游客塑造成了"杀手型"和"成就型"玩家，保命还来不及，哪有时间细细品味游戏中的历史文化。

在这种设定下，不管新技术能呈现多么逼真炫酷的景观，阿尔罕布拉宫游戏都很难达成真实的历史体验，只是为玩家提供了一个对战竞技场。用弗雷德里克·杰姆逊的话说，这款 AR 游戏没有为历史重建一个逼真的整体图像，而是基于历史上的某个艺术对象重塑了它的感觉和外形，只是试图通

[①] 有关理查德·巴托的四类玩家概念，在本书《〈阴阳师〉：国产游戏的突围》一文中亦有涉及，详见第163—164页。

过它唤醒人们的怀旧情绪,实际上极大地削弱了历史感,让玩家很难在历史语境中定位自身。

技术与青年震荡:次元壁引发的双重焦虑

对刘振宇来说,阿尔罕布拉宫游戏成了无论如何也甩不掉的负担。只要弗朗西斯科·塔雷加(Francisco Tarrega)的名曲《阿尔罕布拉宫的回忆》响起,不论何时何地,游戏中的敌人马上就会出现。他最不能理解的就是,为什么只是跟好兄弟玩了一局游戏,但后者却在现实生活中真的死了?为什么死去的兄弟会变成游戏中的NPC,反复追杀自己?换句话说,为什么游戏与现实的次元壁会被打破?

事实上,"破壁"是编剧宋载正偏爱的主题,并非此剧独有。早在其前作《W-两个世界》(W、더블유,2016)中,系列漫画《W》的男主人公姜哲(李钟硕饰)就打破了次元壁,成为名副其实的"撕漫男",即撕破漫画走出来的美男子,与现实世界中的女主人公吴妍珠(韩孝周饰)谈起了一场奇幻恋爱。

与之相比,《阿尔罕布拉宫的回忆》淡化了浪漫爱情修辞,刘振宇也不是姜哲式的高富帅花瓶欧巴①,用编剧的话说,他

---

① 欧巴,韩语(오빠)音译词,原型是朝鲜语中"哥哥"一词的敬语。常见于韩剧,是女生对略年长男性的称呼。

是奥德赛。恰恰是因为这一设定，刘振宇面临的次元壁困境实际上是当下生活的寓言，折射出当代人的双重焦虑。

其一，是人工智能时代的技术焦虑。诚然，阿尔罕布拉宫游戏中的 AR 设备和 AI 技术会将游戏体验提升至更高的等级，但游戏产生的 BUG 也前所未有地危险。说好的只是打游戏，结果失败的玩家不仅没有满血复活，还在真实世界中丢了性命；胜利的玩家也好不到哪里去，不仅受到负罪感的折磨，还要再一遍遍地杀死已经变成游戏 NPC 的朋友。

这与长久以来对技术的反思一脉相承。从歌德笔下的《浮士德》到玛丽·雪莱的《弗兰肯斯坦》，从《人猿星球》到《阿凡达》，再到不久前对基因编辑婴儿的讨论，不同时期的人们都在反思：科技在给人类带来便捷的同时，可能会引发何种负面后果。

其二，是青年震荡引发的文化焦虑。所谓"青年震荡"，原指上世纪 60 年代时尚界发起的青年文化运动。彼时，美国时尚杂志主编戴安娜·弗里兰主张从青年人的趣味寻求灵感，以较低端时装元素混搭高阶设计，以创作新的高级定制时尚风格。

多年来，随着青年群体的影响日益扩大，青年文化逐渐打破亚文化标签，成为主流的大众文化思潮之一。2017 年，"青年震荡"一词被《牛津英语词典》（*Oxford English Dictionary*）评选为年度词汇，将其定义为"青年人的行为或影响所引发的文化、政治及社会等维度的改变"。

在《青年震荡4.0：全新一代与新工业革命》(*Youthquake 4.0: A Whole Generation and the Industrial Revolution*)一书中，作者兼未来学家洛基·斯科佩利蒂（Rocky Scopelliti）更是将"青年震荡"放到第四次工业革命的背景下讨论。他认为，千禧一代作为数字原住民，在数字革命中出生，在数子电子设备的陪伴下成长，推动着第四次工业革命的进程。其中，智能手机、社交媒体、人工智能、区块链、生物技术等元素，构成了新一代青年文化的图谱。

换句话说，如果经济增长是父辈（婴儿潮时期出生的一代）的典型特质，那么技术增长则是已成长为青年的千禧一代的标签。在这一背景下，无论是硬核技术（各种新媒体及新技术），还是软技术（青年群体"局内人"使用的话术），都处于快速迭代升级的状态，"Always in Beta"。

因此，青年震荡引发的代际成了难以逾越的沟壑，形成了坚实的文化次元壁。

韦斯莱·A. 弗莱尔（Wesley A. Fryer）曾以数字素养水平为标准，描绘过数字图景中的四个阶层，由高到低分别是数字原住民（digital native）、数字移民（digital immigrants）、数字窥视者（digital voyeur）和数字难民（digital Refugees）。

仿照此框架，我们也能梳理出青年震荡语境下的相应群组。在韩剧《阿尔罕布拉宫的回忆》中，秉承家长制观念的车教授（父辈）总是无法理解刘振宇（子辈），无法感知、也不愿意相信阿尔罕布拉宫游戏的游戏逻辑，坚持认为后者疯了。显然，两人分别代表了青年文化难民和青年文化原住民两个群体。然而值得注意的是，即便是同辈人朴代理，也无法接受刘振宇对游戏的解释。

可见，青年震荡引发的次元壁，尤其是游戏思维引发的次元壁，实际上超越了生理意义上的代际差异，悄然塑造着公共空间的新秩序。

在《陌生人世界：城市公共空间中的秩序与行为》（*World of Strangers: Order and Action in Urban Public Space*）一书中，作者琳·H. 洛夫兰德（Lyn H. Lofland）曾讨论过公共空间秩序变化。

她认为，前工业城市的公共空间受到表面秩序的支配，通过衣着打扮等视觉符号就能轻而易举地判断出彼此所处的社会阶层及相应职业。与之不同，支配现代城市公共空间的是空间秩序。无论一个人穿商务套装，还是做运动休闲打扮，只有站在大学教室的讲台上，我们才能确认他是大学老师。也就是说，是讲台这一空间表征出此人的教师身份。

至于阿尔罕布拉宫游戏，支配此类虚拟空间的秩序是文化空间，对趣缘文化的认同度决定着玩家在游戏中的阶层。无论是衣着，还是所处空间，都无法准确判断出你是不是"杨永信"式的游戏难民，只有你对游戏趣缘群体的文化认同度，才能定位出你在虚拟空间中的坐标。

最典型的例子就是近期的热门话题《啥是佩奇》。对咿呀学语的孩子来说，佩奇是可爱的卡通形象。但经过青年文化改写后，它成了成年人怀念童年的欲望能指，成了"社会人"文身，成了粉色的鼓风机，成了广告片中的商业符号，成为2019年中国青年震荡的最好注解。

对刘振宇来说，他一方面想要缝合技术维度的次元壁，将现实世界与虚拟世界切割开来，以此保证两个世界相互间足够独立，反思技术可能带来的负面影响；另一方面，他又渴求能够打破青年震荡引发的文化次元壁，促成不同趣缘群体间的无障碍交流。与此同时，观众也以刘振宇的视角，进行了一场奥德赛式游戏之旅。

唯一能解决次元壁困境的方法，那便是针对技术和文化的批判性反思：只有对技术保持一定的警惕，才能避免驰情入幻的窘境；只有打破文化塑造出的科层制，才能回答"佩奇是啥"的问题。

《捏脸游戏》：
滤镜面前人人平等吗？

2018 年末，中国电竞战队在韩国仁川摘得英雄联盟全球总决赛桂冠，"IG 的胜利"成为各大媒体热议的话题。就在同一时期，来自韩国的《捏脸游戏》（Zepeto，2018）却强势挺进苹果商店中国区的前十榜单，在国内刮起一股"捏脸"风潮。一时间，越来越多的朋友都纷纷晒出同款 3D 卡通形象，似乎整个朋友圈都在喊你来"捏脸"。

简言之，《捏脸游戏》是一款创作并分享三维虚拟形象的移动应用软件。玩家只需轻点相应的图案，就可以为五官选择形状及颜色，并配以不同款式的衣物和背景，生成属于自己的卡通形象，最后保存并分享至社交媒体。玩家可以通过完成任务或充值来获得金币，并利用金币购买更好的服装、发型等游戏装备。此外，该游戏还提供了"云合影"功能，将不同玩家的虚拟形象合成在一张照片上，实现玩家之间的互动。在整个过程中，玩家任务非常简单，即完成个性装扮，并将其分享出去，因此该游戏被称为 2018 版的"QQ 秀"。

显而易见，《捏脸游戏》也是一款"技术快消品"，与之前刮起的"养蛙"风潮并无不同。就快消品而言，其特点为使用寿命短、消费速度快，往往指日常生活用品。所谓技术快消品，是指这样一类数字应用程序，尤其是移动端游戏，其用户蜂拥而来，又匆匆离去，生命周期越发短暂，因而这类应用程序便成为用数字技术生产的"快速消费品"。

大众传媒和社交网络不断地为人们推送着新的游戏，为现代人生产着一种泛娱乐化的社交焦虑，促使玩家的游戏需求飞快地迭代。这也是为什么在短短一个月中，大众热点迅速从《恋与制作人》转移至《旅行青蛙》。如今，捏脸又以飓风之势横扫社交媒体。然而，根据朋友圈反馈，已经有人因为厌倦了单调的捏脸活动，选择卸载软件。

虚拟化妆术：被撕裂成数据碎片的身体

同样作为技术快消品，如果说《旅行青蛙》旨在治愈，那么《捏脸游戏》则饱含焦虑。坦白讲，"捏脸"并不是什么新奇的游戏手法。在之前的电子游戏中，尤其是MMORPG中，玩家都需要根据自己的偏好来组合自己的游戏角色。其差异在于，以前的游戏角色定制并不是主要任务，甚至连新手任务都算不上，因为玩家们通常都在忙着策马扬鞭、闯荡江湖呢。然而在《捏脸游戏》中，创建和修改角色却成为游戏的核心机制，因此让该游戏成为一种激发大众展示焦虑和即时快感的虚拟化妆术。

谈起化妆，人们首先想到的是品种繁多的化妆品和化妆工具，从亲民的大众品牌到动辄上万的高端品牌，消费细分下，总有一款可以被收入囊中。以眼妆为例，它包括画眼线、眼影、睫毛等步骤。仅画眼线一项，又根据眼睛的形状以及两眼的距离分为多种情况。香水、假发、染发等新的化妆手段层出不穷，手工化妆术发展成一套更加复杂的技术，需要专业人士来完成。选择什么色号的口红？阴影和高光打在什么部位？怎样才能画出明星同款妆容？通过层层涂抹，有的美妆博主甚至能达成神奇的"变脸"效果。

与之相比，虚拟化妆，实际上是用数字软件来修改人像图片，无须使用任何化妆品和化妆工具，只要轻点手指，就可以凭借应用程序的相关功能磨平皮肤、去除眼袋，实现美白、瘦脸或是令眼睛变大等效果。从最初的 Photoshop 到后来的 POCO 相机、变脸大咖、美图秀秀，甚至毁图秀秀，都是虚拟化妆工具，旨在让人便捷地修改人像。

更为重要的是，虚拟化妆工具自带极强的社交属性，总是鼓励用户将修改好的图像分享到微博、朋友圈等社交平台上，供人观看。至于《捏脸游戏》，亦是如此，它在推销一种虚拟化妆术，对本人并没有任何实际影响，但却标志着人像的功能再次发生了变化。

在《机械复制时代的艺术作品》中，本雅明（Walter Benjamin）曾详细论述了手工绘画时代与机械复制时代艺术作品的差异，并认为后者比前者缺少了灵韵（aura）。他认为，艺术的发展史，也是艺术品从膜拜价值（Kultwert）逐渐转向展示价值（Ausstellungswert）的演变史，人像亦是如此。简单地说，作为人像的图像技术经历了三个阶段的变化：从手工肖像绘画到人像摄影，再到虚拟化妆时代。与此同时，作为肖像的图像的功能也发生了变化，即从记录（记忆）到写实性展示，再到获得即时快感。

在石器时代，洞穴墙壁上的驼鹿图案实际上是一种巫术工具，供人膜拜。恰恰是因为这种膜拜功能，人们更愿意将艺术作品隐藏起来，而不是公开展示。典型的例子就是有些神庙中的圣母像，或是中世纪教堂中的雕像，除了少数高级神职人员，一般人无法接近。

到了摄影时代，人们通过照片将人像记录在胶片上，并大量复制。与其他机械复制作品相比，人像摄影将人们的瞬间表情定格下来，依然保留着些许膜拜价值，是"对遥远的或已消逝的爱进行缅怀的膜拜"。在此过程中，展示价值逐渐蚕食膜拜价值，成为人像照片的核心功能。

显然，本雅明说对了开头，却没预见到结尾。如果说手工绘画到人像摄影的变化标志着肖像从精英走向大众，那么在虚拟化妆时代，身体则被撕裂成数据碎片，展示价值被最大化，旨在获得实时快感。

对《捏脸游戏》玩家而言，他们不需要购买昂贵的摄影器材，也无须拥有高深的专业知识，只需动动手指，就能制作出属于自己的3D形象，既省钱又省时间。也就是说，玩家那些萌态十足的卡通形象是通过图像碎片拼贴而成，而且还能随时对其进行改写。

用肖恩·库比特（Sean Cubitt）的话说，这种数据化的自我形象实际上是一种被解构的、完全文本化的、可以重新写录的档案。在这一过程中，改写活动的时间间隔都不长久，这也意味着每当人们秀出改写后的人像时，只是享受到片刻的快感，紧接着就会投入到下次捏脸活动中去。毕竟，多数人只想将美化后的自己展示给他人，只想被人看见。

错失恐惧症：虚拟化妆时代的展示焦虑

在虚拟化妆时代，无论软件为我们提供什么样的滤镜，无论用户多么想通过虚拟化妆来展示自我，从而让自己也有被"膜拜"的机会，人像的膜拜价值都消失殆尽了，只留下展示焦虑而已。

众所周知，虚拟化妆术已有先例，并非《捏脸游戏》的出品方韩国雪科技公司（SNOW Corporation）首创。那么，为什么人们愿意乐此不疲地尝试同质性如此之高的移动应用呢？为什么人们的展示欲望总是被成功唤起并加以利用呢？究其原因，这与现代人的"错失恐惧症"（Fear of Missing Out，FOMO）有关。

牛津大学心理学教授安德鲁·K. 普莱西比尔斯基（Andrew

K. Przybylski）的研究团队指出，所谓错失恐惧症，是指人们总是担心自己错过什么，更担心他人或同伴会从自己错过的东西中获益。这是因为社交媒体极大地改变了当代人的线上及线下生活。一方面，人们有了更多社交机会，可以向他人展示自己；然而另一方面，由于每个人的时间和精力都有限，致使社交网络上的大量信息都成为冗余，无法被人们看到。如此一来，人们很容易患得患失，害怕自己错失任何有效信息，因此需要一直跟他人的活动节奏保持同步。

根据美国的一项针对移动设备使用习惯的问卷调查，有近五分之一的参与者早上一睁开眼，就会立即拿起手机查看消息，45%的人会在五分钟内完成这一活动。一天结束后，约三分之一的人会在睡前使用手机，有半数人会在半夜醒来，查看手机消息。谈及拿起手机做的第一件事，有35%的用户选择使用短信或其他即时通信设备收发信息，22%的人查收电子邮件，12%的人忙着查看社交媒体。

随着智能手表、智能手环等新装备不断更新，接收信息变得愈发便捷。换句话说，移动设备已经把我们的身体与社交媒体捆绑在一起。通过这些移动软件，社交媒体一直在不遗余力地为我们推送着新消息，告诉我们被别人关注（或取关），被点赞、转发或回复，并实时更新热搜话题榜单。由此，我们的错失恐惧症也越来越严重，形成一种思维定式，即"如果不知道×××，就Out了"。

值得注意的是，错失恐惧症很容易被营销团队用于市场宣传。以游戏媒体为例，有不少标题采用两段式的套路，前面强调该游戏"月流水已达×亿元"或"DAU[①]已达×千万"，后面则以"你还没有玩过吗？"来结尾。相信很多人下载《捏脸游戏》时，也是被类似的宣传语吸引，从而激活了自己的错失恐惧症。消除焦虑的唯一方法，似乎就是马上体验一下，捏一个自己的3D形象，与朋友或陌生人花式合影，并将其分享到朋友圈或微博上去，获得展示的片刻快感。

技术垄断时代的数字神话：滤镜面前人人平等？

透过《捏脸游戏》，我们不难发现，虚拟化妆术是现代人缓解错失恐惧症的手段之一。可以想象，等捏脸风潮过后，一定还有其他虚拟化妆软件再次卷土重来，掀起新的技术快消品风潮。因为只有通过反复展示，错失恐惧症患者才能在社交网络中获得足够的安全感。

在《捏脸游戏》的官方说明中，"个性化"和"私人定制"是这款软件的亮点，似乎捏出的个人形象具有一种专属的"灵韵"。此外，作为新鲜出炉的虚拟化妆软件，《捏脸游戏》无须让用户因为化妆资源及化妆技术而分为三六九等，好像是一种颇为"民主"的美颜方式。一方面，《捏脸游戏》让

[①] DAU，即Daily Active User（日活跃用户量）。

人人都能轻松地捏脸，不用出门就能走遍世界，还能跟自己的偶像合影。另一方面，它让玩家忘却自己现实生活中的美丑标签，生成相似风格的形象，似乎又颠覆了大众媒介所塑造的美丑标准。由此，滤镜为玩家塑造出双重的平等感。

然而实际上，《捏脸游戏》只不过是编制了一个老套的数字神话。首先，所谓的"个性定制"只不过是一种幻觉。无论是哪款软件，都是将多种美化程序进行排列组合，只是根据算法和数值产生的结果数量不同。在虚拟化妆术的作用下，人们的皮肤总是被美白和磨平的，眼睛总是被放大的，腿总是被拉长的，脸颊也总是有必要再瘦一些的，就连雀斑和黑眼圈都显得极为俏皮可爱。

更重要的是，《捏脸游戏》通过便捷的技术和卡通范儿的图像，强化着一种表面的民主，并掩盖了真实社会中的诸多不平等。很多人只觉得滤镜面前人人平等，甚至有打破现实阶层差异的可能性，但却忽视了安装滤镜的设备既有高达上万的苹果，也有刚过千元的小米。此外，不管虚拟化妆术下的形象有多炫酷，玩家在现实生活中的颜值并不会有丝毫变化，更不会轻易撼动社会中对美丑的刻板印象，反而沉浸在自娱自乐的自恋式幻觉中。

因此，《捏脸游戏》实际上传达出一套狡黠的数字话语，让人陷入一种尼尔·波斯曼（Neil Postman）所说的"技术垄断"困境中。按照波斯曼的描绘，在技术垄断时代，数字技术让信息泛滥成灾，人们被各种软技术控制而不自知。一方面,作为技术快消品,游戏巧妙地利用着现代人的错失恐惧症,使其热衷于跟风追随数字信息流,将自己的时间都消磨其中。另一方面,作为一种虚拟化妆术,游戏传达出一种矛盾心理:既想要维持身体的现状,又迫切需要为他人呈现出超越现实的虚拟自我,将日常生活中的身体景观化,让人们得到一种被观看的幻觉。令人遗憾的是,无论是社交,还是被人观看,其效果都并不尽如人意。

《旅行青蛙》：
箱庭空间、禅派治愈与技术消费

2018年初，"吃鸡"游戏的玩家还在花式开挂的游戏世界中奔走战斗，亦有粉丝对手游版《绝地求生》翘首以盼。然而令人始料未及的是，《恋与制作人》（2017年至今）与《旅行青蛙》（旅かえる，2017）这两款养成游戏在不到短短一个月中爆火，陆续成为热搜头条，大家的话题从"养男友"迅速转移到"晒青蛙"。

有意思的是，在这个田园范儿的箱庭空间中，我们能够看到两种日本文化在游戏中融合，其一是由宫本茂所引领的电子游戏文化，其二是以"枯山水"为主的日本传统庭院文化，皆与"箱庭"有关。更值得关注的是，无论是《旅行青蛙》等移动游戏，还是任天堂新发售的Labo设备，都愈发成为一种文化快消品，为玩家构建了一种技术箱庭，从而引导人们进行技术消费。

箱庭空间与东方"枯山水"景观

如果说《恋与制作人》为玩家提供了一个都市,使其能永远定格在 22 岁少女的浪漫情怀中,那么《旅行青蛙》则为用户构建了一个森系"箱庭"空间。

"箱庭"(はこにわ)一词源于日语,词典释义为"山水式或庭园式的盆景",是指在小箱子、浅盆中人造的庭园式景观。游戏《旅行青蛙》就为玩家提供了这样一种人造景观。

从视觉符号来看,游戏界面以绿色为主色系,分为房间和庭院两个部分。庭院中有爬着藤蔓的石头房子、郁郁葱葱的树木以及中间的小池塘,塘边的植物则是玩家完成游戏任务的关键物品。不仅如此,就连房间也仿照自然景观布置,处处体现出古朴的意境。就互动维度而言,游戏中能为玩家提供的交互元素极少,只有收割植物、查看邮件、准备便当等,使得整个游戏更像一个只有两页的漫画故事。

"箱庭"是日本游戏设计大师宫本茂的重要理念之一。该理念源于他童年时期在自然中的游戏时光,促使他将游戏世界理解为一个微缩花园。在谈起《塞尔达传说:时之笛》(*The Legend of Zelda: Ocarina of Time*,1998)时,宫本茂表示:"与其把它看作一款游戏,我们不如将其视作名为'海拉尔'的箱庭。"

箱庭首先意味着在有限的空间中最大限度获取游戏趣味。该理念在宫本茂的早期作品《皮克敏》(*Pikmin*,2001)中亦可见一斑，其游戏世界就是名副其实的"箱庭"。他曾说，这款游戏是基于自己在花园中的体验来设计的。

在游戏中，玩家扮演一位坠落在神秘星球的太空船长，在该星原住民"皮克敏"的帮助下，收集飞船碎片。其中，玩家的乐趣有很大一部分来自自己对周边环境的欣赏，及其与NPC（即皮克敏）之间的互动。用宫本茂本人的话说，玩家无须在游戏中直接做什么，而是给皮克敏下指令，使其自由探索，完成各种任务。最新发布的《超级马里奥：奥德赛》（*Super Mario Odyssey*，2017），亦被他称为"箱庭冒险游戏"。

其次，对宫本茂来说，箱庭理论还包括不同"箱庭"之间切换所造成的视觉差异。据说，宫本茂曾在儿时孤身一人进入一个黑暗洞窟探险，出洞时"柳暗花明"的感觉带给他极大震撼。由此，他领略到不同世界转换时的视觉反差，并将这种差异化的视觉效果应用在马里奥系列作品中。

以《超级马里奥兄弟》为例，玩家也是在探险，只不过每个关卡之间通过水管连接。玩家交替进入两种箱庭中，分别以蓝色和黑色为主色调，形成强烈的视觉对比。黑色系游戏空间似乎让玩家也获得黑洞中的体验，而蓝色系箱庭则代表洞穴外的另一种空间。两种空间交替出现，用游戏的方式传达出了宫本茂在洞中终于看到亮光之后的欣喜。

此外，在任天堂的移动端游戏中，有些作品并不像马里奥系列一样强调打怪升级，而是为玩家提供了以养成机制为特色的箱庭，如《任天狗》（*Nintendogs*，2005）。这是一款基于任天堂DS游戏机的宠物游戏，玩家需要给狗喂食洗澡，带它玩耍散步，甚至参加比赛。与《旅行青蛙》不同的是，玩家可以选择不同品种的狗，但青蛙只有一个。这类游戏以照料动物或培育花园为目标，玩家无须担心敌人还有几秒钟到达战场，也不用紧张被开挂的战士伤害，只需安静地做个铲屎官就好了。

不仅如此，该游戏与当时火爆全球的电子宠物蛋（たまごっち，也被译作拓麻歌子）也有差异。虽然都是宠物养成，但如果玩家疏于照料，宠物蛋就有死掉的危险。然而，宫本茂将任天狗改成"粗放式"饲养方法，即便长时间不管它，一旦玩家进入游戏，小狗还是会摇着尾巴兴高采烈地跟你打招呼。

我们不难从《旅行青蛙》中发现宫本茂式的"箱庭"元素。对玩家来说，他们只能在房屋和庭院两个有限的空间中来回切换，翘首期盼青蛙旅行归来。与此同时，无法离家的玩家成为"留守"主人，只能通过青蛙带回的静态景点照片来想象外面的世界。青蛙的旅途则充满了不确定性和惊喜，就像皮克敏星球一样，需要自己去收集发现。每当看到照片时，玩家总是想要厘清青蛙的足迹，去脑补青蛙在景点的种种遭遇，能够间接获得一种游客体验。在青蛙背对着我们写日记时，我们也会有类似的体验。

在此，我们不仅能够看到作为养成游戏的"箱庭"，而且还能体验到不同"箱庭"世界（居住空间和旅行空间，青蛙空间和主人空间）所产生的差异，这一差异恰恰是玩家重要快感来源之一。

为了更好地理解"箱庭"这一概念，我们需要返回至日本的造园传统，进而从东方文化的角度来解读《旅行青蛙》。日本庭院景观可以追溯到飞鸟时代，经过平安时代的发展，成熟于室町时代。在日式庭院中，"枯山水"（枯れ山水）是极为重要的传统元素，它指布置在日式庭园中的假山水。

用日本古代造园专著《作庭记》的话说，"于无池亦无遣水处立石，号曰枯山水"。其中，此类景观往往以象征的方式表现出山水自然，用沙砾代替真实的水，并营造出水的波纹，同时亦包括精心布置的石头、苔藓、灌木及常绿树木等静态元素。在京都，布满苔藓的西芳寺、拥有白沙石庭的龙安寺，以及用石头和砂石表现溪流变化的大德寺，都有典型的枯山水景观。

在"枯山水"中，虽然"人为之山水"将"自然山水"取代，无法带给人以直接的感官刺激，但却让人能抛却世俗烦扰，有机会凝神静观。因此，此类景观也被视作禅式庭院，产生一种充满禅意的侘寂之美。所谓侘寂，实际上是两个日语字的组合，包括"侘び"（恬静、闲寂）与"寂"（孤寂、苍老或古雅），两者合一来传达一种质朴的天人合一美意识，与禅宗一脉相通。作为现实生活中的微缩园林景观，枯山水缘起于古代的盆景，从某种程度上说也算是一种位于天地间的"箱庭"。

但与宫本茂的游戏箱庭不同，日式庭院更讲求一种人与自然的和谐，一种无欲无我的虚空之境。反观《旅行青蛙》，其游戏箱庭与"枯山水"倒颇为相似，两者都强调用静态元素构建自然，都是微缩版的园林，只不过大小存在着差异，且前者更具有互动性。

刚进入游戏时，《旅行青蛙》便为玩家呈现了一个禅式空间。除非玩家有很强烈的成就欲望，否则不必像玩《开心农场》（2008—2017年）一样，定闹钟爬起来偷菜，只需根据自己的意愿进入游戏就好。它并没有给玩家提供华丽的色彩、炫目的电脑特效，也没有让玩家获得与VR游戏类似的感官刺激，亦不使用紧张快节奏的任务，而是用静态的人工符号构建了游戏中的"枯山水"景观，用慢节奏的机制来达成互动体验。最终，这款游戏将宫本茂的箱庭再向自然推进一步，为玩家营造了一个禅意世界。

一位友人的游戏体验非常有趣。她将自己的青蛙命名为"芭蕉"，因为游戏中的青蛙让她想起日本江户时代的诗人松尾芭蕉，后者曾著俳句《古池》，曰："古池や蛙飛びこむ水の音"，汉语通常译为"闲寂古池旁，青蛙跳进水中央，扑通一声响"。诗人看似简单的一句话，让声音与图像跃然纸上，动静融合于无我之境。而友人的青蛙名称"芭蕉"，则刚好与游戏《旅行青蛙》中的侘寂意境相呼应。

需要指出的是，在现实生活中，箱庭疗法也是一种心理治疗的方法，尤其适合小朋友。该疗法缘起于西方，参与治疗的人需要在硬盒子中摆放玩具，后来精神分析学派将其进一步发展，经心理学家河合隼雄传入日本。就箱庭而言，首先里面要涂成蓝色，以寓意海水，再加入细沙。参与者就像庭院枯山水的设计师一样，任意摆放物品，在治疗师的引导下完成整个治疗过程。

从某种程度上说，《旅行青蛙》也是玩家手中的沙盒，让后者通过自由任务来完成箱庭布置。由此，临床上的箱庭游戏（箱庭ゲーム）与作为游戏箱庭的《旅行青蛙》合二为一，带有鲜明的情感治愈色彩。

"禅派游戏"的治愈体验

提及电子游戏，人们很容易持有刻板印象，觉得所有游戏的套路都能用"Kiss Kiss Bang Bang"来总结，不是暴力打斗（如《街头霸王》），就是性感美女（如 galgame）。如果说商业化的 3A 大作更强调炫酷效果和感官刺激，把游戏做成互动大片（interactive blockbuster），那么独立游戏人则是以个性化及多样性为设计诉求。实际上，随着独立游戏作品的日益繁盛，游戏文化中也发生了情感转向，典型的代表就是禅派游戏。

之前，更多游戏的惯例是强调竞争和成就，即便是以社交和探索为核心的游戏，通常也会强调游戏的升级系统，继而将玩家导向竞争及成就。

以《恋与制作人》为例，作为一款养成游戏，它画面精美，配音演员更是一票明星。诚然，玩家能够以悠闲的心态进入游戏，但很快就会止步于被锁定的关卡，无法享受暧昧和爱情带来的浪漫。此时，玩家要么去充值，要么在游戏中持续地完成任务，才能逐步解锁一些功能，与游戏中的四位虚拟男友进行互动。

因此，玩家需要投入大量时间和金钱，以提升经验值和等级。《绝地求生》（*PUBG: Battlegrounds*，2017— ）中的竞争机制更为明显。作为一款生存类对战游戏，玩家需要加入一个百人竞技场，在枪林弹雨中穿梭并相互厮杀，最终活下来才能获胜。

"禅派游戏"则与之不同，此类作品往往通过声音及视觉符号为玩家构建一种空寂氛围，进而带来一种禅意十足的游戏体验，堪称游戏中的"清流"。

就游戏而言，禅派（Zen Genre）一词源于华人设计师陈星汉。他曾在南加州大学学习游戏设计，其硕士论文以游戏中的心流体验为题。在毕业前，他就开始用游戏作品进行情感实验，后来成立了名为"那家游戏公司"（Thatgamecompany）的设计团队，代表作包括《云》（*Cloud*，2005）、《浮游世界》（*Flow*，2006）、《花》（*Flower*，2009）、《风之旅人》（*Journey*，2012）等。

如果说传统游戏注重外部的感官刺激，那么禅派游戏则强调"向内转",通过游戏过程达成内心世界的探索和自我情感的升华,堪称一种互动式冥想。

以《浮游世界》为例,玩家通过控制一个多段生物在水中自在遨游。水的颜色会随着深度及位置不同而变化,呈现出蓝、红、紫、绿等色彩,让玩家体会海底生物的进化过程。体验过后,名为"rc.blog( )"的玩家留言:"游戏中没有枪,没有血,也没有爆炸场面,但却让我欲罢不能,一直坐着玩了这么久。"

至于《风之旅人》,则将禅派游戏美学发挥得更为淋漓尽致,斩获多项游戏大奖,并登陆索尼的PS3及PS4两代游戏主机。在游戏中,孑然一身的玩家与广袤的沙漠形成了鲜明视觉反差,更让玩家瞬间产生一种"蚍蜉撼树"的预感。然而,玩家与自然并非截然对立,而是在没有任何引导的情况下,自由在沙漠中穿行,在旅途中不断探索,直至终点。

有的玩家表示,短短几个小时的游戏过程有效缓解了他们现实中的心理创伤。陈星汉本人还多次提及一位15岁女孩儿的来信,后者与身患癌症的父亲一起玩这款游戏,不仅陪伴他走过了最后的时光,自己也体验了生命彼岸所带来的震撼。

在一次访谈中,陈星汉解释了自己的游戏哲学,即从情感上感动玩家。他认为感动孩子很容易,但大人却很难被打动。唯一的方法是创造某些与玩家生活相关的内容,进而达成情感宣泄(catharsis)。成年人只有体验到自身的强烈情感时,才会发现生命的意义。如果说整个游戏产业都在关注兴奋刺激的内容,那么他则更愿意表达和平与爱。他执着地通过游戏去塑造感动,并以此方式拓展游戏情感所能达成的多种可能性,因此被称为游戏禅师。

有趣的是,他对游戏情感的探索也受到了姚壮宪的影响,后者在《仙剑奇侠传》中的情感表达给陈星汉留下了难以磨灭的印象。后来,有很多独立游戏作品都采用类似的方式表达情感,例如《纪念碑谷》(Monument Valley,2014)、《万物生长 GROW》(2015 年)等,皆体现出鲜明的禅派特色。

自不待言,《旅行青蛙》在形式上带有强烈的禅派游戏色彩。这不仅因为该游戏在视听风格上反映出枯山水式的禅意,更是针对游戏机制而言。从青蛙的角度来说,旅行本身就是一种充满禅意的修行过程。

在陈星汉的禅派游戏作品中,玩家总是在以不同的方式旅行:飞翔在天空中的白色云朵、遨游在海中的浮游生物、随风起舞的金色花瓣,以及在沙漠中探索的寂寞旅人。与之类似,《旅行青蛙》也围绕"旅行"展开叙事,看似漫无目的的出行以及随机产生的旅行照片,实际上都为留守的玩家塑造了一个不同于日常生活的空间。

因此,游戏中的留守生活也揭示出玩家现实中的生活常态,很多人就像青蛙主人一样,困在某地动弹不得。在这种情况下,《旅行青蛙》就像心理治疗中的箱庭一样,试图通过旅游景观来治愈玩家庸常生活中的无聊。

禅派箱庭外壳下的技术消费

实际上,《旅行青蛙》无法真正达成禅派游戏的诉求。最直接的原因来自游戏中的氪金元素,即付费机制。当玩家过于执着于成就时,或是缺乏等待的耐心,就会通过付费购买道具的方式打破慢生态。显然,这与禅派精神是相悖的。目前,已经有玩家进行炫耀式的消费,将自己的青蛙"武装到牙齿",甚至有玩家试图通过外挂来提升成就指数。这种付费养成机制同样存在于《恋与制作人》中。

与其说游戏提供了养育者和被养育者两个角色,毋宁说这两个意象是玩家的一体两面。换句话说,玩家既是看家的人,也是那只青蛙。从拉康的视角看,游戏为玩家呈现了一个象征界。一方面,玩家以主人视角进入游戏,遵照规则(即父法)成为孤独的留守人口,成为旅行青蛙的他者;另一方面,鉴于无聊的留守生活,玩家又将打破庸常生活的欲望寄托在作为游客的青蛙身上,通过简笔画一般的照片来想象箱庭外的世界,所以玩家又变成了青蛙。虽然青蛙每次带回来的照片都会让玩家欣喜万分,但照片很快便成为庸常生活的一部分。可见,照片就是拉康意义上永远被延迟的欲望。也是因为如此,玩家总要是为青蛙出行准备好便当和护身符,以便它能够在归家后迅速开启下一段旅程。

因此,游戏的悖论在于,系统在形式上想要创建一种慢生活,但却同时提供了道具这一快捷体验渠道。如此一来,玩家实际上一直在追赶着被延迟的欲望，花钱买道具就成了达成目标的重要手段。

就国产游戏而言，从2017年燃爆整个暑假的《王者荣耀》（2015年至今），到迅速崛起的"吃鸡"游戏，到2018年初火速成名的《恋与制作人》，再到以火箭速度登上热搜榜的《旅行青蛙》，我们不难发现国内游戏文化的两大趋势。

其一，女性正成为游戏公司锚定的主要用户群，尤其是移动端的休闲游戏。

根据《2017中国游戏产业报告》，中国移动游戏产业连续9年持增长态势，2017年该领域市场实际销售收入达到1161.2亿元，比2016年增长41.7%，用户规模达到5.54亿人。就移动用户性别比例而言，根据友盟数据发布的相关报告，女性玩家平均占比50.2%，在"经营策略"等细分类型中，女性比例还要高出这一数字。

其二，移动端游戏正向着"快速消费品"的方向发展，其生命周期越发短暂。

之所以用"快速消费品"一词，首先是因为电子游戏已成为重要的生活和娱乐方式，是人人都需要的消费品。其次是因为移动端游戏门槛极低，无须具备高水平的游戏技巧，人人皆可以玩家身份进入游戏中。非硬核玩家进入游戏不再具有技术障碍，人人都有消费的可能。此外，大众传媒和社交网络不断地将新游戏推向头条，为现代人生产着一种泛娱乐化的社交焦虑，进而生产着玩家需求，并使其以飞快的速度迭代。当身边的人都在用青蛙刷屏时，你也会迫切地想要养一只青蛙。如果社交焦虑升级为展示焦虑，那么你还可能成为追求成就的氪金一族，不必等到"双十一"就成为剁手党了。

从以上两大趋势中，我们也能看出《旅行青蛙》为何能如此快速地火爆全国。如果说早期移动游戏让人消磨碎片时间，那么作为快速消费品的游戏则用碎片化方式盘剥着人们的现实情感需求，很容易将玩家身份悄然转变成"用户"，后者带有更强烈的消费色彩。

实际上，治愈及陪伴等情感需求一直存在，只不过之前多用读小说或看剧的方式来满足。而如今，《旅行青蛙》一类的电子游戏只是"新瓶装旧酒"，是用新媒体来实现功能性替代的文化快消品。

不得不说，这种所谓的治愈功能只会为人们营造一种"佛系"生活幻象。就像网友最初为"佛系"配图使用的金正峰（怀旧韩剧《请回答1988》中的角色）照片一样。虽然他手捧佛具、一脸虔诚，但实际上寺庙里的拌饭才是吸引他定期在寺庙修行的主要原因。他复读七次才考上大学，但却放弃学位转向美食产业，完全不考虑现实。他之所以能随心所欲地生活，是因为买彩票中了大奖——不仅将全家从贫困线上拉回来，还能时不时为双门洞的邻居们提供资助。因此，我们不妨在享受娱乐的同时，保持一定的批判视角，这样才能自由进出技术"箱庭"，真正享受新媒体带来的乐趣。

《手机疑云》：
电子游戏中的酷儿性

在《塞尔达传说：旷野之息》（*The Legend of Zelda: Breath of the Wild*，2017）中，唯一的玩家角色林克是一位需要拯救公主的少年。当玩家来到格鲁德小镇时，如果林克不换上女装，就会被守卫挡在城外，理由是：这里不欢迎"沃伊"（游戏中用语，意为"男人"）。不仅如此，无论是玩家想穿男装爬墙溜进去，还是进去后马上脱下女装，都会立即被发现，并被无情地扔出城外。然而，大部分玩家似乎并没有因此感到困扰，而是将其视作一次欢乐的扮装体验。

2017年，弗农·肖（Vernon Shaw）和雷顿·格雷（Leighton Gray）以日本游戏《帅鸽男友》（はーとふる彼氏，2011）为灵感，合作推出了游戏《梦幻老爹：老爸约会模拟》（*Dream Daddy: A Dad Dating Simulator*）。其中，玩家扮演一位刚搬来枫树湾的单身奶爸，可以与当地另外七位性格不同的单身父亲发展浪漫关系。两位设计师表示，之所以制作这款游戏，是为了回应大众对酷儿群体的社会焦虑。

如果说《塞尔达传说》和《梦幻老爹》用提前设定好的虚拟世界观将性别多样性推至前景，那么《手机疑云》（*A*

Normal Lost Phone，2017）则用更为写实的手法，让玩家主动在游戏中探索，不知不觉达成对酷儿群体的认知。

手机：魔圈的消解与游牧空间的建构

《手机疑云》是一款于2017年1月发行的解谜游戏，是法国游戏开发商"意外女王"（Accidental Queens）的首部作品。其中，玩家角色既不是孤胆英雄，也不是卡通动物，只需要做自己，面对一部捡到的手机，根据手机里的信息解开一个个谜题。

之所以说它更接近现实，首先是因为这款游戏的界面，也即游戏的名词维度。

大多数游戏往往会给玩家呈现一个明显的虚构世界。例如，在《艾尔登法环》（*Elden Ring*，2022）等3A游戏中，界面通常是具有电影质感的宏大玄幻景观；至于《纪念碑谷》、《画中世界》（*Gorogoa*，2017）这类篇幅较为短小的独立作品，则会为玩家提供充满艺术感的游戏空间。在这种情况下，玩家从一开始便心知肚明：这不是现实，只是一个虚拟的故事罢了。

然而在《手机疑云》中，玩家面对的是一个插画风格的手机界面：上方是大家熟悉的手机图标，如无线网络、手机信号、电量等；中间的大部分区域错落有致地排列着10个手机应用程序,包括短信、邮件、相册、天气、日历、浏览器、计算器、设置、音乐,以及一个名为"爱情鸟"(Lovebirds)的交友软件;底部是一个向左的箭头和一个菱形图标,分别表示"返回上一步"和"返回桌面",以此搭建了整个游戏世界。

谈及游戏世界,荷兰学者约翰·赫伊津哈(Johan Huizinga)认为,游戏是在游戏场(play-ground)中完成的,就像在神圣的处所举行仪式一样。游戏场与现实世界存在着界限,它是现实世界中被划分出来的临时场所,专门用来从事游戏活动,而玩游戏的人能提前意识到这一界限的存在。[1]后来,凯蒂·萨伦(Katie Salen)和埃里克·齐默尔曼在讨论游戏设计时,用"魔圈"(magic circle)一词来指称游戏虚拟世界,即玩游戏意味着进入了一个魔圈。[2]

就《手机疑云》而言,玩家玩游戏的过程,就是和这个"手机"交互的过程。鉴于这是一款移动游戏,如果玩家是用手机玩游戏,那么游戏的魔圈很可能会被消解,虚拟的手机会和现实中的手机融为一体。

此外,让《手机疑云》更具写实风格的另一个原因是游戏机制,也即游戏的动词维度。

在大多数情况下,电子游戏都会为玩家提供一个新人教学关卡,通过一个或几个特别简单的挑战,让玩家了解应该在游戏中做些什么、如何操作,并根据任务完成的情况,用让人热血沸腾的话语来展示相应的奖励以及角色升级机制。

与之不同,《手机疑云》只提供了一个手机界面,没有任何提示或说明,以及传统意义上的新手任务和角色升级体系。玩家只能按照自己使用手机的习惯,尝试点击不同的图标,查看短信、邮件、相册等应用程序,来探索游戏的谜题,进而寻找解开谜题的方法。

用手机做交互界面的游戏,并非只有《手机疑云》一款。以 2017 年 10 月发布的游戏《亲爱的,别比我先死》(*Bury Me, My Love*)为例,它讲述了主人公为逃离战火,从叙利亚前往欧洲的历程。作为一款典型的新闻游戏(news game),它聚焦社会热点,整个游戏过程都采用实时收发短信的方式来强调故事的真实感。

但二者的差异在于,《亲爱的,别比我先死》是一款视觉小说①,内容以树状结构呈现。因此,虽然它为玩家提供了 19 个结局,但本质上还是以时间顺序为限制,看完一条信息才会出现下一条。此外,每当这款游戏出现决策选项时,就会产生叙境外(extradiegetic)内容,[3] 不仅会让玩家暂时跳出主人公的故事,而且还会让玩家明显意识到自己与角色的距离,从而影响玩家对故事的共情。

与之相反,《手机疑云》提供信息的方式不是树状结构的,而是以块茎模式分布。

---

① 有关"视觉小说"的概念,在本书《橙光游戏:越轨者寓言与性别异托邦》一文中亦有涉及,详见第205页。

无论是短信,还是电子邮箱,抑或交友软件,玩家都无法直接判断通讯录中的哪个联系人会为解谜提供最重要的线索,所以只能逐条阅读所有内容,并以此为基础,通过所有信息碎片将手机主人的社交网络建构起来,而且还需要在不同的任务中频繁地在短信、邮件、相册、网络社区中反复参照。换句话说,信息都放在那里,不知道什么时候会用得上,具体取决于它们是否与某个情境发生了关联。

由此可见,《亲爱的,别比我先死》(以及较为传统的打怪升级类游戏)就是德勒兹笔下的"象棋游戏",《手机疑云》则是"围棋游戏"。前者的棋子具有严格的等级,职责明确,规则固定,是秩序的象征;后者的棋子则是匿名的,相互间依靠情境联系起来,就像块茎的生长方式一样,不存在等级关系,处于一种"游牧"状态。如此一来,《手机疑云》实际上为玩家提供了一个去中心化的异质信息网络,一个以探索为导向的游牧空间。更为重要的是,它通过具有异质性的游戏形式元素,引导玩家反思性别的多元性。

"正常"的麻烦:作为程序修辞的酷儿话语

游戏学者伊恩·博戈斯特认为,所谓程序修辞(procedural rhetoric),是指计算进程(computational procedures)传达的价值观。[4] 纽约大学游戏中心教授克莱拉·费尔南德兹-瓦拉（Clara Fernández-Vara）进一步指出，游戏模拟了哪些内容、没有模拟哪些内容，游戏规则鼓励并认可了什么、禁止了什么，都会传达出某种特定的价值观，而程序修辞能让我们看到游戏作品是如何传达出这种价值观的。[5]

《手机疑云》的英文标题 *A Normal Lost Phone* 可直译为"一部遗失的正常手机"，其中"正常"一词指向了这款游戏的程序修辞，即对性别话语的反思。

《手机疑云》为玩家提供了五个任务，分别是：找出无线网络密码、交友软件"爱情鸟"中两个账户的密码、网络社区"做自己"中 VIP 板块的密码以及秘密日记本的密码。

在解开第一个谜题前，我们通过阅读短信发现手机的主人是个名叫山姆（Sam）的普通男孩儿，他和家人关系很好，有一个交往了 3 年的女友梅丽莎（Melissa），喜欢音乐，和同学一起吐槽老师，定期参加桌游俱乐部的活动。看起来，他跟其他同龄人一样，没有什么特别。

然而，一旦手机连接到互联网，我们就会发现他有着许多可疑的行为：为什么虽然有女朋友，却和一个叫爱丽丝（Alice）的女孩儿交往过密？为什么他很爱自己的家人，却跟母亲撒谎，还在生日派对后和父亲失去了联系？为什么他在同一个恋爱交友网站上有两个不同的账号——"山某人"（Sam-thing）和"另一个山某人"（Sam-thing-else），而且登录密码也不相同？

随着答案一一揭晓，玩家会发现山姆之所以拥有双面人生,是因为他对自己的性别认同是女孩儿,会戴上假发,以女孩儿萨米拉(Samira)的身份参加桌游俱乐部和酷儿群体的社会活动,并最终决定以女孩儿身份在另一个城市开启新生活。

在此过程中,我们可以看到大众对酷儿社群的两种态度。一方面,山姆居住的梅伦市民风特别保守,因此亲友对酷儿群体极为排斥。当家族中出现同性恋时,亲友马上与其断绝了关系,并对孩子们隐瞒事实的真相,称其加入了"邪教",是"怪物""怪胎",是不"正常"的。

另一方面,山姆只将自己的秘密告诉了在桌游俱乐部认识的爱丽丝,后者也是唯一一个在现实生活中对山姆的酷儿身份表示支持的人。其他支持则来自网络空间,例如通过恋爱交友软件"爱情鸟"认识的网友Phil-free(谐音为feel free,意为"自由自在")。再如名为"做自己"(BeYou)的网络论坛,它不仅为酷儿群体提供了相关的科普知识,帮助他们更好地认知并处理自己的疑惑,还以加密板块的形式为他们提供实名交流的平台。因此,我们了解山姆的空间从线下逐渐过渡到线上,从以熟人为主的现实生活转入匿名的网络社区。

美国文化史学者玛丽·普维(Mary Poovey)曾在美国语境内讨论"正常"。她认为,人们内心有一种想要成为正常人的欲望,而且要确定自己已处于正常状态,尤其是性别认同和性取向。可问题在于,判断一个人是否正常的标准以及有关正常的话语,往往是以统计数字的形式建构的,即如果一个人的行为方式与多数人一致,就会被认为是正常的,且比"不正常"的人优越。[6]

以此为基础,迈克尔·沃纳(Michael Warner)在《正常的麻烦:酷儿的性、政治和道德》(*The Trouble with Normal: Sex, Politics and the Ethics of Queer Life*)一书中指出,如果"正常"意味着位于某个普遍的数字范围,那么正常就没有任何意义,因为按照这种逻辑,人们可以说生病是正常的,而身为天才是不正常的。他还表示,每个人在不同程度上都会偏离正常标准。从年龄、种族、身高、体重、年收入、性取向等维度来看,即便一个人在其中一个方面属于多数人群体,但也不大可能在各个维度都属于多数人群。[7]

在性别话语中,"正常"的麻烦在于,它试图通过简单粗暴的数字消除性别的多样化,塑造一个同质性的社会,引发不必要的偏见和歧视。而酷儿则意味着不遵循主流的性别标准,抵抗同质性逻辑,挑战处于主导地位的快感及权力。[8]

作为一款酷儿游戏,《手机疑云》恰恰发挥着这样的作用。更为可贵的是,它没有将酷儿群体的生活体验建构为一种猎奇的游戏景观,而是用更为平和的方式娓娓道来,用写实的手法给玩家提供了一个"向内看"的机会,通过游戏任务达成对内心世界的探索,因此也能获得最大程度的共情。

对山姆来说,遗失旧手机,意味着告别多数人认可的"正常"生活,完全接受自己的与众不同之处,并用积极的心态开启新生活。而对玩家来说,在探索手机主人是谁的过程中,也能在不带偏见和恐慌的情况下,去了解酷儿群体的日常生活。

从酷儿游戏到酷儿游戏研究

在《到底什么是游戏中的酷儿性?》("What Is Queerness in Games, Anyway?")一文中,作者娜奥米·克拉克犀利地指出,大多数游戏开发者都是白人和亚裔中青年男性,其作品的受众通常也是这一群体,或稍微年轻一些的非裔玩家。与之相比,无论是专门为酷儿群体开发的游戏,还是具有酷儿身份的游戏设计师,都鲜少出现。[9]

以 Steam 平台为例,如果以 LGBTQ① 为关键词,只能检索到 1265 款游戏[10],而早在 2021 年 2 月,Steam 平台的游戏总数就已达到 50046 款[11],即便不算后续发行的新游戏,酷儿题材所占比例也不足 3%。2021 年 7 月,有人在游戏开发社区 itch.io 发起了一项名为"酷儿游戏集合"的众筹活动,涉及来自 195 名游戏开发者的 236 款酷儿游戏作品。该活动虽然吸引了 1700 多名捐赠者,但筹款额度只完成了原定目标的 2%,

---

① LGBTQ,即英文单词 lesbian(女同性恋者)、gay(男同性恋者)、bisexual(双性向者)、transgender(跨性别者)与 queer(酷儿)的首字母缩写,译作"彩虹族""彩虹族群""性少数者"。

以失败告终。

令人欣慰的是，社会各群体对酷儿游戏的关注正逐步增多。2021年2月24日，酷儿游戏大奖（Gayming Awards）颁奖礼通过游戏直播平台Twitch向全球直播。该活动由《酷儿游戏杂志》（*Gayming Magazine*）发起，由艺电、索尼、微软、史克威尔·艾尼克斯等多家游戏厂商及游戏媒体提供赞助，共设立9个奖项，旨在奖励和表彰游戏开发者、发行商和个人在酷儿游戏领域做出的贡献。

其中，超巨游戏（Supergiant Games）开发的《哈迪斯》（*Hades*，2018）荣获了年度大奖和最受《酷儿游戏杂志》读者欢迎奖，法国游戏开发商莫点头娱乐（Dontnod Entertainment）制作的《告诉我为什么》（*Tell Me Why*，2020）夺得了酷儿真实表现奖和最佳酷儿游戏角色奖，爱尔兰游戏工作室自由梦想（Dreamfeel）推出的《若发现》（*If Found...*，2020）获得了最佳酷儿独立游戏奖和最佳酷儿游戏叙事奖。此外，产业多样性大奖和酷儿游戏榜样人物大奖分别由公益组织"我需要多样化游戏"（I Need Diverse Games）和纽约大学教授杨若波（Robert Yang）获得。

与此同时，针对酷儿游戏的研究在学界也比较活跃。根据克拉克的观察，研究者在讨论酷儿与游戏的关系时，主要涉及两个方面：一是聚焦游戏内容如何表征酷儿文化；二是从作者视角出发，反思由游戏或特定游戏类型建立的标准与惯例。

例如，瑞典索德托恩大学教授珍妮·桑登（Jenny Sundén）曾基于个人的民族志体验，在《网络游戏文化中的性别与性》（*Gender and Sexuality in Online Game Cultures*）一书中讨论《魔兽世界》（World of Warcraft, 2004—）主流文化中的酷儿元素以及酷儿玩家。2017年，美国加州大学尔湾分校教授邦妮·鲁伯格（Bonnie Ruberg）、天普大学教授亚德丽安·肖（Adrienne Shaw）主编的学术论文集《酷儿游戏研究》（*Queer Game Studies*）出版，其中收录了20余篇文章，涉及理论构建、游戏批评、游戏设计、玩家社群等多个话题，成为该领域的一部重要著作。

2019年，鲁伯格在自己的专著中提出了更为激进的观点：所有电子游戏都带有酷儿属性。她认为，电子游戏中的酷儿性并不仅仅表现为LGBTQ角色或同性的浪漫关系，即便游戏中没有出现任何酷儿方面的内容，玩家也可以用酷儿的方式玩这款游戏，而且所有游戏都能通过酷儿视角来解读。这是因为电子游戏和酷儿性拥有相同的精神内核，即对其他存在方式的渴望和想象，通过游戏的方式在已有的权力结构中建构一种抵抗式空间。通过这一视角，人们可以在电子游戏中发现酷儿性，也可以通过酷儿的游戏方式和酷儿玩家将酷儿性注入游戏。[12]

如果从这个角度看，《塞尔达传说》也是酷儿的。这不仅因为游戏特别为玩家设定了格鲁德小镇，让林克能以女孩儿的身份完成这段游戏体验，还因为不少玩家都是在以酷儿的方式玩这款游戏。虽然游戏开发者最初设定了"拯救落难少女"的叙事主线,但很多人沉迷于在海拉鲁探险,并开玩笑说"不想救公主,只想做熊孩子"。进一步看,公主和林克其实是玩家的一体两面,如果说林克是主体,那么公主则是林克的他者,后者根据前者的期待开始游戏、持续探险、拯救世界。因此,林克就是公主。

《失踪》：
严肃游戏与女性保护

提起印度，很多人对它的印象都来自电影。如果说人们在上个世纪主要通过宝莱坞歌舞片想象印度，那么近年来，印度电影人阿米尔·汗（Aamir Khan）则通过一系列作品让人们关注到印度当下的社会问题，其中就包括印度女性的生存状态。

在《摔跤吧，爸爸》（Dangal）中，阿米尔·汗扮演一位曾获得冠军的摔跤爱好者，他期待妻子能生个儿子，完成自己未了的职业摔跤梦。但面对同样有运动天赋的女儿们，他打破了自己的执念，不仅亲自担任教练，而且还把她们送到印度国家体育学院，最终将其培养成了成绩优异的女摔跤手。

在《神秘巨星》（Secret Superstar）中，阿米尔·汗化身一位知名音乐人，不仅帮助普通女孩儿伊西亚实现了曾经遥不可及的音乐梦想，而且还让伊西亚的母亲受到鼓舞，有能力鼓起勇气反抗丈夫多年来施加给母女的家庭暴力，开启独立女性的新生活。

值得深思的是，在以上两部影片中，无论是冠军梦，还是明星梦，来自男性的帮助都是女性成功的必要条件，前者是施救者，而后者是被解救的对象。与之相比，印度艺术家莉娜·凯杰里瓦尔（Leena Kejriwal）则通过电子游戏《失踪》（*Missing: Game for a Cause*，2016），让人们用女性视角来反思印度女性的现实困境，并鼓励玩家和大众进一步参与到保护女性的公益实践中。

被绑架的女孩

《失踪》是一款融合冒险和解谜的角色扮演游戏，同时也是一款以现实为基础的严肃游戏（serious games），由莉娜·凯杰里瓦尔和游戏设计师萨蒂亚吉特·查克拉博蒂（Satyajit Chakraborty）合作开发，由失踪女性救援基金会（Missing Link Trust）对外发行。在游戏中，玩家扮演一个被拐卖到红灯区的印度女孩儿，需要设法逃离这个牢笼，重新回到家人的身边。

从名词的角度看，整个游戏采用了阴暗的色调，融合了虚构和写实两种风格。一方面，游戏用虚构的图像来呈现女孩儿所处的环境。她被囚禁在狭小黑暗的房间，房间泛着微弱的蓝光，里面只有一张简陋的床。房间呈菱形，位于黑色的背景中间，既像是在黑暗中撕开了一个缝隙，又像是一只眼睛，让玩家透过它了解女孩儿的故事。房间外是一个布满打手的迷宫结构，找到出口并不容易。在大街上，来往的行人对这些悲惨的女孩儿见怪不怪，只是将她们当作待价而沽的商品。闪烁的路灯、破败的街道、冷漠的人群，都将印度贫民窟的破败和罪恶展现得淋漓尽致，营造出了沉重的压抑感。

另一方面，游戏使用了真人照片来展示主要人物的特写。每当游戏中出现对话时，屏幕左下角会出现说话人的头像。其中，玩家角色是一个名叫珊帕（Champa）的普通印度女孩儿，眼神中满是惊恐；而妓院的老鸨玛西（Masi）和打手则大腹便便、满脸横肉，透露着贪婪和恶毒。苏珊·桑塔格（Susan Sontag）曾指出，人们通常用不同的心态来观看绘画和照片。在欣赏一幅画时，观赏者更关注画作的色彩、构图、笔触等元素。然而在看照片时，大家会下意识地认为照片上的内容是真实的，可以作为证据使用。[1]对玩家来说，游戏角色的照片就像是案宗里的资料，真实记录着受害者和施暴者的活动，因此更容易引发对女孩儿遭遇的同情。

从动词的角度看，游戏的最终目标是解救珊帕。一开始，黑色的屏幕上出现了几行字：

> 嗨！
> 我希望你正安全地待在家里
> 因为此时此刻有一个女孩儿正在被人绑架
> 而且没人会知道她如何失踪，以及为什么失踪
> 你想知道她现在在哪里吗？

玩家点击屏幕，就会进入第一章。整个游戏分为4个章节，对应不同的关卡，珊帕需要一边躲避看守（潜行），一边在有限的时间内找到逃跑的工具和线索（收集）。

不仅如此，珊帕还需要面对一个经济系统。其一，她需要挣钱，完成妓院老板玛西规定的每日上缴额度，才能避免遭到虐待和羞辱，进而在周边探索，与他人交谈，并偷偷寻找逃跑的线索。其二，为了挣到钱，她不得不在街边招揽客人，并与其议价。当珊帕来到街边后，玩家能够看到妓院两侧分别有一个零食摊和一个酒摊，街上是来来往往的行人。游戏为潜在嫖客设定了财富和欲望两个数值，零食可以让人停留下来，酒会提升欲望值，从而更容易达成交易。其三，除了每日定额，她还需要挣出多余的钱，以便能在向别人求助时顺利得到线索。

原来，珊帕是被拐卖到这里的，而且她不是第一个受害者。在被绑架时，她被下了药，因此处于失忆的状态，唯一的线索是衣兜里的一卷线。被囚禁后，珊帕一旦反抗，就会受到侮辱，或是接连几天没有水和食物，直到顺从为止。在如此艰难的困境中，珊帕依然为一个打手提供了帮助。作为回报，对方告诉她，有一幅壁画上写着求救电话。那是解救失踪女孩儿的宣传画，上面是一个巨大的女孩儿剪影，旁边是电话号码1098。同时，她凭借手里的那卷线，到当地的裁缝铺打听到了家乡的信息。接着，珊帕找到电话亭，拨通求救电话，然后按照约定等待一个名叫沙克提（Shakti）的救援者，后者曾成功解救过不少女孩儿。完成所有任务后，珊帕被沙克提送上回家的火车。但打手会追上火车，再次引发危机。此时，玩家扮演的角色从珊帕转变为沙克提，需要在行驶的火车顶部与打手进行一场对战，胜利后才算解除所有危机，让珊帕顺利返家。

坦白讲，这个系统很容易让玩家感到不适，因为在这样的困境中，人的尊严消失殆尽，但为了逃出去，又不得不受此屈辱，毕竟只有活下去才有机会逃出这里。也恰恰是因为这一点，玩家才能够以受害者的视角体验失踪女性的经历，切身感受女孩儿被拐卖之后身心承受的极大伤害，从而唤起玩家和大众对人口贩卖这一严肃话题的深切关注。

作为一款独立游戏，虽然它不像3A大作那么复杂，但玩家若想完成每个任务，依然有些难度，因为珊帕在寻找线索的时候，需要躲避打手，不能让他们发现自己要逃跑，有时甚至要像盲人一样，在漆黑的环境中独自寻找逃跑路径。此外，游戏还提供了简单和困难两个模式。这也提醒玩家，现实远远比游戏要残酷得多，解救工作也不是轻而易举就能完成的。

通过严肃游戏揭示女性困境

上文提到，《失踪》是一款严肃游戏。所谓严肃游戏，是与娱乐游戏相对应的一种游戏类型。1970年，克拉克·C.阿伯特（Clark C.Abt）最早提出了"严肃游戏"这一术语。他指出，严肃游戏拥有一种显而易见又经过深思熟虑的教育目的，而且玩这类游戏的主要目的，并不是娱乐。[2]

2006年，大卫·迈克尔（David Michael）和陈玲亨（Sande Chen）以游戏学者詹姆斯·保罗·吉和克拉克·阿伯特的理论为基础，进一步讨论了严肃游戏的定义。他们认为，所谓严肃游戏，是指那些不把娱乐、享受或趣味性当作首要目的的游戏，它以（各种形式的）教育为首要宗旨，而不是纯粹娱乐。严肃游戏使用游戏这一艺术媒介来传达信息、教人知识，或是提供一段体验，核心是让玩家学会某些东西，并且如有可能，可以从中得到乐趣。用"严肃游戏倡议"（Serious Games Initiative）联合创始人本·索亚（Ben Sawyer）的话说，"严肃游戏"中的"严肃"一词反映了此类游戏的目的和开发此类游戏的缘由，而不是说游戏本身的内容要刻板无趣。使用"严肃游戏"这个词，是为了说明教育和娱乐不仅不矛盾，而且两者间还存在着很多交叠之处，可以优势互补、相互促进。

在《严肃游戏：用于教育、培训和传达信息的游戏》（*Serious Games: Games that Educate, Train and Inform*）一书中，迈克尔和陈玲亨进一步详细讨论了严肃游戏的各种应用场景，包括教育、医疗健康、部队训练、政府管理、企业培训及营销等，并使用具体的严肃游戏案例，为开发者提供了大量建议。例如，在制作严肃游戏时，最新、最炫酷的游戏硬件也许会失效，游戏世界也并不是越复杂越好。

之所以说《失踪》是一款严肃游戏，是因为它的首要目的不是娱乐、享受或趣味性（而且游戏任务可能会让玩家感觉压抑和不适），而是想要充分利用游戏的教育功能，讨论人口贩卖这个全球普遍的现实问题，在印度，这种情况尤为严重。

根据相关统计数据，印度有9800万人口贩卖的受害者，其中有98%是女性，51%是未成年人，而且印度被贩卖的人口至今在以25%的比例递增。受害者有可能被卖到农村或附近的城镇，还有可能是大城市或红灯区。[3] 游戏《失踪》就是根据印度南加尔各答红灯区亲历者的经历改编而成，受访者包括长期关注这一地区的社会活动家斯拉巴尼·萨卡尔·尼奥吉（Srabani Sarkar Neogi）、救援者萨克提帕·曼达尔（Saktipad Mandal）和幸存者贾亚提（Jayati，化名）。

在《失踪》这款游戏中，有几点特别值得我们关注。首先，在女孩儿第一次拨通电话后，沙克提就给女孩儿的母亲接通了电话。母亲说最后一次看到女儿时，后者和塔攀（Tapan）在一起。虽然游戏中并没有特别交代塔攀的身份，但我们可以推断出塔攀是受害家庭的熟人。之前，曾帮助过珊帕的人也提及过，同村的村民可能是绑架并贩卖女孩儿的帮凶。

令人遗憾的是，现实要更为严峻。我们可以通过阿米尔·汗主持的电视节目《真相访谈》（*Satyamev Jayate*），进一步了解印度女性所遭受的结构性歧视及不公。如果说阿米尔·汗的电影依然没有完全摆脱"落难公主"式的叙事，那么他主持的电视节目《真相访谈》则通过多位受害者、家属、记者、律师以及研究者的第一人称讲述，揭开了印度女性一生都要面临的悲惨状况。[4]

首先，女婴在印度很难出生。在《真相访谈》中，受访者阿米莎（Amisha）表示，自己曾在8年内被迫流产6次，每次都是婆家人与医生私下达成交易，一旦检查出来是女婴，就瞒着孕妇直接完成流产手术。根据该节目公布的数据，1981—2011年间，印度有3000万女婴因流产而死，大多发生在农村和低收入家庭。

新德里医生普尼特·博迪（Puneet Bedi）在节目中指出，在上个世纪70年代，由于人口过剩、资源匮乏，印度大批民众处于贫困状态。为了解决这个问题，印度政府提倡生男孩儿。按照当时的政策，印度公立医院免费为孕妇堕胎，并大力向民众和医护人员宣传生一两个儿子即可，女儿是非必需品。虽然这种做法引起了社会活动人士的抗议，促使印度政府禁止公立医院为女婴流产，但大众已广泛接受了这种观念，纷纷转而通过私家诊所完成手术。最早，医生只能使用复杂的羊膜刺穿术，技术复杂，成本较高，可能导致腹中的男孩儿也会流产。到了1990年前后，B超出现，两分钟即可得出结果。医疗器材销售人员向医生大力兜售B超机器，导致这个产业急速扩张，市场规模一度达到200亿卢比。面对检查结果，如果是男孩儿，家属会向医生支付2万卢比作为谢礼；如果是女孩儿，则会选择流产手术，医生的收入会更高。对医生来说，一台B超仪器花费20万至30万卢比，一两个月即可收回成本，之后就是纯粹的暴利。

当地记者曾在整个印度进行暗访，涉及40个城市的140名医生，并通过国家电视台曝光这些非法手术。这些医生，很多都是来自社会中上阶层的女性。有的医生甚至表示，只要一次性支付所有费用，即便月份太大无法做流产手术，也可以负责将生下来的孩子埋掉。还有人表示，即便诞下女婴，也要扔到河里。然而，印度医疗理事会对此置若罔闻。即便记者持续向各个法院提交报告，这些医生也没有受到任何处罚，反倒是记者们多次接到了逮捕令。根据阿米莎的律师讲述，当她婆婆一家被关进监狱后，立即就被保释，法官当庭斥责警察不应该抓人，并表示人人都想要儿子，这是天经地义，自己不知道有相应的法律条款。由此，女婴流产成为一个结构性的社会问题，涉及政策制定者、医院、医生、执法者，形成了一个从B超到流产的成熟链条。

杀女婴的问题，造成印度男女比例严重失衡，适龄男性找不到妻子，就会通过买卖甚至拍卖女性来解决问题。有的受害女性甚至还会被转手卖掉。即便能够留下来，通常也会遭到一家数个男人的虐待，生下来的孩子也不被认可。

不仅如此，即便女孩儿能够顺利出生，也有可能在婚嫁时遭遇婆家严重的家庭暴力和经济盘剥。根据印度的习俗，女方需要准备黄金、现金、车作为嫁妆，承担婚礼和蜜月的所有费用。新郎家会邀请几百位客人参加婚礼，还会在婚礼将近时提出更多过分要求，索要更多财物，甚至要求女方支付移民的费用。

居住在新德里的受访者科马尔·塞希（Komal Sethi）表示，家长为自己准备了70万卢比现金的嫁妆，但在婚礼前夕，婆家表示没有金项链，就不参加婚礼。丈夫因工作去纽约，明明公司已报销机票，但仍要求女方支付这笔费用。丈夫在美国的年薪为6.5万美元，但要求女方支付汽车、家具、家电的费用，并表示妻子就是用人。由于长期遭受虐待、吃不饱，塞希的体重从52公斤下降到36公斤。变本加厉的丈夫甚至想要占有她父亲在德里的房子，遭到拒绝后，在寒冬将她遗弃在美国的公寓。由于丈夫没有留下任何钱和食物，塞希在病倒后不得已求助了当地的妇女收容所，才联系到远在印度的父母。

另一位受访者帕拉姆吉特·莫姆（Paramjeet Kaur Moom）说，自己在订婚时和男方第一次见面，对方承诺要带她一起到澳大利亚留学。女方花费了近200万卢比，用于支付婚礼、家电家具、男方的留学机票和生活费，为此借了高利贷。然而结婚才一周，男方独自去了澳大利亚，而且在申请签证时隐瞒了自己结婚的事实，三年未曾回过家。在此期间，男方家人一直羞辱、殴打莫姆，最后将她赶出了家门。后来因为男方想要娶一个白人，留在澳大利亚，男方家人甚至要求莫姆离婚。

至于妮莎娜（Nishana），她曾是一位大学教师，家人为她准备了100根金条和100万卢比现金作为嫁妆。面对丈夫索要汽车的要求，妮莎娜的父亲甚至承诺会用未来的40万卢比退休金支付这笔费用。后来，男方居然强迫女方家付钱给妮莎娜整容，并在整容后继续羞辱她的样貌，最终导致妮莎娜不堪忍受而自杀。

高额的嫁妆为女方家庭带来沉重的负担，有时甚至相当于一个家庭近10年的收入，导致女方要借助贷款或高利贷。在《真相访谈》中，有家地方银行的工作人员指出，80%的银行贷款都是用来支付嫁妆的费用。有的家庭因无力偿还债务，而选择自杀。

由此可见，《失踪》反映的拐卖女性问题只是冰山一角。它指向了更深层次的女性困境，同时也是斯皮瓦克（Gayatri C. Spivak）意义上的庶民困境。[5]

从解救到帮助她们融入社会

值得注意的是，《失踪》并未止步于揭示问题，还在尝试解决问题。玩家帮助女孩儿逃出红灯区的进程，也是向人们说明如何自救。不仅如此，女孩儿在获救后，曾犹豫自己是否应该回家，因为她觉得自己被玷污了，父母会因此而蒙羞。

此时,救援者沙克提却安慰道:"不是你的错,是罪犯的错。是你自己拯救了自己。"换句话说,沙克提不仅把女孩儿从苦难中解救出来,而且还对她进行了心理疏导。

进一步看,这款游戏是失踪女性救援基金会的成果之一。2014 年,游戏的开发者之一,莉娜·凯杰里瓦尔发起了一个名为"失踪女性剪影"的艺术公益项目,在印度的公共空间展示一个黑色女性剪影。剪影代表着失踪女性这个群体,而黑色就像一个黑洞,指向了失踪女性面临的严酷境况。整个项目的目的是让人们反思人口贩卖这个严重的社会问题,并积极参与到保护女性的活动中来。一开始,这个艺术项目在印度艺术博览会上展出,立即成为多个国内外媒体的焦点,并在社交媒体上吸引了大量支持者。2015 年,莉娜·凯杰里瓦尔进一步发起了众筹活动,用这笔资金成立了失踪女性救援基金会,用游戏、城市壁画、互动漫画等多种形式鼓励人们关注女性失踪这个社会议题。用她们的话说,"只要有适当的工具和资源,每个人都有能力成为反人口贩卖运动的催化剂"。

除了我们刚才讨论的游戏《失踪》,失踪女性救援基金会还推出了一系列举措。2017 年,该基金会与印度政府的妇女儿童发展部(Ministry of Women and Child Development)合作,在学校开设公益课程,提升女童的自我保护意识。同年 9 月,他们发起了一个徒步宣传活动,从加尔各答往西北行进到新德里,历时三周,有来自 14 个城市的 7.5 万多人参与其中。2018 年，基金会在西孟加拉邦的库尔塔丽（Kultali, West Bengal）创立了女性赋能中心（Women Empowerment Center）和数字素养中心，并在 2020 年发起了"预防女性失踪及安全教育学校"项目（Missing Awareness and Safety School program，MASSp）。

简言之，面对人口贩卖这个问题，失踪女性救援基金会从两个维度推出了有效的解决措施。其一，是通过具有创新性的艺术形式提升公众对这一社会问题的认识。例如，失踪女性剪影模板项目，它鼓励玩家用这个模板将带有救助热线 1098 的女性剪影喷涂在公共空间的墙壁上。人们可以在网站上购买剪影模板，也可以自己下载图片，按照提示自己制作。相关款项将用来支持基金旗下的教育项目。

再如之前提到的"预防女性失踪及安全教育学校"项目，它面向 13—17 岁的青少年，用英语、印地语和孟加拉语提供长达 15 个小时的安全教育课程，涵盖现实世界和网络世界两个维度的安全内容。该课程有线上和线下两种形式，力争覆盖每个印度儿童，旨在让孩子们了解安全风险，增强防范意识和自我保护意识，并使用相关的术语和工具来为自己发声。

其二，是通过失踪女性赋能中心提供一系列支持，比如为被救女性提供咨询、救援和法律支持，更重要的是，提供创业支持、数字素养课程和女性技能培训。例如，西孟加拉邦地理位置偏远、经济极端贫困、人口密度高，是人口贩卖的高发区。大多数被贩卖的女孩儿都是以提供就业机会或是介绍对象等理由被诱骗离家。即使女孩儿被成功解救回家，她们依然缺乏经济来源和工作机会。于是，基金会推出了"失踪女性救助主题包"项目，为被救女性提供缝纫技能培训，制作带有基金会标识的帆布包，通过基金会统一售卖，从而获得收入。通过提供技能培训、工作机会、心理辅导和法律支持，失踪女性救援基金会帮助很多幸存者再次融入了社会。

根据该基金会官网发布的消息，第二款严肃游戏《失踪：完整传奇》（*Missing: The Complete Saga*）正在开发过程中。与前作不同，这款游戏将背景设定在印度农村，玩家扮演家庭贫困但非常勇敢的乡村女孩德维（Devi），用她的视角体验人口贩卖的受害者如何与恶劣的环境抗争。与此同时，印度的游戏开发者也在尝试推出更多打破性别刻板印象的电子游戏。例如点头工作室（Nodding Heads）推出的《拉吉：远古传奇》（*Raji: An Ancient Epic*，2020），在游戏中，玩家扮演一个名叫拉吉（Raji）的女孩，需要通过重重考验，解救被恶魔之王绑架的哥哥格鲁（Golu）。这部作品被游戏媒体誉为女性主义佳作。[6]

在《真相访谈》中，阿米尔·汗曾说道：

> 作为一个印度人，我为国家的进步感到骄傲，但在社会中还有很多苦难，我们却对此熟视无睹。这些苦难，让我深感不安，令我悲伤。我有时也会疑惑，为什么要去思考这些与我无关的事？这会对我产生什么样的影

响?我生活幸福,别人的苦难与我何干?然而,这的确会影响我,因为我是社会的一分子。一连串的事件会影响你、我以及社会中的每个人。[7]

正因为如此,我们需要关注这款2016年发布的短篇游戏,不仅以此来理解严肃游戏这一类型,也由此探索如何用游戏这一媒介来反思社会问题。更重要的是,我们还能透过印度的社会问题来反思当下的类似困境,推动各方一起努力,共同找到有效的解决方案。就这一点而言,无论是严肃游戏本身,还是失踪女性救援基金会,都可以成为我们有效的参考。最后,愿天下无拐,愿每个人都能享受安全美好的生活。

《阴阳师》：
国产游戏的突围

2016年的儿童节，国内游戏巨头网易游戏开放了新作品《阴阳师》的安卓首测。根据当时的官方数据，这款"3D日式和风回合制RPG游戏"一上市，就在国内游戏畅销榜中持续名列前茅，成为一款现象级游戏，令"安培晴明""SSR式神""和风"等游戏衍生词成了当年的年度热词。虽然这款游戏因为过于强调消费而导致不少玩家吐槽，但却是中国游戏的一个重要历史切片。

从表面上看，由于《阴阳师》自带"和风"标签，加之这款角色扮演类游戏的设计团队也将二次元爱好者锚定为游戏的核心用户，因此很容易让人误以为，《阴阳师》的火爆主要源于中国盛行的二次元文化热潮。然而实际上，"和风"符号只是游戏得以成功的一部分因素。更为重要的是，该游戏以中国古文化为基础，延续了国产游戏的设计传统，并用更为多样化的游戏机制最大限度满足了不同类型游戏玩家的需求，因此能够在发行初期收获好评。

阴阳师：中国古傩文化的亚洲之旅

"阴阳师"并非纯粹的舶来品，而是缘起于中国远古时代的傩文化，它于唐朝时东传日本和朝鲜，并在日本发展成为官方驱鬼师。20世纪90年代，阴阳师成为日本大众文化的一个重要主题，继而反向流传至中国，受到国内日本文化爱好者的欣赏。因此，"阴阳师"是自古以来在亚洲范围内流转的核心意象，隐藏在中日韩各族民众的集体记忆中。

有关中国古傩的详细描写可以追溯到《乐府杂录》，书中"驱傩"一节说道：

> 用方相四人，戴冠及面具，黄金为四目，衣熊裘，执戈，扬盾，口作"傩、傩"之声，以除逐也。右十二人，皆朱发，衣白□[①]画衣。各执麻鞭，辫麻为之，长数尺，振之声甚厉。乃呼神名，其有甲作，食凶者；胇胃，食虎者；腾简，食不祥者；揽诸，食咎者；祖明、强梁，共食磔死寄生者；腾根，食蛊者等。侲子五百，小儿为之，衣朱襦、素襦，戴面具。以晦日于紫宸殿前傩，张宫悬乐。太常卿及少卿押乐正到西阁门，丞并太乐署令、鼓吹署令、协律郎并押乐在殿前。事前十日，太常卿并诸官于本寺先阅傩，并遍阅诸乐。其日，大宴三五署官，其朝寮家皆上棚观

---

① 原书此处即空缺。

之,百姓亦入看,颇谓壮观也。太常卿上此。岁除前一日,于右金吾龙尾道下重阅,即不用乐也。御楼时,于金鸡竿下打赦鼓一面,钲一面,以五十人,唱色十下,鼓一下,钲以千下。[1]

可见,傩首先是一种驱凶辟邪的仪式,通过四个带有面具的"方相"来完成。此外,傩还是"方相"在仪式进行中的一种咒语,作"傩傩之声"。整个仪式讲究礼制和程序,是当时重要的官方活动之一。

从另一个角度看,驱傩是人的一种角色扮演游戏,只不过这是一种严肃游戏。其中,玩家角色就是"方相"。日本学者小杉一雄和广田律子曾讨论过蚩尤与方相士的联系。[2]可以说,以凶恶之相来驱邪的传统可以追溯到中国古代的蚩尤。在《史记·五帝本纪》的正文中,司马迁曾提及古书《龙鱼河图》对蚩尤的介绍:

> 黄帝摄政,有蚩尤兄弟八十一人,并兽身人语,铜头铁额,食沙石子,造立兵仗刀戟大弩,威振〔震〕天下,诛杀无道,不慈仁。万民欲令黄帝行天子事,黄帝以仁义不能禁止蚩尤,乃仰天而叹。天遣玄女下授黄帝兵信神符,制伏蚩尤。帝因使之主兵,以制八方。蚩尤没后,天下复扰乱。黄帝遂画蚩尤形像〔象〕以威天下,天下咸谓蚩尤不死,八方万邦皆为弭服。[3]

在这段描述中，蚩尤既是个怪物（"兽身人语""铜头铁额""食沙石子""诛杀无道"），又是个驱鬼者（死后画像被黄帝用来震慑八方乱民）。从这一角度看，蚩尤也可视作最早的方相士。

所谓"方相"，即模仿想象，这个称呼就是源于方相士的角色扮演活动。根据《周礼》记载，方相士是大司马的属官，负责驱逐厉鬼，往往由"狂夫四人担任"。书中写道："掌蒙熊皮，黄金四目，玄衣朱裳，执戈扬盾，帅百隶而时难（即傩），以索室驱疫。大丧，先柩；及墓，入圹，以戈击四隅，驱方良（魍魉）。"[4] 换句话说，方相士会蒙熊皮、戴面具，带领民众共同完成"驱傩"仪式：遇到王族成员葬礼时，方相士必须走在柩车之前；还需要先跳进墓穴中，用手中所持的戈敲击墓穴的四角，从而起到驱逐魍魉的效果。干宝在《搜神记》中也提及了官方由方相士主持的驱傩仪式："昔颛顼氏有三子，死而为疫鬼：一居江水，为疟鬼；一居若水，为魍魉鬼；一居人宫室，善惊人小儿，为小鬼。于是正岁命方相士帅肆傩以驱疫鬼。"[5]

到了唐代，国外学习中国的热潮盛行，傩文化于8世纪左右东传至日本。随着"阴阳寮"这一官方机构的设立，日本亦出现了名为"阴阳师"（陰陽師）的官职，也就是专司驱鬼占卜的方相士。例如，《今昔物语集》就曾提及，道术高超的贺茂忠行向儿子贺茂保宪传授阴阳道的故事，父子二人都是闻名日本的阴阳师。这部平安时代的故事集收录了很多有关阴阳术及阴阳师的故事,其中,安倍晴明堪称日本阴阳师的典范。

传说安倍晴明是父亲安倍益材与白狐生下的孩子。在《今昔物语集》中,安倍晴明被赋予"天文博士"的称号,是贺茂忠行的得意弟子。晴明如此之优秀,以至于师傅将阴阳术毫无保留地传授给了他。其中一篇名为"安倍晴明随忠行习道语第十六",讲述了晴明与一位老僧斗法的故事。有一天,晴明正在家中休息,突然有位老僧携两个少年侍童来访。晴明一眼识出那两个侍童并非真人,而是老僧人的"式神"(識神,即受阴阳师控制的傀儡),便暗中施法让式神隐去了。[6] 待那位老僧人发现后,返回晴明家中要人,晴明又轻松召唤出式神。按照故事中的设定,召唤式神并非难事,隐去式神却是高阶法术,并不是每位阴阳师都可以做到的。因此,安倍晴明法术之高明可见一斑。

自20世纪80年代后期起,日本大众文化中掀起了一股"阴阳师"热潮,它肇始于日本作家梦枕貘的连载小说《阴阳师》。小说从《今昔物语集》捻出安倍晴明和源博雅两个人物,以他们为主人公想象古代阴阳师驱魔的奇幻故事。该系列作品引发读者热议,带动了漫画家冈野玲子于1993年创作同名漫画,画风飘逸俊美。很快,同一主题的影视剧将傩文化推向另一个高潮。日本放送协会(NHK)于2001年4月3日起推出了电视剧《阴阳师》,不久由泷田洋二郎执导的同名电影也由日本东宝映画制作发行,并于10月6日登陆日本大银幕。其中，电影用动态的视听符号呈现出阴阳师安倍晴明的超强智慧、高超法术及驱傩场景，而且还讲述了他与武士源博雅的深厚友谊。用当代"腐女"①的视角看，二人在影片中颇有"耽美"意味。主角安倍晴明由日本著名狂言师野村万斋扮演，后者成功地塑造了道术高强的阴阳师角色，将晴明亦庄亦谐、亦阴亦阳的气质展现得淋漓尽致。

值得注意的是，这股热潮并非空穴来风，我们需要将其放置在日本妖怪学的勃兴中去理解。在日本，妖怪学是一门颇有历史渊源的学科。早在19世纪，日本学者井上圆了就著有《妖怪学》及《妖怪学讲义》等书，经蔡元培于20世纪初翻译成中文出版。根据学者王鑫的相关研究，妖怪学曾在20世纪50年代至80年代陷入低谷。自80年代中期开始，小松和彦以其著作《凭灵信仰论——妖怪研究之探索》（1985年）、《日本妖怪学大全》（2003年）、《妖怪文化研究的最前线》（2009年）、《妖怪文化的传统与创造》（2010年）及《妖怪文化入门》（2012年）等一系列妖怪学著作掀起了日本妖怪学研究的新浪潮。更为有趣的是，小松和彦还在这一时期创建了"怪异·妖怪传承数据库"和"怪异·妖怪画像数据库"，收集整理了自古以来与日本妖怪有关的故事及画像。[7]显然，不论是妖怪学传统，还是小松和彦的图文资料，

---

① 有关"腐女"的概念，在本书《橙光游戏：越轨者寓言与性别异托邦》一文中亦有涉及，详见第218页。

都为梦枕貘的叙事及符号表征提供了颇多灵感,并继而促进了有关阴阳师题材的漫画及影视剧的创作。

日本大众文化中对阴阳师的书写也获得了中国受众的关注。在豆瓣社区,电影《阴阳师》的评分为7.8分,好于86%的奇幻片,并优于84%的动作片。与此同时,梦枕貘所著的同名小说高达8.6分。[8]同样值得关注的是,有关阴阳师的韩国大众文化作品也层出不穷。例如,2016年颇受瞩目的韩国电影《哭声》(곡성),其中由黄正民(황정민)扮演的"日光"就是一位驱鬼巫师。此外,巫师这一角色还出现在黑色喜剧电影《神的男人》(박수건달,2013)、MBC剧《阿娘使道传》(아랑사또전,2012)、tvN剧《Oh 我的鬼神大人》(오 나의 귀신님,2015)等众多作品中。

因此,阴阳师这一意象自古以来一直以各种形式在亚洲范围内流传,成为傩文化的一个重要符号。在此过程中,"阴阳师"的意象也在中国电子游戏中出现。早在1990年,台湾大宇公司推出了著名的单机RPG游戏《轩辕剑》,以燕赤霞、宁采臣和小倩为主要角色。该游戏从当时热映的电影《倩女幽魂》中得到灵感,将燕赤霞设定为一位处于人魔混战时代的17岁少年。他"武术"和"仙术"兼修,以其古道热肠来帮人摆脱困境,斩妖除魔。2002年12月,大宇推出了MMORPG游戏《轩辕剑网络版》,其中就有"阴阳师"和"祭符师"两类角色。前者虽身体柔弱,但颇具智慧,可以用法术蛊惑或攻击敌人;后者则可以召唤"符鬼"来助战,此处的"符鬼"实际上也发挥着"式神"功能。可以说，这两种角色的融合就是传统意义上的阴阳师。不止如此，如"仙剑奇侠传"系列、"剑侠情缘"系列、《倩女幽魂》等很多国产游戏都会有驱魔元素的设定，因此"阴阳师"实际上是中国风游戏发展历程中一个重要的意象。

混杂游戏：类型融合的全盛时代

纵观中国游戏的发展史，我们可以从中找到四种主要类型。第一是90年代的单机版游戏，代表作品是大宇的《仙剑奇侠传》，引人入胜的剧情和禁得起反复体验的游戏世界是吸引玩家的重要因素。第二类是大型多人网游（MMORPG），以标榜"浪漫武侠巨制"的《新天龙八部》（2013年至今）为代表，此类游戏是为玩家塑造宏大游戏景观的"游戏大片"（game blockbuster）。第三种是移动端游戏，通常用短小的任务来填补玩家的碎片时间。第四类是"橙光游戏"，让人们自己制作并分享游戏，玩家通过留言、投票的方式参与游戏生产。就《阴阳师》而言，它打破了单一类型的限制，吸纳了以上各种游戏的特点，是一种混杂类型（hybrid genre）。

首先，《阴阳师》为玩家提供了精良的原创剧情，为喜欢单人游戏的玩家带来了优质的个人游戏体验。在开篇一刻，

游戏便用一段动画交代出故事背景:

> 这个故事,发生在人鬼共生的年代里……原本属于阴界的魑魅魍魉,潜藏在人类的恐慌中伺机而动。阳界的秩序岌岌可危,幸而世间有着一群懂得观星测位、画符念咒,还可以跨越阴阳两界,甚至支配灵体的异能者。他们正各尽所能,为了维护阴阳两界的平衡赌上性命战斗,并被世人尊称为——阴阳师。这个华丽绚烂,独属魑魅魍魉的异想世界,即将为您开启……[9]

如前文所述,这款游戏以傩文化为基础,构建了一个幻想型的游戏世界观。其中,玩家角色为阴阳师安倍晴明,需要携诸式神斩妖除魔,也需要"画符念咒"来获取并培养式神。在此过程中,玩家会遭遇一系列傩文化中的鬼怪,需要将其消灭或将其收为帮手。

例如,游戏的新手任务是通过"犬神"这个角色来完成的。根据角色介绍,犬神原本是人间的恶犬,受到挚友"雀"的感化,变得正直、勇敢、坚强,他误认为晴明是杀死挚友的罪魁祸首。这段故事包括两个场景,其一是晴明家的庭院,不仅介绍了安倍晴明、神乐和宠物狗小白三个游戏角色,玩家还会体验与犬神的交战过程,以熟悉游戏的基本操作方式。其二是"雀"在森林中的死亡现场,犬神在晴明的帮助下追查真凶(即九命猫),玩家从中学会召唤式神的方法。继而,游戏会为玩家插叙一个名为"雀食奇谭"的小故事,讲述犬神与雀的渊源。

接下来的游戏主线会陆续导向"座敷童子"和"凤凰林"等一系列情节。在"座敷童子"中,晴明受黑白鬼使所托调查一位老妇人的不死之谜,原来是有过心理创伤的座敷童子为了维系母子之情,利用邪术来延续养母的生命,致使后者由人成魔。在故事最后,玩家不仅会打败妖怪,而且还会目睹老妇人与童子互诉母子情的场景。

由此,我们也可以发现《阴阳师》主线剧情的套路:晴明出于某种契机(如受人所托)接受任务—展开调查—发现真相并化解怨念。这亦是充满悬念的悬疑小说叙事,因此,玩家不仅能领略新奇的妖怪文化,还会得到侦探式的故事体验。

第二,《阴阳师》为玩家提供了精美的游戏景观。一般说来,以往的国产 3A 大作更偏好用技术强化视觉景观,例如《新天龙八部》使用梦工厂的 OpenVDB 超粒子特效技术塑造图像效果,其 Cyclone Ⅳ 引擎亦包括诗意模糊技术、20 层画面的景深计算技术及 ELE 色彩过滤技术。虽然《阴阳师》的图像符号也完美诠释了"和风"属性,但更注重对听觉景观的塑造,游戏配乐及声优部分均给玩家带来极大的惊喜。

就游戏声音设计而言,网易游戏邀请了日本著名电影配乐大师梅林茂为《阴阳师》创作了将近 50 首不同风格的配乐。从《花样年华》(2000 年)、《十面埋伏》(2004 年)、《满城尽带黄金甲》(2007 年)、《一代宗师》(2013 年)到《卧虎藏龙2》（2016年）和《罗曼蒂克消亡史》（2016年），除了这些中国观众耳熟能详的作品，电影版《阴阳师》（2001年）的配乐亦是出自梅林茂之手。他为游戏《阴阳师》编写的配乐主要采用日本平安时代的雅乐曲风。提及雅乐，它亦源自中国古代的唐乐，并加入古代朝鲜及越南的音乐因素，逐渐形成了和风。游戏中的雅乐曲风配合游戏里日式的庭院、角色装扮等视觉符号，为玩家呈现出平安时代的京都氛围。就连游戏中的战斗招式及点击音效，皆精雕细琢。

更重要的是，游戏设计中加入了阵容强大的日本声优团队。在大众文化粉丝中，有人因为偏爱俊美帅气的角色而自称为"颜控"，亦有人由于偏爱好听的声音自诩为"声控"。许多"声控粉"通常自发组成配音团体，不仅合作模仿著名声优的配音，而且还会改编或创作相关的声音作品。

游戏中加入真人配音已有先例，例如"行尸走肉"系列（Walking Dead），其中有些篇章的配音来自同名美剧演员团队。但《阴阳师》的配音演员堪称近来国产游戏的顶级配置。例如：安倍晴明的声优是杉山纪彰，配音作品有《火影忍者》《死神》等；神乐的声优是钉宫理惠，作品包括《女神异闻录》《银魂》《妖精的尾巴》等，涉猎游戏、电视、广播剧等多个领域；晴明的宠物伙伴小白则由赫赫有名的大谷育江配音，后者的代表作品有《名侦探柯南》《海贼王》《蜡笔小新》《精灵宝可梦》《犬夜叉》《火影忍者》等。此外，配音团队还包括铃木达央（饰源博雅）、泽城美雪（饰八百比丘尼和三尾狐）等。

这些声优的配音促使游戏角色形成了一种互文性的声音印记（sound mark）。加拿大作曲家罗伯特·默里·谢弗（Robert Murray Schafer）指出：

> （声音印记）相当于一个声音段落的片头曲（jingle），可能是某个职业富有特征的声音，或与我们紧密联系、给予感情投射及其附加象征价值的那些熟悉的声音："一扇旧门生锈的铰链发出的声音、一架老旧缝纫机的声音。"声音印记根本不是预先设定好的，而是通过某种方式创造出来的，比如一个声音被选定在编辑程序上被多次反复播放，与某个画面或者某一场景建立联系，也就是说声音印记在这里是被授予其需饰演或概括的象征性角色。[10]

换句话说，当某种图像符号和声音符号建立起联系，并且通过多次重复而实现自然化的时候，声音印记就得以形成，从而生产出独特的游戏角色。日本的声优是一个非常受欢迎的职业，优秀的声优拥有庞大的粉丝群，并不亚于影视剧明星。在《阴阳师》中，声优的声音首先会唤醒玩家对声优以往经典作品的印象。正是因为这些经典的作品，声优才会成为明星。当然，随着游戏时间的增长，游戏角色与配音之间会形成新的声音印记。这样的后果是，玩家带着对声优的期待视野进入游戏故事，并进而获得更大的听觉快感和游戏体验。

无论是梅林茂的游戏配乐，还是强大的配音团队，皆为玩家提供了一个感受精致声音景观的契机，从而极大地优化了玩家的游戏体验。正是在这一意义上，游戏界面会经常出现让玩家佩戴耳机的建议，以提醒玩家不要错过游戏中的音景。

第三，《阴阳师》的手游属性为玩家提供了碎片化的游戏体验。众所周知，移动端游戏往往自带强大的休闲游戏属性——与玩家的碎片时间产生关联，便是源于休闲游戏的三个属性。首先，它与硬核游戏不同，无须玩家使用过于专业的设备以及技能，此类游戏的受众也更为广泛。其次，休闲游戏往往搭载手机、平板电脑等移动设备，具有极高的便携性，加之近年来无线网络的普及，玩家可以随时随地进行游戏。最后，休闲游戏一般采用回合制，将每个任务控制在很短的时间中，短至几秒，长不过几分钟。

《阴阳师》没有选择搭载 PC 或游戏主机平台，而是主打手机平台，这不仅使得玩家群体能实现最大化，还因设备的便携性而让玩家能快捷地进入游戏。在这款游戏中，每节都是一个故事，人物对话片段及若干主线任务间歇进行。游戏中的人物对话被分割成为较小的单位，每隔几句就需要玩家点击屏幕才能继续下去，因此不会影响玩家了解故事的节奏。不仅如此，整个片头动画也只有 90 秒左右。至于游戏任务，以"森林调查"为例，一段对战仅需 1 分钟左右，每个回合中的招式选择和战斗过程加在一起仅需几秒钟。

第四,《阴阳师》为玩家提供了一个可以参与书写的游戏文本。这里所说的游戏文本并非硬编码内容。所谓硬编码内容(hard-coded content),是相对软编码内容而言,指游戏程序中不可改变的文字、音乐、图像等数据内容。[11]一般说来,国产游戏玩家往往遵循着游戏潜在的设定,能够改变的数据只是自己的分数和等级,抑或是在非线性场景中做出选择。然而,《阴阳师》为玩家提供了弹幕功能,这在国内尚属首次。

弹幕原本是网友在观看网络视频时发送的互动式图文展示,这些内容会在显示器屏幕上实时展示甚至保留下来。最为常见的是视频网站哔哩哔哩(以下简称 B 站),其用户发送的弹幕使用了一整套与日常生活语言极具差异的图文话语体系。《阴阳师》中的弹幕往往出现在故事性的动画片段中,这些片段有规律地分散在游戏任务的间隙,起到连接主线故事的作用。虽然它的弹幕功能没有 B 站成熟,但显然为玩家带来一种 B 站用户式的体验,可以边看过场动画边评论,也可以静静地观看他人发送的弹幕。这一发送及观看的行为促使玩家参与到游戏文本的书写中去,众多玩家也用各自的评论更新着游戏文本。

综上所述,《阴阳师》并不是一款简单的手机游戏,而是一款融合主流国产游戏类型的混杂游戏:其游戏剧情和游戏景观将游戏塑造成了便携版的"互动电影"。游戏类型融合的结果是,《阴阳师》在最大限度上满足着不群种类玩家的需求,从而吸引着各个群体的玩家。

调和众口:为玩家服务的国产游戏

为了提供更优质的游戏体验,游戏设计师都会强调游戏元素的特性,例如社交风格、动因、技巧等,亦强调升级等过程性因素、奖励、社交关系等内容。因此,设计团队会首先锚定用户群,并预设玩家会以何种方式参与到游戏中,这就指向了玩家需求。最为常见的玩家需求分类源自理查德·巴托(Richard Bartle),指向四类玩家:第一种是成就型玩家(achievers),其核心需求是满足成就欲望,以最大限度获取积分为核心目标;第二类是探索型玩家(explorers),以满足探索欲为需求,旨在最大限度了解游戏世界和游戏机制;第三类是社交型玩家(socialisers),他们的需求是满足社交欲望,其核心目标是通过角色扮演活动来实现与他人的交流互动;第四类是杀手型玩家(killers,或译为对抗型玩家),他们总有一种强人所难的冲动,想要挑战他人的极限,通常使用游戏道具与其他玩家进行竞技(在极少数情况下也会为他人提供帮助)。[12]

巴托把这四类玩家放置在一个平面中,来解释每种玩家在游戏中的行动模式偏好。如下图所示,横轴的两级强调"玩

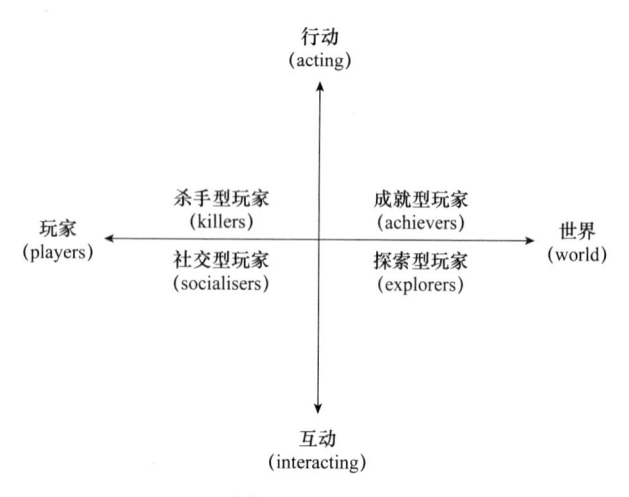

```
                    行动
                  (acting)
                     ↑
                     |
      杀手型玩家        成就型玩家
      (killers)       (achievers)
玩家 ←─────────────────────────────→ 世界
(players)                          (world)
      社交型玩家        探索型玩家
      (socialisers)    (explorers)
                     |
                     ↓
                    互动
                 (interacting)
```

理查德·巴托的玩家类型

家"和游戏"世界",纵轴的两级则分别强调行动(acting on)和互动(acting with,也就是interacting)。

如上文所述,游戏《阴阳师》几乎满足了以上所有类型玩家的需求。具体说来,游戏首先用充满悬念的剧情和丰富的副本世界满足了探索型玩家的诉求。探索欲的满足来自游戏中不断出现的惊喜。游戏主线由若干个解谜故事组成,玩家角色安倍晴明实际上像一个侦探,玩家负责抽丝剥茧并找出真相。不管是新出现的谜团,还是陆续登场的新鬼怪角色,抑或是疑团揭开后的真相,游戏都会揭晓一个或感动或心酸的故事,此乃惊喜之一。玩家每完成一个章节的任务,相应的副本世界就会随之揭开,玩家可以进入副本提高自身功力,此乃惊喜之二。此外，游戏中还会出现诸如"百鬼夜行"类的付费小游戏以及有关游戏角色的回忆视频，此乃惊喜之三。因此，该游戏对探索型玩家的吸引力可见一斑。

其次，游戏副本中难度逐渐递增的任务以及式神收集活动指向了成就型玩家。此类玩家以不断地在游戏世界中挑战自我为核心诉求，试图不断刷新自己在游戏中的分数和排名。《阴阳师》中主线任务通常都不会太难，其副本任务更容易满足成就欲。

例如，副本"御魂"中的任务根据游戏难度分为四个级别，每个级别又包括三次挑战。对有些玩家来说，在不借助道具升级的情况下，通过级别一并非难事，但级别二的三次挑战却力不从心，只能等玩家角色的各项参数升级后回来再战。

除了游戏副本，式神收集也会满足玩家的成就需求。《今昔物语集》曾出现过对"式神"的描写："家中无人时，晴明便使用式神。无人关窗，窗板会自动落下；无人关门，门会自动关闭。据说这样不可思议的事情有很多……时至今日，代代相传的土御门宅邸（即晴明的家宅）里依然有役使式神的声音出现。"[13]在电影《阴阳师》里，导演也强化了"式神"的重要性。例如源博雅初次拜访安倍晴明家时，发现晴明身边坐着好几位女子，但转眼间她们却突然消失，化为人形纸片。这些由纸人幻化的女子便是式神。再如由今井绘理子扮演的"蜜虫"，表面上是一直跟在晴明左右的少女，实则是可以随意变成蝴蝶的式神。在这两类式神中，后者比前者的法力更强。由此可见，式神也存在着等级差异。

在游戏《阴阳师》中，玩家会看到有两个纸人一直在安倍晴明的家打扫庭院，晴明打败的妖怪也有可能会成为晴明的式神。此外，玩家可以通过完成任务或付费换取卡片，再使用卡片抽取式神。式神按照稀有度等级从高到低分别为SSR、SR、R和N，其中SSR级式神包括茨木童子、酒吞童子、大天狗、青行灯、小鹿男、阎魔、两面佛、荒川之主、妖刀姬等。

这一游戏机制与之前风靡全球的游戏《口袋妖怪Go》中收集宠物类似。不同的是，《口袋妖怪》需要玩家移动至不同的场所收集小精灵，而《阴阳师》玩家需要付费去抽取式神。如此一来，式神的等级系统刺激了玩家的收集欲望，以至于社交媒体上出现了众多"求抽到SSR"以及"如何提高抽到SSR概率"之类的玩家交流帖。玩家之所以要一心求得SSR式神，是因为后者既可以用来炫耀展示，又可以帮助玩家角色提升团队技能，是成就型玩家的理想装备。

此外，游戏用PVP玩法满足了杀手型和社交型玩家的需求。PVP玩法通常出现在MMORPG游戏中，指玩家之间进行的游戏对抗。《阴阳师》的玩家达到6级后，便可以解锁"阴阳寮"功能，与其他玩家组成游戏公会。每个阴阳寮都可以创建属于自己的势力范围，并且可以与其他公会展开对战游戏，这一玩法可以直接解决杀手型玩家的痛点。

与此同时，社交型玩家的需求要依赖游戏中的弹幕系统和公会系统。如上文所述，弹幕让玩家能够在完成各自的游戏体验后进入一个开放的公共空间，进行实时互动，此处不做赘述。至于阴阳寮公会，玩家则可以任意加入心仪的公会。每个公会可以推举会长及副会长，形成一个有组织的线上游戏俱乐部，其会员之间还可以互相捐赠式神碎片，互通有无。以上两个系统成为该游戏满足玩家社交需求的关键所在。

可见，这款游戏既有出色的剧情，又有以声音为特色的游戏景观；玩家既可以通过单机游戏体验主线任务，又可以通过副本挑战自己的极限，还可以组队与其他公会在游戏中交战；玩家不仅能体验到传统游戏中的互动快感，而且还能在战斗间隙参与到弹幕活动中。因此，这是一款考虑到各类玩家偏好的"贴心之作"，所以才能迅速引发如此之大的反响。

就早期《阴阳师》而言，在一个重盈利轻文化的产业里，《阴阳师》的世界观扎根于中国古文化，亚洲文化的同源性促使亚洲玩家都能对游戏故事产生共鸣，这种期待视野兼具民族和异域两种特性。在一个注重感官修辞的时代，《阴阳师》从听觉角度突围而出，在精美的视觉符号之外强化了听觉景观的塑造。在一个游戏设计极度同质化的时代，《阴阳师》为玩家呈现了多样的游戏机制和丰富的游戏任务，并与剧情及视听符号结合得恰到好处，促使整个游戏能够在最大限度上满足不同类型玩家的游戏需求。唯有如此，才能将国产游戏提升至新媒体"艺术"的行列，推出更多叫好又叫座的游戏作品。对于暂时取得成功的《阴阳师》设计运营团队来说，也唯有从以上方面不断完善，才能提供更好的游戏体验，维持游戏的口碑。

《王者荣耀》：
网络竞技与消费逻辑

2017年7月5日，腾讯的股票突然"蒸发"1100亿港元，相当于40家A股创业公司市值，而"罪魁祸首"是该公司的明星游戏产品《王者荣耀》。自2015年11月公测以来，这款出自国产游戏大厂的作品就备受业内及玩家的关注。后来，家长、老师、研究者以及各级媒体更是就这款游戏展开了一场空前的讨论，不仅让这款游戏本身成为焦点，还把电子游戏这一媒介史无前例地推送到更多人的视野中。

架空历史化的竞技场

就游戏的世界观而言，《王者荣耀》塑造了一个去历史化的符号系统。在游戏地图上，不仅太古神话、春秋战国、秦汉、三国、唐朝等不同时期被并置在一起，而且还添加了扶桑、西域和欧洲等地区，用重构时空的方式构建了犹如世界地图般的"王者大陆"。与之相应，玩家角色也与地图存在着互文关系：既有李白、孙膑等历史人物，也有来自上古神话的哪吒、杨戬、后羿等；有的源于当代影视剧、游戏等大众文化产品，如李元芳、不知火舞，还有一部分角色是游戏团队虚构的产物，如鲁班七号、铠等。游戏共有100多个服务区，其命名也是天马行空，如"摇滚巨星""庄子化蝶""真爱至上""蝴蝶梦""合金装备"，甚至还有一个区名为"阴阳师"。通过这些符号的混杂重组，游戏为玩家塑造了一个"魔圈"，它既是一个虚构的世界，又与玩家的现实生活存在着不同程度的联系。

从游戏机制上看，《王者荣耀》是一款典型的MOBA游戏，强调"多人网络在线游戏"和"团队实时作战"，以摧毁敌方总部为终极目标。若玩家在战斗中牺牲，可返回总部原地满血复活，并迅速再次投入战斗，直至决出胜负，如下图所示：

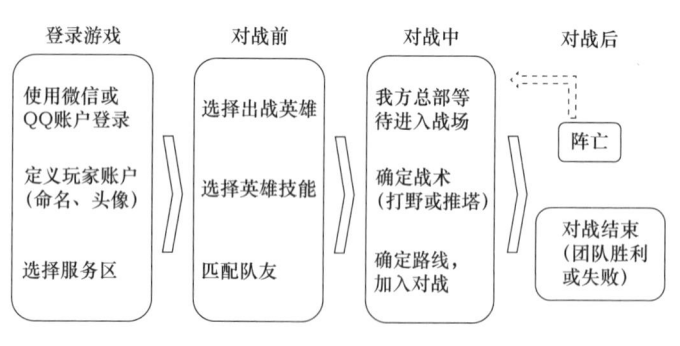

登录游戏	对战前	对战中	对战后
使用微信或QQ账户登录 定义玩家账户（命名、头像） 选择服务区	选择出战英雄 选择英雄技能 匹配队友	我方总部等待进入战场 确定战术（打野或推塔） 确定路线，加入对战	阵亡 对战结束（团队胜利或失败）

《王者荣耀》的游戏机制

MOBA游戏最早可以追溯到1989年的《雷霆双雄》（*Herzog Zwei*）。其中，玩家以第三人称视角控制一款可变形的战斗机，运用策略攻打敌方阵地，并适时降落在基地为飞机补充给养。此外，玩家还可以购买更多战斗器械，一旦当前的机器被摧毁，可返回基地获取新设备。可见，该游戏已经具备了MOBA的基本元素。1998年，美国艺电（Electronic Arts）发行的第三人称射击游戏《未来战警之洛杉矶篇》（*Future Cop: LAPD*）与《雷霆双雄》类似，但增加了自由对战模式，供玩家与游戏的NPC展开自由战斗。

MOBA游戏的经典地图要归功于暴雪游戏玩家。1998年，暴雪娱乐（Blizzard Entertainment）发行新作《星际争霸》，同时还推出了"星际修改器"（Star Edit），以供玩家自主设计游戏地图。其中，名为"Aeon64"的玩家设计了一款包含三条战斗路径的地图，名为"永恒冲突"（Aeon of Strife），这便是MOBA游戏地图的雏形。后来，玩家"Eul"将"永恒冲突"修改并移植到《魔兽世界》中，将其命名为《守护遗迹》（*Defense of the Ancients*，简称为DotA）。经过美国游戏设计师菲克（Steve Feak，游戏昵称为"Guinsoo"）的进一步完善，该地图成为MOBA游戏的主要布局形式。

如下图所示，游戏地图包括上、中、下三路，分别通往双方战队的总部。每条路径上设置了相应数量的防御塔和系统自动生成的卫兵，以保护己方总部的安全。玩家的任务就是要和队友一起杀敌推塔，最终摧毁对方总部，即遗迹

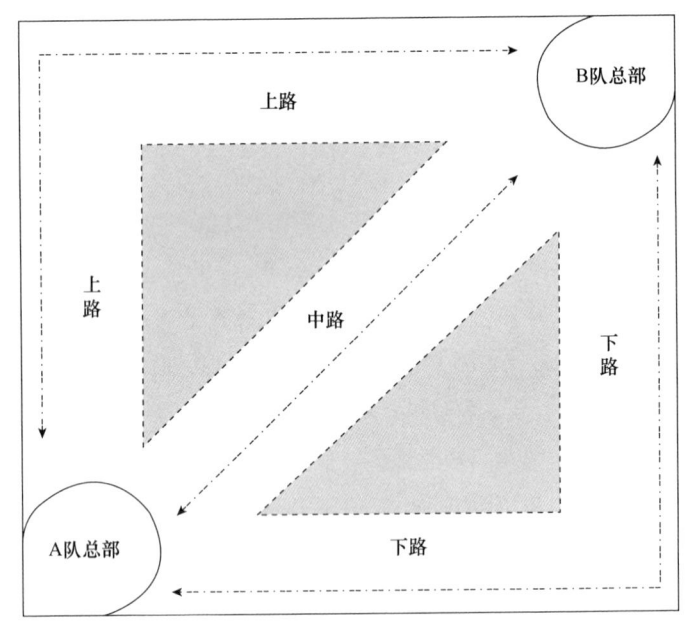

典型的MOBA游戏地图

（Ancient）。

2009年，菲克为拳头游戏设计了《英雄联盟》，搭载个人电脑平台，将此类游戏正式命名为MOBA，并为其构建了成熟的世界观和玩法系统。

首先，《英雄联盟》为玩家虚构了名为"瓦罗兰大陆"（Valoran）的幻想空间，包括追求善良与正义的"德玛西亚"（Demacia）、崇尚权力及种族主义的"诺克萨斯"（Noxus）、在北部极寒之地独然而居的"弗雷尔卓德"（Freijord）等城邦。

其次，在游戏中，玩家角色被命名为"召唤师"（summoner），需要控制某位"英雄"（champion）与队友合作攻陷敌方的"基地"（nexus），也就是总部。开局时，英雄的技能都相对薄弱，其法术和战斗力在战斗中可不断提升。

最后，《英雄联盟》还推出了"5V5模式"（即两组对战，每组5人）、"3V3模式"、"6V6模式"、"克隆大作战"（同组队友使用相同的英雄角色）、排位赛等多种玩法，战场地图也随之变化。

《英雄联盟》与《王者荣耀》

	英雄联盟	王者荣耀
游戏大陆	瓦罗兰大陆：包括战争学院（天才聚集地）、巨神峰（信仰与理想之地）、暗影岛（阴暗孤岛）、弗雷尔卓德（寒冷的永冻苔原）等	王者大陆：包括稷下学院（贤者聚集地）、勇士之地（旧神信仰与理想乡）、血族巢穴（阴暗孤岛）、极北之地（寒冷的冰雪地带）等
英雄分类	战士、法师、刺客坦克、射手、辅助	战士、法师、刺客坦克、射手、辅助
召唤师技能	惩戒、幽灵疾步、治疗术、屏障、净化、清晰术、虚弱、闪现等	惩击、疾跑、治疗术、干扰、晕眩、净化、弱化、闪现等
召唤师能力强化系统	符文系统：包括蓝、绿、红、紫四种颜色共30个槽位。符文有攻击、生命、防御、吸血、攻速、暴击、穿透等类型	铭文系统：包括蓝、绿、红三种颜色共30个槽位。铭文有攻击、生命、防御、吸血、攻速、暴击、穿透等类型

续表

	英雄联盟	王者荣耀
游戏玩法	排位赛、5V5经典对战、3V3对战、1V1对战、克隆大作战等	排位赛、5V5经典对战、3V3对战、1V1对战、克隆大作战等
游戏设备	电脑	手机

《王者荣耀》也沿袭了这种世界观和游戏机制，但把游戏平台从电脑转变为手机，把MOBA游戏从硬核游戏转变为休闲游戏。游戏学者贾斯珀·鲁尔在其著作《休闲革命》中详细讨论过这一类型。他表示，在1998年计算机游戏开发大会上，游戏设计师斯考特·金（Scott Kim）曾将游戏划分为以下两类：

> 许多电子游戏都是为游戏爱好者设计的。《古墓丽影》、《雷神之锤》（Quake）和《黑暗力量》（Dark Forces）……都是针对年轻男性玩家的史诗型对战游戏，这些玩家愿意花费几十个小时来提升复杂的战斗技能。每年，这类游戏都变得更大，技术也更繁复。我把这种游戏称作"重度玩家游戏"。
>
> 另一类游戏在游戏界异军突起。诸如《神秘岛》（Myst）、《大富翁》（Monopoly）和《乐高海岛》（Lego Island）一类的游戏——这三款游戏也是1997年最受欢迎的电脑游戏——吸引了更多各个年龄段的男性和女性

玩家，他们需要的是容易上手的家庭游戏。这些游戏往往使用简单的技术，其年销售量也很稳定。我将这类受众更广的游戏称为"轻度玩家游戏"。[1]

显然，轻度玩家游戏也就是休闲游戏，此类游戏在很大程度上拓展了玩家群体，大大提升了玩家人数。鲁尔指出，玩家之所以追捧休闲游戏，其原因有三。其一，第一代的电子游戏玩家已经步入中年（平均年龄40多岁），他们玩游戏的时间没有以前那么多，迫切需要适合这个人群的游戏。其二，我们生活的世界已经进入一个高度工业化的时代，个人电脑以及相关的智能电子设备变得普及。在这一境况下，不仅每个人拥有多于一台智能电子设备，甚至更多的老年人和幼儿也更加依赖此类电子产品。对于第二类人群来说，休闲游戏容易上手，娱乐性强，因而广受欢迎。其三，与重度游戏相比，休闲游戏的开发成本更低，玩家通关时间更短。当前，游戏开发的预算较四十年前增加了一倍多。同时，许多玩家都没有耐心把整个硬核游戏打通关。以《半条命2：第一章》（*Half-Life 2: Episode One*，2006）为例，通关游戏玩家只占40%~50%。[2] 因此，玩家需求和游戏产业的变化共同促成了休闲游戏的流行。

在《王者荣耀》发行之前，MOBA游戏已经有了坚实的用户基础。作为一款手机版游戏，《王者荣耀》比之前搭载电脑的同类作品要轻巧便携，玩家能够随时随地开始游戏，堪称碎片时间伴侣。不仅如此,《王者荣耀》的操作也更简单,大大降低了对玩家游戏技能的要求。因此,《王者荣耀》在短时间内就吸引了来自各个年龄层的玩家。

消费至上与数字劳工

理查德·巴托曾将玩家分为四类,分别是成就型、探索型、社交型和杀手型。[①] 从表面上看,《王者荣耀》以微信及QQ用户群为基础,玩家既能与现实生活中的朋友组队游戏,还可以通过语音或文字强化游戏世界中的社交。因此,该游戏的玩家似乎是"社交型"。然而实际上,MOBA游戏的用户是名副其实的"杀手型"和"成就型"玩家。首先,《王者荣耀》的游戏机制是利用策略获取对战胜利,旨在尽快打败对手,这是典型的"杀手型"玩家特征。对战中的系统语音台词更是能清楚地表明这一点:

> 欢迎来到王者荣耀,敌军还有10秒(或5秒)到达战场,请做好准备。
> 敌军还有5秒到达战场。
> 敌军还有3秒到达战场,全军出击!

---

① 有关玩家类型的详细论述,见本书《〈阴阳师〉:国产游戏的突围》一文。

准备迎战!
First blood!（第一滴血）
Double kill!（双杀）
Triple kill!（三连杀）
Quatre kill!（四连杀）
Rampage!（暴击,五连杀）
Killing spree!（狂杀）
Unstoppable!（势不可当）
Legendary!（天下无双）
稳住,我们能赢。
撤退。
回防高地。
集合,准备团战。
干得漂亮。[3]

按照巴托的论述,杀手型玩家的语言模式总是言简意赅,口头禅为"哈"(Ha)、"懦夫"(coward)、"去死"(die)等。回顾《王者荣耀》,其系统台词非常简短,不仅多次出现"kill"(杀)、"战"等词,而且都是鼓舞士气或对战士行为做出评价的简短语句。这些语音配合恢宏雄壮的背景音乐,把玩家塑造成了热血战场上的杀手型玩家。

此外,《王者荣耀》还会用多种方式将玩家编码至排行榜中,刺激玩家的成就欲望。其一,玩家可以通过"天梯排行榜"查询荣誉称号、角色等级以及在好友中的排名,还可查看自己在整个服务区中的排名情况。其二,游戏为玩家提供了多个成就勋章,将勋章的收集活动与成就系统结合起来,其排名亦出现在游戏界面中。其三,玩家即便退出游戏,也会在微信或QQ中收到相关的排名信息以及好友的游戏成就。因此,整个评价和游戏分享体系将玩家塑造为成就型玩家。

更值得关注的是,在MOBA游戏中,玩家要花费大量时间完成重复性任务。在每局对战中,玩家都要反复战斗,即便身亡,也要在复活后立即投入到战斗中,直至分出胜负。换句话说,玩家主要体验的游戏机制是虚线部分(见170页图示),是一种时间上的消费。只有投入更多时间,玩家的技能及获胜率才能优于其他玩家,继而在此类游戏中获得最佳体验,否则只能悻悻然放弃游戏。即便如此,玩家有可能面临败多胜少或屡战屡败的风险,其原因包括自身战斗能力及游戏装备不足、所参与团队合作效率低等。作为更主要的获胜因素,自身战斗能力包括玩家拥有的游戏角色是否具有高阶的攻击力、生命值、武器等。如果在战斗中投入更多的时间,玩家便能随机获取一定数量的游戏金币或点券,以购买新的游戏角色及装备。

波德里亚(Jean Baudrillard)曾讨论过"劳动时间"与"自由时间"。前者是现代社会的产物,用于出卖和转让,天然带有"不自由"的标签;后者则指向休闲,将"时间"变成可供个人支配的私有财产,似乎是"自由"的象征。然而,波德里亚犀利地指出消费社会的一个重要倾向,即"自由时间"以直接或间接的方式被"购买"及"消费"。在 MOBA 游戏中,玩家的自由时间成为一种"可盈利的资本",亦是一种"潜在的生产力"。换句话说,玩家在游戏中投入时间休闲娱乐,实际上只是帮助游戏公司维持了产品的 DAU(日活跃用户量),这是网络游戏得以吸引玩家的重要元素。因此,从某种程度上说,在需要投入大量时间的游戏中,玩家通过耗费时间将资本转化为利润,而获益的一方永远是游戏公司。

这样的结果是,在消费链条中,即便是不花钱充值的玩家也不幸化身成为"数字劳工"(digital labour)。福克斯(Christian Fuchs)认为,网络平台的资本积累是以剥削用户的免费劳动为基础的,这是因为博客、社交媒体等网络社区的用户参与了内容生产与传播,而这些活动却成为网络平台获取利润的重要来源。与网络平台相反,其用户所做的只是义务劳动罢了。显而易见,MOBA 游戏也是这样一种平台。在以消费为导向的网游世界中,玩家投入的金钱和时间与其等级成正比。越是运营时间长的网游,其游戏中的科层制越坚不可摧。然而,在网络游戏这个消费大坑面前,玩家们都是要付出成本的,要么是金钱,要么是时间。

就 MOBA 游戏而言,它们不断地向玩家许诺英雄梦和快感,但却持续地制造着幻象和谎言,用重复的对战消耗玩家的碎片时间,甚至入侵他们的整块时间,这恰恰是文化工业产品的显著特性。在讨论文化工业时,霍克海默和阿多诺认为，人们追求娱乐是为了逃离机械化劳动，以便再次精神饱满地投入到劳动中去；但同时，机械化生产也对娱乐商品产生巨大影响，将后者变成一种引发虚假经验的媒介。显然，有些游戏评论印证了文化工业的部分效果，即从玩家的角度肯定MOBA游戏所塑造的幻象，很多"瘾派"支持者也对其持过度乐观态度。然而，批判式解读却更关注游戏的商品维度，强调作为文化工业产品的MOBA游戏如何消解"劳动"与"休闲"之间的界限。

瘾与戒瘾对青少年的双重盘剥

一旦MOBA成为休闲游戏，就会吸引大量硬核玩家以外的群体，也会不可避免地吸引青少年。《王者荣耀》之所以引发社会各界的持续讨论，正是因为在游戏发行初期，玩家中有不少未成年人。简言之，争议主要集中在两个方面：历史错位和过度游戏。

首先，大部分游戏是合理地使用符号来构建游戏世界，亦不乏原创元素。有人也许会说，《风暴英雄》（*Heroes of the Storm*，2015— ）中的游戏角色以及《英雄联盟》中的"孙悟空"，都是让英雄跨时空交锋的案例，足以证明游戏设计无须考虑历史。然而实际上，《风暴英雄》的角色虽来自《魔兽世界》、"暗黑破坏神"系列（Diablo）、"星际争霸"

系列和《守望先锋》（Overwatch，2016— ）等暴雪游戏，但这些角色原本都是虚构而来，并无真实的历史人名出现。也就是说，《风暴英雄》中虽然有加兹鲁维（Gazlowe）、维拉（Valla）、猎空（Tracer）等虚构人物，但却没有出现古希腊哲学家柏拉图、英国诗人华兹华斯、美国总统华盛顿等历史人物。尤其是《守望先锋》，其角色外形、声音、背景故事及游戏世界观皆为精心原创，其中的"猎空"更是极为少见的酷儿角色。至于《英雄联盟》增加新角色"孙悟空"，此事发生在腾讯收购拳头游戏之后，与《王者荣耀》海外版中增加蝙蝠侠等DC漫画英雄的做法异曲同工，皆为同一家公司的设计模式。因此，这两个案例都不能证明游戏世界可以完全不顾及历史元素。

《王者荣耀》的问题在于，游戏的确机械地挪用了历史符号，使得游戏角色与历史产生了不必要的互文关系，游戏角色的能指与所指之间存在着令人尴尬的错位。在游戏登录界面中，身着比基尼的性感"钟无艳"坐在游艇上晒太阳，举着救生圈的萌妹"小乔"正跃入水中，身背长剑的"夏侯惇"正在冲浪。此外，玩家能用孙悟空大战孙膑，也能用貂蝉对抗成吉思汗，还能用后羿来吊打项羽。

这样的后果是，游戏符号不可避免地让玩家想起常识中的人物形象，难以接受这种背离中国历史文化的互文性。最极端的案例是游戏《鲁迅群侠传》，玩家扮演闰土等鲁迅小说中的人物，任务是"打僵尸"。每次打完僵尸，玩家会获得游戏纸币作为奖励,并可用游戏币购买更多战士加入战斗。想必很少有人觉得这款游戏是在向鲁迅致敬。虽然《王者荣耀》没有那么离谱,但从某种程度上说,其世界观的设计理念却非常类似。实际上,设计团队完全可以使用虚构的形式来为游戏角色命名,以此来消除大众的误解和争议。

至于过度游戏,如上文所述,MOBA游戏本身就是以时间消费为导向的,而《王者荣耀》的休闲游戏属性进一步让这类游戏变得简单便携,从而吸引玩家将更多时间投入其中。成年玩家都会面临这种过度游戏的烦恼,更不用说青少年了。毕竟,对他们来说,电子游戏只是他们社交和娱乐的方式之一,不应该成为个人生活的全部。

需要注意的是,虽然《王者荣耀》不是青少年的最佳选择,但如果因此把电子游戏视作洪水猛兽,也并不明智。实际上,游戏的元素一直存在于人类的历史和文明中,并且渗透至我们生活中的各个角落。不管是传统游戏,还是电子游戏,它们都会为不同群体的玩家带来快感,这与读书、听音乐、做运动获得的快感没有本质差别。可以说,"网瘾"只是福柯意义上的一套话语,使得电子游戏这一媒介被持续地误解。

公众对于"网瘾"的解释主要来自专家话语。这个词最早是用来描述过度沉迷于互联网的行为,而并非游戏。1998年,《粤港信息报》刊登了《上网谨防"网瘾"病》一文,列举了一系列依赖网络的行为,例如频繁查看电子邮件、过度参与网络社区讨论等。作者当时还指出,美国心理学会已经将"网瘾"正式列入心理疾病的范畴。各领域的专家话语导致网瘾治疗机构应运而生。1999年,《上海译报》报道了世界首家网瘾治疗所在荷兰成立的消息。据机构负责人介绍,该治疗所原本是戒毒所,主张使用治疗毒瘾的方法治疗网瘾。2004年,《武汉晚报》刊登了一则热线电话内容。在电话中,一位母亲说,女儿由于沉迷网络游戏,不仅成绩下滑,而且还与家人的关系愈发冷漠,因此来热线求助。在此,网瘾与电子游戏联系起来。两年后,杨永信创办了临沂市第四人民医院网络成瘾治疗中心,使用电击方式治疗"网瘾"。2007年,刘明银以杨永信为主人公拍摄的纪录片《战网魔》在央视播放,对后者的做法持赞同态度。由此可见,"网瘾"经历了从定义,到临床治疗,最后再到媒体宣传的过程,被各方共同构建为一个话语体系。

令人庆幸的是,有关"网瘾"的话语并不是单向度的。2017年年初,网名为"猫耳朵"的橙光用户推出了一款名为《篱笆庄秘闻》的游戏,从玩家角度来反驳社会对"网瘾"的污名化,引发了社会的极大关注。在游戏中,玩家以一个女孩儿的视角,体验网戒所的生活。最值得大众反思的是,女孩儿在成长中的情感需求被家长忽略了,变得愈发叛逆。然而,家长非但没有给予孩子足够的关爱和沟通,反而将其骗到了网瘾治疗所。游戏中的网戒所显然是直指杨永信的电击疗法。如果反抗,玩家会不断地受到电击,直到达成彻底的服从。从游戏中,我们可以发现"网瘾"话语是如何被构建的。面对未成年玩家，有家长的冷漠，有网吧老板的不作为，有所谓"专家"的误导，还有一些媒体的推波助澜。这样的结果是，各方为青少年玩家建起了一堵难以逾越的墙。

由此可见，《王者荣耀》引发的争议并不仅仅是一场昙花一现的大众狂欢，其喧嚣背后隐藏着青少年玩家面临的尴尬境遇。一方面，游戏生产者在将利益最大化的同时，并没有及时关照青少年这一特殊群体的需求。游戏上市初期，"小学生队友"往往是被拿来调侃的对象，鲜少有人预见到游戏可能对青少年造成的影响，而相关的案例在游戏直播中已见端倪。另一方面，社会舆论中又有人趁机将MOBA引发的问题拓展至所有电子游戏，将电子游戏污名化，用"网瘾"来解释青少年可能遭遇的所有问题。

实际上，这两种方式都是对青少年群体的盘剥。前者让未成年玩家成为游戏中的数字劳工。面对这个虚拟竞技场，青少年玩家鲜少有多余的时间和资金，因此处于整个游戏金字塔的最底层，不仅是成年玩家吊打的对象，而且是游戏公司剥削的对象。

与此同时，网瘾话语让青少年永远不可能摆脱玩物丧志的标记，无法获得玩游戏的合法性。如此一来，未成年人与家长及学校很有可能会形成一种对峙的状态：学生偷偷地玩，并且容易引发无节制的游戏体验；而教师和家长对此毫不知情或一味批判。

只有摆脱这两种枷锁，青少年玩家才能真正地享受到游戏带来的乐趣。这首先要求家长关注未成年玩家的游戏内容以及游戏习惯，陪孩子一起有节制地体验游戏。此外，游戏企业确实要承担起足够的社会责任，不仅是限制未成年人的游戏时间，而且还需要探索适合青少年的游戏机制，充分挖掘游戏的媒介潜力，发挥游戏的教育功能，营造一个良好的游戏生态。

《新天龙八部》：
游戏大片中的旅行

在《万万没想到 第二季》"勇者的游戏"一集中，男主角王大锤试图帮助小美把游戏《馄饨世界》打通关，以此赢得女孩儿的芳心。游戏讲述人类与魔族的战争，玩家的任务是对抗魔族入侵，成为人类的救世主。

登录游戏后，王大锤来到了"新手村"。一般来说，新手引导是整个游戏中最为简单的部分，旨在通过一系列手把手的"教学式"任务来让玩家熟悉游戏的操作。然而，当王大锤到NPC"村长"那里领取新手任务时，村长则上演了一场"图穷匕见"的戏码：一边给王大锤打开卷起来的游戏地图，一边提醒他"这个世界处处隐藏着危险"，却突然一刀将玩家角色刺死了。伴着村长的狂笑声，游戏界面背景变为黑白色，中间有两行红色大字："胜败乃兵家常事，大侠请重新来过。"

王大锤只好吸取教训，再次尝试，却又被村长用火箭筒炮轰致死。无奈的大锤在第三次登录游戏后马上杀死了村长，才得以进入第一个关卡，其任务是将村长的遗书送到森林中的女儿那里。出人意料的是，村长的女儿居然是一只黑猩猩。之后，玩家先是被黑猩猩轻轻一碰就死了，之后又中了毒雾，明明解毒草就近在眼前,却在走过去的瞬间就中毒身亡了。雪上加霜的是,游戏没有给玩家选择的机会,就删档重来了,等王大锤再次登录游戏进入新手村的那一刻,就马上又被村长拿刀刺死了。

一心想要通关但却饱受挫折的王大锤看着屏幕,果断选择了为游戏充值。万万没想到,此次进入新手村的王大锤身披黄金铠甲、手拿神器,跳过了前面的任务直接见到最后的对手。魔族头领发出开战宣言,与此同时,王大锤发现之前处处为难自己的NPC都在旁边给自己加油,村长已经帮王大锤除掉了前面的妖怪,就连村长的女儿也变成了一位美丽的少女。然而就当魔王和王大锤各自运功准备决战时,魔王却自杀了。

面对王大锤的质疑,魔王起身表示,如果对自己的死法不满意,可以继续充值体验:充值500,可以骑在魔王脖子上把他杀死;充值1000,可用F22战机把魔王炸成碎片;充值2000,赠送将魔王的头颅示众三天。由此,这个故事以戏谑的方式告诉玩家一个道理:"人民币玩家"的待遇果然不一样。[1] 实际上,许多国产MMORPG玩家都能对王大锤的游戏体验感同身受。

接下来,我们以国产MMORPG《新天龙八部》为个案,谈论这类游戏是如何通过技术景观与武侠景观将游戏世界塑造成景观式的游戏大片和游戏景区的。其中,玩家角色成为游戏世界中的"旅行者",暂时性地逃离了日常生活,沉浸在消费逻辑主导的游戏奇观中。

《新天龙八部》与游戏大片

MMORPG融合了角色扮演游戏及多人在线游戏的元素,能实现多个玩家在游戏世界中的实时互动,强调多人合作完成任务,具有很强的社交功能。作为一个群体,MMORPG游戏玩家不仅发展出了一套独特的游戏术语,而且还形成了虚拟世界中的社交惯例、经济模式与社区价值观。[2]《魔兽世界》是全球范围内都颇受欢迎的MMORPG游戏,其用户在2009年至2010年曾多达1200万人。比较受欢迎的国产大型多人在线角色扮演游戏有《新天龙八部》(2013年至今)、《梦幻西游2》(2013年至今)、《征途》(2006年至今)、《新大话西游2》(2012年至今)等。

简言之,MMORPG是典型的"游戏大片"。"大片"(blockbuster)是电影学术语,指消耗大量资金,强调用炫目的明星、场景、服装和技术特效来吸引观众的影片。所谓"游戏大片",是指制作团队投入高成本来制作令玩家震撼的视听效果和互动体验,为玩家呈现宏大的游戏世界和游戏叙事。

从名词的角度看,《新天龙八部》用3D引擎Cyclone Ⅳ及雄浑壮阔的音景为玩家呈现出了技术景观。通过"诗意模糊技术",系统有选择地对部分景物添加动态模糊效果,辅之以高清背景，从而营造出一种朦胧感。该引擎还提供了20层画面渲染的景深计算技术，让画面更精致立体，从而让玩家能体验到游戏世界内景物的远近虚实变化。通过ELE色彩过滤技术，游戏画面更为"灵魅清雅"，避免玩家由于色彩重复而造成审美疲劳。《新天龙八部》制作团队依据人体工程学，进行了1.5万次人眼测试，最终才呈现出游戏中的画面效果。"实时天象演算技术"能真实模拟现实中的天气变化，甚至连彩虹等细节也被考虑进去。不仅如此，游戏世界中相邻城市之间的天气也互相影响。天气的变化则会实时影响玩家的视野范围。通过"实时天象演算技术"，玩家不仅可以看到白昼与黑夜的轮转，而且还能体验春夏秋冬四季的变化。[3]

作为游戏的视觉特色之一，《新天龙八部》还采用了OpenVDB超粒子特效技术来表现游戏画面的细节。这项技术由梦工厂动画公司（DreamWorks Animation）中的技术团队合作开发，曾被用于制作电影《穿靴子的猫》（*Puss in Boots*, 2011）、《马达加斯加3：欧洲大围捕》（*Madagascar 3: Europe's Most Wanted*, 2012）和《守护者联盟》（*Rise of the Guardian*, 2012）。[4] 例如《守护者联盟》中不能说话的沙人，这一角色的很多特效都来自OpenVDB技术。[5] 借助这一技术，游戏展现了卓越的角色技能，"每一个技能都由多个面组成，呈现出……一个拥有质感和层次变化的立体形态"[6]。

从配乐来看，玩家每次进入游戏，都会听到循环播放的主题曲《我为至尊》。这首歌出自国内知名游戏音乐制作公司小旭音乐,其作品包括《笑傲江湖》主题曲《笑傲江湖路》《古剑奇谭》主题曲《古剑青云》以及"天龙八部"系列多首主题曲。《天龙八部》以往的游戏主题曲通常强调侠客气势,由男歌手演唱。如《只为兄弟而战》的编曲,将钢琴、箫、古筝、电吉他、架子鼓等乐器和战争音效融为一体,唱九万里烽烟中的雁门关,纵使关外百万敌军,仍毅然扬沙策马杀敌,为扬正气与兄弟浴血奋战。《新天龙八部》的主题曲《我为至尊》延续了以往的曲风和情怀,但其豪情更上一层。回忆中的温衾、热酒与月光及寒风中响起的号角声形成了鲜明的对比,主角离乡策马向北,准备以热血战沙场。这首歌不仅歌词恢宏大气,而且曲调雄浑壮阔。歌曲中间,还有一男声大喊"以我热血,为你封疆",瞬间能够点燃玩家的豪情壮志,使其迫不及待进入游戏中披甲血战,为成为至尊而尽力一搏。

此外,游戏《新天龙八部》还以小说为蓝本,为玩家呈现了丰富的武侠景观。第一,游戏忠实于金庸小说,基本重现了《天龙八部》中的武侠世界。游戏任务、游戏世界、玩家技能等皆依据小说命名,而且还推出了具有特色的"心法""经脉""武林秘籍"及"轻功"等系统。

第二,"新天龙"为玩家提供了多种游戏玩法。除了单独完成任务,玩家还可以通过与好友、夫妻、师徒、帮派等形式组队,共同体验游戏乐趣;不仅可以完成游戏世界的主线任务,还可以选择进入"天荒古境王陵"的副本。玩家之间的对抗模式也较为多样，包括和平模式、善恶模式、个人混战、队伍混战、帮会同盟混战、团队混战等。

第三，《新天龙八部》为玩家提供了一个可以"私人定制"的游戏角色系统，即游戏中的"外形"菜单中包括了不同外貌的游戏角色，使玩家几乎可以任意改变游戏角色的高矮胖瘦等外形特征。仅就女性角色而言，玩家可以根据发型、脸型、衣着及门派组合成297种角色。即便是以上参数皆相同的玩家，至少角色名称是不一样的。

第四，游戏还为玩家提供了一个复杂的虚拟社交系统。《新天龙八部》为玩家提供了帮会、夫妻、好友、师徒等社会属性，鼓励陌生玩家之间的社交活动。MMOPRG并不是一个封闭的个人游戏世界，而是强调不同玩家之间的合作和对抗，所以此类游戏比单机游戏更吸引人。

个性定制的游戏角色兼顾个人属性和社会属性，既跳脱出现实生活的限制，让玩家能够具有充分改写真实身份的权利，又让虚拟世界因为高度模拟了现实生活而变得颇具吸引力。如此一来，《新天龙八部》为玩家构建了一个充满游戏景观的游戏大片，也为玩家提供了可以旅行的虚拟空间。

游客化的玩家

在现代语境中，旅游行为源于普通日常生活与非凡的旅游体验这组二元对立,相应地,游戏体验包括日常生活所没有的新奇快感。就像社会学家约翰·尤里所说的那样,旅游指人们"暂时切断日常生活中形成的惯常做法,并利用一系列与日常生活琐事相反的刺激物来获得全新的感知体验"[7]。游客凝视(tourist gaze)则促成游客与他者之间的相遇,让人产生一种能力感和快感兼具的复杂的幻觉。通过为玩家塑造宏大的游戏景观,《新天龙八部》将游戏世界打造成为一个游戏景区,带给玩家一种与游客体验类似的快感,呈现出一个不同于日常生活的虚拟世界。

之所以说《新天龙八部》的玩家是游客,首先是因为玩家在游戏中获得了一种"到此一游"的旅行体验。对于玩家来说,一旦开始游戏,便遵循着"查看任务卡—抵达做任务处—完成任务—得到奖励"的游戏模式。在此过程中,玩家只需要轻点鼠标,便可以完成所有操作。

以敦煌城中的"深入敌营"任务为例,玩家有两个任务,一是用自己背包里的衣服乔装,另一个是找到NPC"奚三祁"并与其对话。值得注意的是,为了能让玩家一目了然地了解任务,游戏任务文字使用了五种颜色,其中"西夏士兵"和"奚三祁"用粉色标记,"背包任务栏"和"西夏军营"用绿色标记,用蓝色标记的是代表奚三祁位置的一组数字。这一设计就像是旅游指南或是旅游景区的指示一样,发挥着快速准确传达信息以指导游客的作用。

此外,MMORPG一般都为玩家提供了成熟的地图定位系统。玩家无须自己东跑西跑寻找NPC，只要将鼠标移动到任务栏中NPC名称后的那组数字上，轻点鼠标，游戏系统便开启自动寻路模式。玩家需要做的，就是安静地等待自己的角色到达目的地即可。此时的玩家就像一个旅行者，乘坐交通工具就能抵达目的地。

更为重要的是，玩家无须超额完成游戏主线中的任务。也就是说，如果任务规定要杀死5只土狼，玩家即便多杀一只，也不会增加多余的经验。因此，从某种程度上说，玩家完成任务的整个过程就是一种"到此一游"的体验：便捷地阅读任务，快速"穿越"到游戏地点，尽快完成任务，最后获得奖励。

迪恩·麦克卡耐尔（Dean MacCannell）将游客理解为一种多重关系，即"游客/景色/景区纪念品"（tourist/sight/marker）[8]。其中，游客既是休闲参观并获得陌生空间体验的旅行者，又是构建旅游景点人文风景的部分主体，还因为被其他游客通过凝视或拍照等方式记录下来而成为景区的纪念品。

在游戏中，公布任务的NPC就像导游一样指引着玩家。与此同时，玩家就成了一个名副其实的游客，不仅自己在游戏世界中旅游，还像周围的旅行者玩家一样，成了整个游戏景区的一部分。此外，当你进入其他玩家的游戏视频或游戏截图时，就会成为游戏景区的纪念品，被保存下来。玩家角色一旦成为兼具"游客/景色/景区纪念品"三重身份的游客，就意味着它被神圣化了。也正为如此,游戏角色(神圣角色)才能将玩家与日常生活中扮演的角色(世俗角色)区分开来。

玩家角色神圣化的过程包括"命名""装裱及推广""奉祀""机械复制阶段"和"社会再生产"五个阶段。[9]首先是"命名"(naming phrase),也就是玩家创建游戏角色,并对其进行个性化定制,游戏角色因此被当作具有保存价值的物品标记下来。

第二阶段是"装裱及推广"(framing and elevation phrase)。在《新天龙八部》中,玩家角色是通过升级来被装裱并获得推广的。当系统提醒玩家需要将人物角色升级时,玩家才会打开游戏角色的界面,查看游戏角色属性。也正是在这一刻,作为游客的玩家角色暂时停下来,被置于一个类似舞台的长方形画框内,成为一个被凝视的对象。其中,黑色的背景将游戏角色突出出来,游戏角色四周排列的各种人物属性和装备功能构成了这件艺术品的画框。玩家点击相应的标签,如同巡逻一般,认真查看自己的参数和物品,从而完成了推广的过程。需要注意的是,玩家角色的"装裱"及"推广"的过程是一个持续的动态过程,它是随着游戏角色的成长升级而不断进行的。

第三阶段是"奉祀"(enshrinement)。游戏中玩家角色的奉祀并不是发生在宗教场所,而是处于整个游戏世界中。也就是说,在区别于日常生活(世俗空间)的游戏世界(神性空间)中,玩家角色不再是被摆在"画框"中的"艺术品",

而是以动态的方式在游戏空间中旅行,这种互动式旅行就是游戏中的奉祀。因为游戏世界不仅为玩家提供了一种仪式性,而且还赋予了玩家角色旅行者的身份,并保证了这一身份的完整性。

第四阶段是"机械复制阶段"(mechanical reproduction),指使用大众媒体大规模地复制那些被神圣化的物品,如图片或游戏模型等。对于《新天龙八部》中的玩家来说,与静态物品相比,他们通常采用"游戏视频"或"游戏直播"的方式将游戏角色进行机械复制。毕竟,游戏角色是一个动态的存在,在一个动态的互动过程中才能阐释其内涵。由此,游戏角色被动态地保存下来,并且是在游戏互动中作为游戏世界的一部分被保存下来。

最后是"社会再生产"(social reproduction),是玩家根据游戏角色创作的同人作品。这既包括玩家将自制的游戏视频剪辑加工而成的玩家角色故事,又包括玩家翻唱的游戏歌曲或为游戏角色创作的歌曲,还包括玩家为游戏角色绘制的插画等。

一旦玩家角色完成了被神圣化的过程,玩家的旅游也就成了一种现代仪式。与朝圣者类似,游客从熟悉的空间远行至一个陌生空间,然后再返回那个熟悉的空间,因此游客在陌生空间获得了一种类似"朝圣"的"神性体验"。只不过朝圣者的"神性体验"是宗教性质的,而游客的"神性体验"是相对于庸常的日常生活而言的。也就是说,当人们暂时脱离一成不变的生活而成为一名游客时，其旅行的体验就会被有意识地编码为一种非常愉悦的"责任感"（a sense of duty），从而令这种休闲行为成为一种仪式。然而与传统仪式不同的是，现代仪式塑造出来的是一种伪神性和一种隐形的矛盾逻辑，即人们表面上获得了快感，但实际上却被异化得更深。

消费驱动的玩家

在前文中，我们提到了王大锤的故事。作为游戏玩家，他是游戏《馄饨世界》中的游客。显然，这个游戏世界有两个维度，分别面向未付费玩家和付费玩家。前者将游戏难度提升至极致，甚至难得有些莫名其妙；后者则标榜一切向玩家体验看齐，尤其魔王自杀的那一段，更是用荒诞的方式揭示出此类游戏的顽疾。两个维度的分野显而易见，那就是充值和消费。也就是说，国产 MMORPG 中的玩家体验是与经济因素紧密相关的。

这一点与游客的体验极为类似。就像尤里指出的那样，"游客凝视"是通过差异被建构而成的。也就是说，阶级、性别、种族、年龄及游客所处的历史语境等因素会建构不同的游客凝视体验。以英国为例，旅游已经成为人们社会地位的一个象征。人们会将 40% 的闲暇时间用于旅游，一旦减少了旅游活动，就意味着社会地位的下降。[10] 这一点很好理解，以我国 90 年代旅游费用差异为例，高收入家庭用于旅游的人均费用为 167.14 元，是低收入户的 5.7 倍。[11] 显而易见，高收入家庭多支付的那部分费用可以为其带来更高档、更舒适的游客体验。

游客体验与 MMORPG 的游戏体验还有一个共同点，那就是两者都不是有限的体验。游客结束这次旅游活动，以后还会再次启程。同样，大型多人网游的玩家也并不是以升级作为终极目标，实际上，很多玩家都已经达到了最高级，但依然还是乐此不疲地在游戏中流连忘返。因为这些玩家所重视的是继续在游戏世界与人并肩作战，因此，他们更想让自己的角色一直活跃在游戏世界中。也正因为游客和 MMORPG 玩家的身份是如此高度地契合，进而两个群体都成了最理想的潜在消费者，具有很强的重复购买力。

在《新天龙八部》中，纯粹的非人民币玩家很难获得优质的玩家体验，因为游戏采用了国内通用的盈利方式，即游戏免费、道具收费。换句话说，就是玩家可以免费玩，但不能保证你玩得开心。在《新天龙八部》的官网论坛上，曾有一位高级玩家像王大锤一样吐槽：

> 论坛里有人说不想花钱就想拥有全三配置的角色，我只能说这是天方夜谭。在 4 年前完全可以，但现在，现在不花钱想打满全三是不可能的。首先，你不花钱就

没资格刷副本，没资格参加各种活动，被各种歧视，没资格刷副本就没机会捡到那些东东(东西)卖钱。就算(有)偶然的意外收入，但是你心法不点了吗？不收材料做装备了吗？刷个反贼都没人愿意和你为伍，打马贼也没人和你一起，一个人玩单机吗？好吧，你可以做做工资任务领红利，不花钱从零开始，（但）你有机会每周都做满工资任务的副本吗？问题是,你不花一分钱,一身野装，别说副本，就连野外走一圈都会被小怪给灭了。4年前，哥也是一身野装在野外做任务，但那时候人烟多，三五成群的小伙伴，一起出城在野外打怪很安全，你现在一身野装，一个人去草原长白山试试看……现在的天龙不花钱想打满全三简直就是异想天开。[12]

由此可见,玩家表面上进入了一个浪漫宏大的武侠世界，实际上则是被卷入一个消费空间中。这里所说的消费空间，并不仅仅指众多付费项目将游戏变成了一个大型游戏市场，还指整个游戏世界用数字将玩家的体验量化了，将玩家塑造为一个名副其实的消费者。

再以《新天龙八部》中的社交系统为例，其社交功能的实现都与消费行为有着直接关系。对于想在游戏中结为夫妻的玩家来说，他们需要支付两笔费用：婚礼和喜帖。前者包括普通、高级、豪华三档，分别为52金、520金和1314金；后者包括三档，每张喜帖分别为1金50银、3金和6金。

2013年4月7日,在一场位于洛阳城的豪华婚礼中,人数众多的伴娘团和伴郎团皆盛装出席,礼堂中各种颜色的凤凰绕着人们飞来飞去,鲜花也不断从空中落下。粉色与蓝色的心形特效不断飞舞,让整个礼堂充满了奢华的氛围。不仅如此,此次婚礼还被游戏频道进行了现场直播。[13] 就在同一年,号称"峨眉全六大神"①的玩家"之墨"与同门的"娜美"斥资2万至3万元人民币,在游戏中举行了一场轰动整个游戏频道的虚拟婚礼。[14]

不难看出,"浪漫武侠"的面纱下隐藏着一个等级森严的虚拟社会,其中的科层制堪比现实生活。最为明显的科层化特点是,玩家角色往往被固定在某一个服务器内,鲜少出现单个角色跨服务器游戏的情况。在这样一个繁复的系统中,游戏通常为玩家提供各种排名服务。可以想象,这些榜上有名的玩家一定在游戏中投入了不少金钱和时间,是游戏中的"上流社会"人群。在游戏的整个大数据系统中,所有玩家成为排行榜上的抽象数字。除非玩家投入大量金钱,否则无法突破游戏科层制的屏障。

法国学者居伊·德波(Guy Debord)认为,现代生活呈

---

① 所谓"全六"玩家,是指武器、衣服、帽子、饰品、鞋子等游戏角色属性的阶数皆为六级满级的玩家,这些装备与玩家的战斗属性直接相关。一般来说,玩家在游戏过程中通过完成任务来提升自身装备,获得满级装备则要付出相当多的时间、精力和金钱。因此全身六级装备的玩家被人们称为"全六大神"。

现为碎片化的形式，这些碎片基于社会关系而被重组成大量的景观（spectacles）。这些景观与真实世界相差甚远，组成了一个仅供人们观看的孤立的伪世界。一方面，景观以生活为蓝本来构架自身；另一方面，景观又塑造了一个虚假的经验世界。这种既真实又虚假的特性在国产大型网络游戏中亦有所体现。更为重要的是，游戏景观中浸润了商品拜物主义，人们的生活体验被消费逻辑所支配，而消费逻辑又与科层制紧密相连。[15]因此，游客化的MMORPG玩家也就沉溺在一个鼓励消费的科层化空间中。

感官修辞的幻象

与其说国产MMORPG带给玩家一种纯粹的娱乐享受，毋宁说那是一种异化的休闲。游戏通过玩家角色将玩家与游戏景观、消费社会紧紧捆绑在一起，为玩家塑造了双重的游客幻觉。

首先，就《新天龙八部》的玩家而言，他们在游客化的游戏体验中，将游戏中的自我视作一种真实的自我状态。玩家认为自己在浴血沙场的英雄游戏中才能找寻到真正的自我，就像摆脱工作模式以及普通的日常生活去旅游。因此，游戏中的时间就成了玩家的自我得以实现的时间，而现实世界就愈发成为"被异化"的时空，成为自我"被遮蔽"的时空。

另一层幻觉是，当玩家通过付费来完成游戏任务和社交活动时，游戏灌输给玩家一个观念：用少量人民币购买游戏币，就能以游戏的方式解决现实中无力解决的难题（如购买豪华跑车、举办奢华婚礼等）。通过玩家角色，玩家实现了自我价值，获得了成功。

然而实际上，MMORPG的游戏世界只是一个将现实的景观社会和消费社会进行数字化的空间，因此玩家既无法在游戏中获得"神性"体验，也无法改变现实生活中真实的生活境况。不仅如此，鉴于游戏的沉浸感，这类游戏也让玩家更容易接受游客化的游戏体验。为了顺利发挥这一功能，游戏大片用一种单向度的生理需求替换了多样化的现实需求。将玩家游客化，意味着让消费逻辑和身体快感潜移默化地在玩家脑海中扎根，用"拟像"来传递一种感官修辞。

所谓感官修辞，就是用虚拟游戏世界中获得的感官快感来替换现实生活中的种种创伤，典型的代表是当前的美食治愈逻辑。这种套路将美食及其制作过程塑造为一种视觉景观，从而把观众现实生活中的压力转换为对美食的需求。之所以如此，是因为相对于解决现实问题而言，吃东西或欣赏美食是无须花费太高成本的。从纪录片《舌尖上的中国》到电影《舌尖上的新年》（2015年），从中国版的《拜托了冰箱》，到韩国的吃饭主播金成镇和朴舒妍（Park Seo-yeon），人们不仅乐于欣赏大厨精心准备的高级料理，还津津有味地观看景观化的家常菜，甚至还痴迷于单纯地看别人吃饭。

在特写镜头下，食物不仅是安全的，而且还是绿色有机的，最重要的是，它们能"准确"传达出人们的各种复杂感情。每当观众凝视着那滋滋冒油的腊肉、咕嘟咕嘟的汤锅，或是身材苗条的帅哥美女毫无顾忌地大快朵颐，内心便充满了满足感。之所以人们用"食物情色片"（food porn）来形容这类影像，就是因为它们将现实生活中的物质和精神压力转化成了一种生理需求，而且还让人们误以为，只要满足了"吃"的需求，那么其他问题也就迎刃而解。只要能看到美食或是看到别人津津有味地吃东西，自己也就随之满足了。

然而，这种"吃客凝视"不仅没有改变看客的状态，而且还狡黠地掩盖了社会问题，消除了阶层差异。因为观众会自然而然地认为，即便自己无法负担高级餐厅的巨额费用，但细致呈现高级料理的影片还是看得起的。从这个意义上说，"美食面前人人平等"。就像《拜托了冰箱》的观众，永远只会看到明星面对美食也会流口水，却看不到彼此冰箱中的内容是完全不同的等级，就下饭菜来说，有人用老干妈，有人用鱼子酱。

与美食治愈逻辑一样，大型网络游戏亦为玩家提供了一种感观感受，即通过满足玩家视听及互动的生理快感，让玩家获得一种满足感。国产 MMROPG 的游戏角色生产出了游客化的玩家，让玩家愈发沉浸在游戏景观中，用视听和互动等感官快感来构建游戏化的白日梦。近来的"虚拟现实"（VR）技术更是将游戏景观和游戏大片推向了极致。

当前，虚拟现实设备一般采用头戴式显示器和动作感应控制器，与游戏主机、电脑等游戏设备配合使用。以解谜游戏《隐身特工》（*Unseen Diplomacy*，2016）为例，它是一款基于 HTC Vive 的虚拟现实游戏，玩家扮演一位打击邪恶组织的英国特工。在游戏中，玩家不再坐在沙发或椅子上，面对电脑或电视等显示设备，而是戴着连接游戏主机的头盔，手持动作感应遥控器来完成操作。玩家的活动范围扩展至整个房间，操作方式也由手指的运动扩展至全身，例如来回走动、弯腰，用双手模拟拧螺丝的动作，甚至需要在地上爬行。如此一来，玩家的游戏体验不仅包括传统大型网络游戏大片所具有的视听感官效果，还包括虚拟现实游戏的物理环境给玩家带来的更为真实的具身体验。爬行时，玩家能感受到与地面之间的摩擦感，有的游戏甚至可以让玩家体验到高空坠落时的失重感。因此，虚拟现实游戏堪称升级版的"游戏大片"或"游戏景区"，进一步拓展了仿真空间。

不难看出，无论是大型网络游戏，还是虚拟现实游戏，它们都在最大限度上刺激并满足着玩家的生理快感，用想象性的方式治愈玩家在消费社会和科层制社会中所遭受的创伤。然而实际上，玩家并没有获得真我，而是在游戏的消费陷阱和科层系统中越陷越深。当玩家在游戏规则的框架下享受游戏时，他们会被游戏机制所说服，甚至还会反过来认同现实世界中的消费逻辑及科层制。

橙光游戏：
越轨者寓言与性别异托邦

2015年6月7日至8日高考期间，网上也出现了一场名为"全橙高考"的游戏设计大赛。[1] 该活动旨在以各地高考作文为主题，鼓励游戏玩家在24小时内制作出2000字以上的超短篇游戏。彼时，"全橙高考"已经举办了四届。根据官方数据，这次"全橙高考"游戏的投稿数量比2014年要超出5倍多，人气作品包括《北京卷：朴灿烈北京打工记》《上海卷：穿越时空遇见你》《天津卷：假如脑子里有智能芯片》《四川卷：绿竹猗猗，有匪君子》《广东卷：让亲情永存 让记忆不变》《浙江卷：EXO之门后面的"我"》《广西卷：我的老师是只"熊"》等。值得注意的是，报名参加比赛的候选人并不具备专业的编程知识，也并非专业的游戏开发团队，而是游戏制作及分享社区"橙光游戏"的用户。

国内很多玩家也许对更炫酷的游戏设备和更恢宏的3A大作感兴趣。从索尼的PlayStation5到HTC的虚拟现实头盔，从开创移动电竞生态的《王者荣耀》到正在研发中的《黑神话：悟空》，无论是可玩性，还是话题性，都远远超出了橙光。然而，作为国内首个以女性用户为主的参与式游戏社区，橙光游戏是中国游戏史上不容忽视的一部分，尤其是在创立之初，更是回应了当时中国游戏产业及大众文化的发展趋势。

从网页视觉小说到参与式游戏社区

提及"橙光游戏"，我们很难用一个简单的标签来形容它，因为它并不是一款传统的电子游戏，而是融合了网页视觉小说、游戏设计工具和互动游戏平台三个特性。

第一，"橙光游戏"是基于网页的视觉小说。乔治梅森大学（George Mason University）教授雷布维茨（Josiah Lebowitz）等人指出，视觉小说（visual novel）是指一种与读书类似的电子游戏类型，采用第一人称视角，通过大段的文字来讲故事。与传统书籍不同的是，视觉小说没有篇幅限制，里面有许多背景图片，根据主人公所处的地点及说话时的表情使用不同的素材。除了文字和图像之外，视觉小说中还会加入一系列的背景音乐，有时会有配音演员为其配音。在日本，视觉小说是颇为流行的游戏类型。它们改编自动漫、漫画等，主要基于电脑，但后来也出现了不少主机版的作品，比较成功的视觉小说也会被改编成轻小说、动漫或漫画。[2]

以游戏《帅鸽男友》为例，它的背景设定在 2068 年，人类由于 H5N1 病毒而濒临灭绝，鸽子开始统治世界，由此引发了人鸽大战。战后，鸽族分裂为两派，一派主张人鸽和平共处，另一派则主战。玩家需要扮演一个人类的女孩儿，体验圣鸽国精英学园的日常生活。玩家不仅可以选择上课的科目，而且还会遭遇校园恶霸，甚至与鸽子谈恋爱。在这一过程中，玩家需要阅读大量的文本内容，并且做出相应的选择，以通往不同的故事主线及最终结局。

回顾全球游戏史，视觉小说搭载的平台非常多样化，涵盖了各个时代的多种电脑、游戏主机、手机等。以"刑警J.B.哈罗德事件簿"系列（J.B. Harold Murder Club）为例，自1986年首次发行以来，其发行商陆续推出了NEC PC-98、MS-DOS、微软Windows等电脑版本，任天堂DS、任天堂Switch等游戏主机版本，以及苹果iOS手机版，总销量已突破2000万份。再如首发于1996年的《樱花大战》（*Sakura Wars*），该系列提供了街机、Dreamcast、PlayStation2和4、Wii和手机等多个版本，销量也有近500万份。其他比较受欢迎的视觉小说系列还包括"雷顿教授"（Professor Layton）、"逆转裁判"（Ace Attorney）、"弹丸论破"（Danganronpa）、"心跳回忆"（Tokimeki Memorial）、"猫娘乐园"（Nekopara）、"命运/守护之夜"（Fate/stay night）、"小镇家族"（Clannad）等。

对搭载主机、手机、平板等移动端的视觉小说而言，它们大部分都对游戏硬件要求比较高。尤其是近来的游戏日益强调视听体验，安装包中带有大量的图像、声音、视频等硬编码内容，以便为玩家提供宏大的游戏场景和复杂的游戏机制，如《光与夜之恋》和《恋与制作人》的安装包分别为1.54G

和1.84G。不仅如此，很多网络游戏还对玩家的网速有一定的要求。

与之相比，橙光游戏则更为轻便。之所以如此，一部分原因是此类游戏的运行平台是浏览器，玩家既不需要购买昂贵的游戏设备，也无须下载及安装游戏客户端，既省时方便，又经济实惠。另一部分原因在于，文字在橙光游戏中的比重更大，使得这类网页游戏很快就能完成加载，更像是具有交互功能的网络小说。也正是因为这些特性，橙光后来直接将整个品牌重新定位为"互动阅读新方式"。

第二，橙光的显著特色在于，它为用户提供了简单易操作的游戏设计软件，这也是国内较早且影响较大的中文游戏可视化工具。说起游戏设计，人们通常都会想到专业的游戏设计团队。密歇根州立大学媒体与信息学院教授布莱恩·韦恩（Brian Winn）指出，小型游戏开发团队（5人以下）通常包括游戏设计、程序设计、艺术设计三种岗位。在大型团队（25人以上）中，不仅上述岗位会出现专业细分，如程序设计会细分为玩法程序员、美术程序员和网络程序员等，而且还会增加跨领域的新岗位，如基于程序设计和艺术设计两个领域产生的技术艺术设计、基于游戏设计和程序设计而产生的关卡设计师等。[3]他们往往使用专业的编程语言、游戏引擎及图像软件，经过长时间复杂的协作流程，才能完成一部游戏作品。游戏制作人宝琳·雅克（Pauline Jacquey）曾表示，在育碧，一款3A级开放世界动作游戏需要400—600人的团队。[4]

与之不同,为了协助没有受过专业训练的人群设计游戏,橙光为玩家提供了"橙光文字游戏制作工具",并附上教学视频,能帮助玩家在一个小时内掌握游戏的制作方法。在早期,橙光官网曾如此形象地介绍这款可视化游戏制作软件:

> 如果说,其他的游戏制作工具是高深莫测的Photoshop大师,那么我就是人见人爱花见花开的游戏界的美图秀秀。对哒,我就是这么简单好用。
>
> 你不会编程?无所谓呀,使用我不需要你会。
>
> 你不会PS?无所谓呀,我有素材库,里面有大量的图和已经设计好的游戏界面供你使用。
>
> 你讨厌看书?顺手给你放下总体才一个半小时就可以把我学习得透透彻彻的教学视频:
>
> 官方教学视频(http://bbs.66rpg.com/thread-317470-1-2.html)。
>
> (说到这里我就哀怨了……只要一个半小时大家就可以把我了解得透透彻彻,这让我怎么走高、贵、冷、艳、路线!哀怨……)
>
> 什么?你说你不会打字?啊哈哈哈!你以为这样就难倒我了吗??真是too young too simple!我有导入文本的功能(帅)!!哪怕你只是鼠标侠都可以完成游戏制作的梦想。[5]

这段文字形象又清晰地表明了橙光文字游戏制作工具的核心特点，即简单、高效、易操作。它为玩家提供了丰富的游戏制作素材库，包括图像、声音、特效等多个类别。玩家可以将图片从左侧的图片库中直接拖入中间的设计区域，然后在图片下方添加游戏的剧情文本，随即文字就会显示在图片底部的对话框中。此外，在图像音乐一项中，玩家还可以调整游戏角色的位置（左、中、右）以及图片的层次（前景、背景、远景），调节游戏的背景音乐及音效等。画面效果和游戏流程两项能够实现游戏的动态效果和交互功能，包括画面震动及闪烁功能、设置剧情支线、插入动画效果、返回主界面等功能。完成所有设计后，玩家可以使用该软件进行测试并发布，并因此建构一个独特的趣缘群组。

第三，橙光是一个参与式的游戏平台。橙光游戏平台与起点中文网等网络文学分享网站类似，游戏制作者向网站提交作品，网站编辑挑选精品作品给予指导，进而将其孵化成付费作品。除了本身所具有的自媒体属性，"橙光游戏"还通过树立经典、推出电子刊物和论坛、举办跨媒体活动的方式为游戏玩家和制作者设计了一个多样化的互动系统。

关于橙光游戏平台的起源，CEO柳晓宇在访谈中回忆说，自己在2005年曾经使用日本游戏制作工具RPG Maker制作了一款名为《黑暗圣剑传说》的角色扮演类游戏，但当时国内没有合适的平台可以发布该作品，于是他在2012年创立北京六趣网络科技有限公司，并创立了66RPG社区。2013年，柳晓宇推出了自己的游戏制作工具，以取代 RPG Maker，66RPG 社区也升级为橙光游戏。之后，这一社区成为网友学习、制作及分享角色扮演游戏的平台。

因此，橙光不同于大多数游戏社区，其用户不是被动的消费者。基于自身的游戏制作工具，橙光能让用户快捷开发并制作"恋爱养成"和"文字冒险"类游戏。玩家无须具备任何编程或美术设计基础，就可以轻松地把自己的故事制作成一款网页游戏。因此，在橙光，人人皆可成为主动的生产者。或者更准确地说，橙光用户是兼具生产（producer）和消费（consumer）两种特性的"产消者"（prosumer）。

回顾中国游戏产业的发展轨迹，橙光成立时正值国产网页游戏快速发展的时期。2008 年至 2013 年期间，国内游戏玩家有相当大一部分都是网页游戏用户，而且呈持续快速增长趋势。与此同时，网页游戏的年度收入也从 2008 年的 4.5 亿元飙升至 2015 年的近 220 亿元，增长了约 47 倍。然而到了 2014 年，网页游戏用户虽然占全部中国玩家的近 60%，但总人数开始减少，年度市场收入的增速更是呈断崖式下跌，2016 年甚至出现了负增长。

根据《2014 年中国游戏产业报告》，在游戏产业整体盈利攀升的情况下，一方面国产网页游戏目前处于开拓阶段，还没有占据太多市场份额；另一方面，整体游戏产业的研发及运营成本又处于攀升状态，不仅人力成本提高了，而且游戏的研发周期也变得更长。此外，国产游戏争抢 IP 又造成网

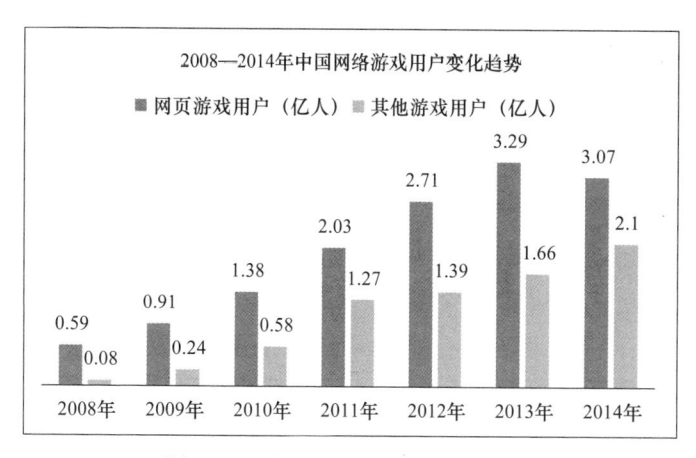

2008—2014年中国网络游戏用户变化趋势

年份	网页游戏用户（亿人）	其他游戏用户（亿人）
2008年	0.59	0.08
2009年	0.91	0.24
2010年	1.38	0.58
2011年	2.03	1.27
2012年	2.71	1.39
2013年	3.29	1.66
2014年	3.07	2.1

数据来源：《2014年中国游戏产业报告》[6]

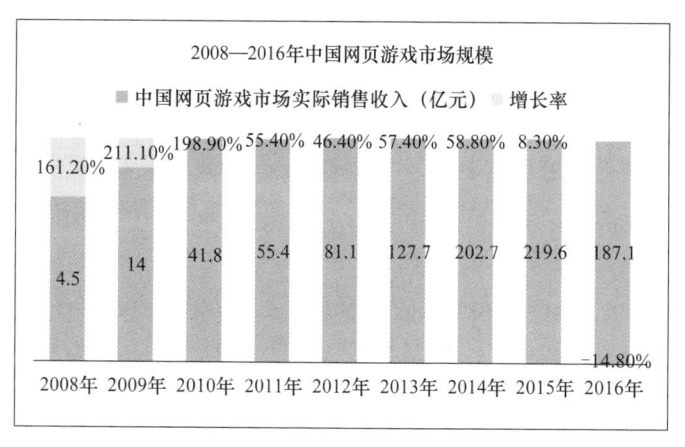

2008—2016年中国网页游戏市场规模

年份	中国网页游戏市场实际销售收入（亿元）	增长率
2008年	4.5	161.20%
2009年	14	211.10%
2010年	41.8	198.90%
2011年	55.4	55.40%
2012年	81.1	46.40%
2013年	127.7	57.40%
2014年	202.7	58.80%
2015年	219.6	8.30%
2016年	187.1	-14.80%

数据来源：《2016年中国游戏产业报告》[7]

页游戏更强调"明星代言"和"热门 IP"的行业形态，进一步挤压了中小网页游戏的生存空间。[8] 在这种情况下，"橙光游戏"采用的自媒体式游戏设计与分享理念为网页游戏提供了一种新模式，成为中国游戏史中不容忽视的一个类型。

"耽美"游戏角色的生产与消费

当玩家登录早期的橙光游戏网站，会看到很多以画风唯美的男性形象为封面的游戏。一般情况下，当你点击此类游戏并进入游戏界面后，你会发现自己需要扮演一个男性玩家角色。随着故事逐渐推进，你会产生这样的疑惑：为什么游戏中女性 NPC 角色很少出现，而男性 NPC 越来越多，一个比一个潇洒有型？甚至，你会发现自己需要和这些男性 NPC 产生越来越多的互动，从兄弟情谊慢慢发展到暧昧，最后可能还会成为一对情侣。一般来说，此类游戏角色的外形都异常俊美，往往呈现中性风格。不管是玩家角色，还是 NPC，其个性都颇为多样，或霸道多金，或呆萌可爱，或邪魅却痴情，亦有温柔暖男。游戏具有同质化的核心机制，即你需要控制一个男性角色，与其他男性发展浪漫恋情，也许还会被卷入一段多角男性恋爱关系。这就是橙光游戏一种典型游戏角色设置，即"耽美"风。

2015 年 5 月 30 日，橙光在论坛发布了一篇名为"耽美游戏界定"的帖子：

〔前言〕

由于地球在转动，社会在发展，橙光也在发展。"耽美"现在不仅仅只是一个标签，还是一个专区分类的标志。

关于这个分类标志，确实是有不完善的地方，对于存在"耽美线"的游戏，我们会再想办法改进。

但是现在它作为一个单独的专区标示，它具有自己单独的定义和游戏的界定。希望橙光"耽美"游戏发展起来，谢谢。

〔界定〕

第一，女穿男作品极雷，不算"耽美"。

第二，正常和耽美对半分，各自分为一个主角，如果女线路为言情，不算"耽美"。

第三，游戏中，可以攻略女性角色，不算"耽美"。

第四，如果主角为女性，负责撮合两个同性男性，且不和他们之间有任何感情纠纷，算作"耽美"（神助攻）。

第五，如果主角为男性，爱的人也是男性，但迫于阻碍，最后和女性成婚，主角只与男性有恋爱剧情，算作"耽美"（例如男主是皇帝等）。

第六，如果主角为男性，攻略的所有角色为男性，配角言情或者是百合，都不影响作品，算作"耽美"。

第七，如果主角为男性，穿越为女性，且最后又变回男性，算作"耽美"（这个具体问题看作品本身）。

第八，生子、跨物种（仅限雄性），算作"耽美"。

第九，其余详见二楼FAQ。

FAQ占楼

Q1：如果（是）男主穿越到之前的时间，自攻自受这种梗？

A：算。

Q2：如果男主双重人格，后来其中一个人格脱离，拥有了男性的身体并和另一个人格在一起？

A：算。[9]

在2016年，"耽美"是橙光游戏官网上的一个重要标签，成为最能代表当时橙光游戏粉丝的词语。该标签在游戏分类中占据首位，即便是其他类型的游戏，亦与"耽美"题材有所交叉。[10]例如，《寻鼎》（作者惟墨）将古风、穿越与"耽美"结合起来，这款架空历史的游戏讲述主人公天傲转世到华夏大陆，成为龙家七少龙宸墨，开启寻鼎之旅的故事。其中，龙宸墨会接触到名为"承天"的紫霄宫护法、华夏大陆凤家三少爷"凤倾颜"等一众美男，在寻鼎过程中与他们谱写浪漫爱情故事。[11]再如游戏《新大陆琼斯家族秘辛——隐没历史洪流之谜》，它融合了"HP"（即哈利·波特）、"同人"（粉丝根据现有作品进行二次创作）和"耽美"三种元素。该游戏的游戏角色和世界构架取材自"哈利·波特"（Harry Potter）系列小说及电影，讲述来自美国麻瓜家庭的巫师加文·琼斯进入霍格沃茨魔法学校后的校园生活。此外，这款游戏的作者还设立了一个投票页面，发起了一个调查橙光网友"爱情向"的投票活动：

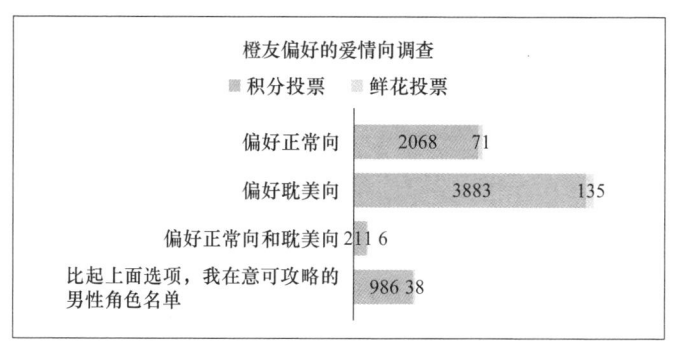

橙友偏好的爱情向调查	积分投票	鲜花投票
偏好正常向	2068	71
偏好耽美向	3883	135
偏好正常向和耽美向	211	6
比起上面选项，我在意可攻略的男性角色名单	986	38

数据来源：《新大陆琼斯家族秘辛——隐没历史洪流之谜》投票页[12]

在上图中，橙友（即橙光游戏网友）的爱情向以"正常"和"耽美"为两级。在四个选项中，有三项都涉及"耽美"元素。其中，"正常向"是指弱化"耽美"因素，增加女性角色或减少男性角色，在异性恋框架下讲故事。"耽美向"则与之相反，强化男男爱情成分，减少女性角色设定并增加男性角色，以满足"腐女"玩家的需求。"偏好正常向和耽美向"是一个折中选项,将异性恋和"耽美"元素放在同一个故事框架下,均衡两种元素。"比起上面选项,我在意可攻略的男性角色名单"则是默认偏好"耽美",而且更关心可以与之交互的男性角色。橙友通过玩游戏来获得积分,也可以充值来购买鲜花,最后可以用任何一种方式投票。不难看出,无论是哪种投票方式,"耽美"都是橙光游戏受众中的主要爱情向偏好。

橙友对于"耽美"的偏好并非凭空产生,而是源于彼时中国大众文化中的"耽美"潮流。谈及近年来中国受众中的"耽美"风潮,可以追溯到比较受女性粉丝追捧的偶像剧,例如《花样少男少女》(2006年)、《成均馆绯闻》(성균관 스캔들,2010)等。① 真正让"耽美"浮出水面的韩剧作品是KBS电视剧《学校2013》(학교 2013,2012),中国粉丝因为剧中两个高中生高南舜(李钟硕饰)和朴兴秀(金宇彬饰)之间的暧昧关系而非常关注这部作品。作为主演之一,李钟硕也将剧中二人的关系称为"bromance"(网友将其译为"基情")。[13] 2015年3月4日,有中文媒体曾以"金宇彬配李钟硕,粉丝就爱这一味"为题进行报道。其中,金宇彬对记者说:"虽然剧中我经常用'小子'来称呼南舜,但这个词中充满了爱……

---

① 笔者认为,虽然中国的腐女群体最早从日本漫画或小说中接触到"耽美"故事,但电视应该被视作将"耽美"推向大众化的媒体,因为电视所覆盖的受众要远远多于漫画。从另一个角度说,电视对"耽美"故事的传播,其实也反映出主流媒体对这一文化潮流的兴趣。

想用各种方式表达出爱……拍摄期间真的爱过南舞。现在（我们）成了没有隔阂的好朋友。"[14] 视频中还将"金宇彬／李钟硕"视作韩剧的新亮点。除了金宇彬／李钟硕组合，韩国流行文化的粉丝也经常为男性偶像进行男男情侣组合。

2015年，国产电视剧《琅琊榜》及《伪装者》将"耽美"风潮推向一个新的高峰。当时，在百度以"琅琊榜CP"为关键字搜索，会出现超过14万个结果，以"伪装者CP"为关键词搜索，能出现362万个。所谓CP，是指具有恋爱关系的人物配对关系，它来自同人文化，日语为カップリング或者カプ，英语为 character pairing 或 coupling。经过这两部热播电视剧的洗礼，观众已经进入了"CP的全盛时代"，这里的CP往往都是指网友想象出来的男男情侣。因此，CP一词在中国语境中，往往指粉丝想象出来的斜线关系。

《伪装者》的CP组合较为简单，主要是"明楼／明城""明楼／明台"以及"王天风／明台"的"天台CP"。相比之下，《琅琊榜》的人物关系就复杂得多，仅梅长苏一人，就被组合了"靖苏"（靖王／梅长苏）、"苏流"（梅长苏／飞流）、"苏晨"（梅长苏／蔺晨）、"苏蒙"（梅长苏／蒙挚）、"林祁"（林殊／祁王）等，更不用说其他配角的斜线组合了。这些组合人气之旺，以至于有不少观众声称《琅琊榜》和《伪装者》不需要女演员，甚至还有"《琅琊榜》女一号其实是靖王"的说法。

不仅如此，这两部剧结束之后，无论是制作方，还是网友，都愿意将CP的热度维持下去。例如，"苏蒙CP"继续合作拍摄了电视剧《猎场》，"梅长苏"的扮演者胡歌与多年前合作过的霍建华频频因为CP话题而成为娱乐头条。总之，粉丝对男演员在剧中及生活中亲密关系的"耽美"想象俨然构成了一个CP大乱炖。

这样的结果是，"耽美"在中国大众文化中的传播与兴盛，造就了一大批"腐女"。所谓"腐女"，源于日语中的"腐女子"（ふじょし，fujoshi）一词，指热衷男男同性情爱的女性。日本学者铃木翠（Midori Suzuki，音译）曾撰文讨论过"腐女子"的源起与演变。该词最早可以追溯到2000年初，当时日本网友在名为2channel的论坛上使用"腐女子"来形容以"耍元素"（やおい，yaoi）的视角来解读事物的女性，即想象两个男性之间的浪漫爱情关系。[15] 显然，"腐女子"对男男爱情的想象与表达构建了一种越轨行为,橙光游戏中的"耽美"角色的生产与消费也就成了一种越轨实践。

橙光用户：游戏圈的越轨者

美国社会学家阿尔伯特·科恩（Albert Cohen）提出，人类所有的行动，不管是违法行为抑或是合法行为，都是一系列为了解决问题而进行的努力和尝试，用他的话说，"行动即解决问题"[16]。此处所提及的"问题"，是在广义的角度谈论所有问题。在面对问题时，人们往往都会权衡所有的应对措施，并最终做出选择，以便消解问题造成的紧张感。一种选择就是一个行为，反之亦然。

谈及越轨行为，他指出，人类的问题并非偶然地与社会成员发生联系，而是与年龄、性别、种族、职业、经济与社会阶层等社会属性相关。科恩不断强调社会阶层与越轨者及亚文化的关系，认为社会成员用亚文化来解决社会阶层引发的诸种问题。阶层问题是为了赢得同伴的认可而引发的，而获得认可的途径就是遵循阶层同伴制定的群体文化规范。新的亚文化代表了"一种新的社会阶层体系，这是通过鼓励那些被禁止或被大多数社会成员反对的行为"[17]。青年越轨亚文化试图解决"工人阶级青年面对资产阶级关于工作、成功和金钱的价值观产生的'地位挫折'（status frustration）"[18]。想要解决这一问题，青年要么选择接受高等教育，获得进入中产阶级的入场券；要么选择成为无所事事的街角少年，从事一些对社会伤害较小的活动，如赌博等。最为激进的解决方式则是通过加入帮派或从事违法活动，以暴力方式鲜明地反对中产阶级价值观。

如果说上文中的青年越轨亚文化更关注阶级的问题，那么本文则从文化产业和性别政治的角度聚焦越轨这一概念。说橙光游戏中的"耽美"游戏角色是越轨者，首先是针对国内乃至全球的游戏产业而言。因为无论是游戏制作，还是游戏玩家，电子游戏行业一直都在男性话语主导下。即便是在游戏产业发展比较成熟的西方国家,女性游戏行业从业者也只占五分之一左右,而且这些人还要承受来自男性同事及玩家不同程度的歧视。

就橙光游戏的用户而言,她们不仅包括来网站玩游戏的人,而且还包括使用橙光游戏工具软件来设计游戏并与其他人互动的制作者,这个人群在橙光建构了一个"越轨异托邦"。

在游戏制作维度,橙光游戏颠覆了传统的游戏制作方式,让人人都能制作游戏,而且是通过拼贴的方式制作游戏。所谓"拼贴"(bricolage),是指"临时凑成"或"改编"的文化过程。其中,物体、符号或实践由于被借用到不同的意义系统及文化语境中而产生了新的意义。与此同时,拼贴利用一种反讽或超现实的并置方式对符号进行重构,实现了对主导性话语的颠覆。[19] 橙光游戏为用户提供游戏制作工具软件,就是为了让游戏制作者将图片、声音、明星的照片等内容拼贴起来,达到能够重复多次利用素材的目的。如此一来,玩家就算不懂程序、美术、音乐等专业知识,也可以轻松制作属于自己的游戏。原本因为游戏设计专业性太强而被区隔在游戏制作工作之外的人群便能够有机会靠近游戏生产环节,尤其是对女性从业者来说,这一作用更为明显。

在性别话语维度,橙光游戏中的"耽美"角色所呈现的男男浪漫爱情不仅挑战了传统游戏中的男性话语,而且还成为中国"耽美"文化思潮的重要注解。在大多数游戏中,感情线往往都遵循着男性话语的套路,女性角色往往处于男/

女二元对立之下，被严重边缘化或扭曲。而"耽美"游戏角色则挑战了传统的男女爱情故事，用对男性形象的凝视取代了男性玩家对女性身体的凝视。

正是由于在以上两个维度产生的越轨行为，橙光游戏才被视作一个游戏异托邦，促使玩家获得了一种支配力幻觉，即橙光用户们可以自由支配自己的社会位置。

然而我们需要进一步追问，橙光用户的越轨行为到底在多大程度上有效？在反思这一问题的过程中，我们会惊讶地发现，上文中所阐释的异托邦权力关系发生了某种程度的反转。从表面上看，橙光游戏让用户认为，女性已经扭转了社会性别话语。但实际上，橙光游戏只是将用户的越轨行为限定在一定的安全范围内，从而限制了用户的社会位置想象力。

首先，橙光游戏的设计工具并不能让用户成为真正意义上的游戏设计者。毕竟，如果不能熟练掌握计算机编程技术或是游戏界面设计技术，橙光游戏的制作者只能一直依赖橙光游戏设计工具，用拼贴的方式讲述男男爱情故事。此外，橙光游戏过于注重叙事、淡化游戏机制，因此成了"点击版"的网络小说。与此同时，橙光游戏的玩家也只能像阅读小说一样，在"耽美"故事中沉醉。

有人可能会说，"耽美"游戏角色通过女性对男性角色的凝视而获得视觉快感，并因此获得了一种超越异性恋的新的性别政治话语。但实际上，"腐女"对"耽美"角色的消费依然停留在异性恋框架内。从男性话语的角度看，这种消费依然是安全的。

塔尼亚·莫得勒斯基（Tania Modleski）曾在讨论希区柯克的电影时指出，女性观影者可能具有双性角度（bisexuality）和双重欲望（double desire）。之所以女性存在着双重欲望，是因为女孩儿首先在镜像阶段时将母亲视作第一个爱慕的对象。进入象征界后，她为了能够成为一名"正常的女性"，就必须将爱慕的对象从母亲转变为父亲。但实际上，象征界中的女孩儿对母亲的欲望一直没有消失，并影响着女孩儿与男性和女性相处时的心态。用特莱莎·德·劳雷蒂斯（Teresa de Lauretis）的话说，女性的双重欲望就是"对他者的欲望，以及期望成为他者欲望对象的欲望"[20]。

橙光游戏中的"耽美"游戏角色使用了同样的逻辑，揭示出了女性玩家的双重欲望。当处于异性恋框架的女性玩家进入"耽美"游戏时，她先将"耽美"关系中的一方视作他者，然后将这一角色视作他者（"耽美"关系中的另一方）的欲望对象。由于"腐女"能够从双性的角度对角色产生认同，因此将"耽美"角色的男男双方改写成了异性的双方。这也是为什么"耽美"角色双方中总有一个是被动的（受方），而另一方则是更主动的（攻方）。

正是因为"耽美"想象对于男性主导的性别话语是安全的，所以男性制作人总是堂而皇之地让女性角色边缘化甚至消失在影像中，例如《琅琊榜》和《伪装者》，美其名曰是强调"兄弟情"。即便女性粉丝乐此不疲地将男演员组合成

"CP",男性导演和演员们非但不会为此感到焦虑和紧张,还会顺水推舟,任由女性粉丝根据这一偏好来理解,甚至将"男男CP"作为卖点加以宣传,以吸引女性粉丝。

从浪漫小说到浪漫韩剧,从"耽美"游戏到斜线文消费,所有面向女性受众的文化产品都采用了同样的叙事逻辑:从表面上看,它们为女性受众提供了一个异托邦,但实际上却是为其编制了一个糖衣牢笼。

以女性为受众的文化产品为女性受众提供了一种不同于男性主导的日常生活体验。就像文化学者珍妮斯·拉德威(Janice Radway)指出的那样,这种体验不仅使女性从日常的各种问题和责任中解脱出来,而且还为她们创造出一段时间或一种空间。在这段时间或空间里,女人们是完全独立自主的,她们可以全神贯注地去考虑其个人的各种需要、欲望和乐趣。与此同时,这也是一种转移或逃避现实的手段。[21]

这个异托邦表面包含着一种乌托邦式的抗议,包含着一种对美好生活的向往,能够让女性受众跳脱出父权制的压力,但实际上却只是为她们开辟了一个封闭的空间,其内部活动不会引发男性的任何实质性焦虑。这种方式就像福柯描绘的疯人船一样:只要女性进入"耽美"异托邦中,她们就像登上了船一般,不会造成任何实际性的威胁。

对于这些橙光用户来说,无论是"耽美"世界,还是橙光社区,都是一个女性玩家的异托邦,从某种程度上可以颠覆传统的性别话语,但当这种越轨行为只是局限在一定范围内时，它还能真正地挑战主流话语吗？从更为悲观的角度看来，橙光正逐步推出一系列明星制作人，在树立经典的过程中，橙光社区的科层制也逐步完善。那么如此一来，橙光玩家就又陷入了男性话语控制的科层制困境中。在游戏产业中，具有话语权的男性群体只是投"腐女"所好而已。换句话说，既然女性玩家喜欢用这种轻度的拼贴游戏来获得制作游戏的快感和"女性能够制作游戏"的幻觉，那么不妨开辟出一个空间，满足她们这些需求；既然女性玩家喜欢看男男爱情的故事，那么不妨让她们去看。最"妙"的是，她们自己生产、自己消费，就像橙光用户一样。

《卡通农场》：用游戏想象乡村

大众媒体中的"乡村"意象往往是一种想象性的叙述。简言之，人们通常通过以下几种方式来想象乡村。

其一，是聚焦农村人的日常琐事，将人物的某些缺点作为主要叙事动力和戏剧冲突的来源。例如电视剧《乡村爱情故事》，用刘能和赵四的生理缺陷来建构喜剧元素，用谢广坤偏执的性格来激发家庭及邻里矛盾。

其二，是在都市（发达）/乡村（落后）的二元对立结构中呈现乡村，凸显乡村蒙昧、落后的一面。例如综艺节目《变形记》，乡村生活被都市精英们当作一种惩罚和改造自家孩子的手段。

其三，是为乡村添加浪漫滤镜，建构一套自然、有机、纯真的话语，由此将之前的城乡对立转变为乡村（自然）/城市（工业），典型的代表是农场游戏。以《开心农场》为例，玩家要从零开始经营一家农场，从生产到售卖，再到购买新生产资料，接着开始新的生产，如此循环。这款游戏在2008年一经发行，便火爆全国，受到玩家的热烈欢迎，甚至不少玩家都有过半夜爬起来偷菜的经历。

《卡通农场》（*Hay Day*，2012—2021）也是一款类似的农场游戏，开发商为位于芬兰的"超级细胞"（Supercell）。该公司曾凭借策略对战类游戏《部落战争》（*Clash of Clans*，2012— ）闻名全球，之后推出的《卡通农场》更是在全球玩家中掀起了一股"农场热"。

浪漫乡村：游戏中的虚拟农家乐

说《卡通农场》将乡村浪漫化，首先是基于游戏的名词维度。从游戏的名称来看，Hay Day 具有双重含义。其一，hay 意味着"干草"，让人们很容易联想到乡村生活。其二，Hay Day 指向了同音词 heyday，后者意为"全盛时期"。如此一来，游戏的设计师似乎想要告诉玩家，欢迎来到《卡通农场》体验自己的人生高光时刻。

一开始，游戏用一段图片蒙太奇呈现了玩家从城市迁往农村的过程。最初，屏幕上出现了一个城市场景，中央是一座矮小又简陋的房子，也是玩家在城市的家。它位于拥挤又斑驳的冷色系建筑之间，就像被卡在那里，无法挣脱。左侧墙上的几张宣传单似乎随时都会被风刮走，下面散落着几块碍脚的碎石头。在右侧的墙脚下，有一个装满垃圾的垃圾桶。

紧接着，镜头来到门前的脚垫，上面有一封来自叔叔的信。信里说，叔叔决定退休，想让玩家来接管自己的农场。我们通过信里的照片可以看出，农场虽然不大，但阳光灿烂、家畜成群、瓜果满筐，还有鲜榨果汁，处处闪耀着幸福的光环。随后，玩家会看到一辆载满行李的卡车正奔驰在乡间公路上。可见，游戏为玩家做出了选择，即告别冷漠又捉襟见肘的城市生活，到乡村开启温馨又富足的第二人生。

谈起将乡村浪漫化，很多人会想起美食纪录片，例如《舌尖上的中国》《寻味顺德》《老广的味道》《风味人间》等。在拍摄时，制作团队会使用高清摄影机来塑造极具电影质感的影像，有时甚至会用到超高清摄影和显微摄影，花费更多的时间和人力成本，将乡村家常菜塑造成宏大的美食景观。在影像里，乡村的食物是大自然的馈赠，乡村厨房有着浓厚的烟火气，乡村也成为城市游子缓解都市焦虑的空间。

与之不同，《卡通农场》采用了充满童趣的卡通风格，就像小朋友喜闻乐见的迪士尼动画片。其中，游戏的主色调是绿色和黄色，前者指向了大自然，而后者则寓意着秋季的丰收，还有蝴蝶飞来飞去。就声音而言，轻快悠闲的吉他配乐让人想起约翰·丹佛的经典民谣《乡村路带我回家》，时不时还会出现鸟叫声和蛐蛐声。由此，这款游戏营造出一种自由、静谧的氛围，让玩家可以瞬间摆脱城市中的喧嚣。

此外，从游戏机制的角度看，这款游戏让玩家有机会在虚拟世界中体验各种乡村活动，堪称数字版的浪漫农家乐。在新人任务部分，一个名叫维克先生（Mr. Wicker）的稻草人会手把手教会你如何操作，让人想起电影《绿野仙踪》。在他的引导下，你将旧房子和谷仓粉刷一新，重新利用荒废已久的鸡舍和田地，见到了小镇里的磨坊主，并给这座农场起了新名字。

紧接着，你马上就可以着手经营自己的虚拟农场，从耕种到收割，从喂鸡、养牛羊到收获鸡蛋、牛奶和羊毛，从挖矿到捕鱼，从榨果汁到做比萨，几乎包罗了人们想在乡村中体验的所有活动。更重要的是，玩家种地时无须"晨兴理荒秽，带月荷锄归"，冶炼时也不用"炉火照天地，红星乱紫烟"，只需动动手指，眨眼间就能轻松完成任何一项农活。与此同时，让人眼花缭乱的金币、钻石、星星（代表经验值）、鸡蛋、小麦会持续出现在屏幕中央——恭喜你成功升级，并获得一系列奖励，也解锁了更多游戏内容。

显而易见，《卡通农场》的玩家根本不会发出"人间辛苦是三农"的感慨，而是沉浸在这个乌托邦式的乡村空间中，总能自得其乐。整个游戏过程似乎传达出这样一种理念：只要努力经营农场，就会变得富足。换句话说，只要在线时间够长，玩家就能逐步升级，持续获得成功。

暗黑童话：用都市符号改写乡村

最初，游戏界面中央是一座房子，最左边是一条小河，河边是常年失修的码头和渔船。房子右边则是一块块不规则的荒地，需要具备地契、标桩等道具才能开垦。其余的空间则布满了树木、水坑和大小石块。只有在清理了以上障碍物后，玩家才能进一步使用这些空间，将其变为耕地，或摆放烘焙炉、烤肉机、纺织机等其他生产设备。

因此，运营农场，实质上就是自然景观被人工景观取代的过程，也就是乡村向城镇转型的过程。野生树木被人造园林所替代，大小的水坑被精致的池塘替代，天然形成的石块被炸掉，土地被田地所替代。总之，经过玩家的整理，农场变得干净、整洁，具有工具性。

显然，这类农场中缺失了自然劳动。首先，如上文所述，在永远整洁、漂亮又可爱的农场中，玩家只需要点击屏幕或滑动手指，便可以轻松播种收割、采矿炼金、织网捕鱼。在这一过程中，玩家只看到了收获的喜悦，永远无法感受真实劳作的艰辛。

其次，为了凸显玩家体验的真实性，游戏采用了第一人称视角。农场主人（玩家角色）从未在游戏界面中出现过，只是被一种全景视角所取代，因此劳动者是缺失的。不仅如此，不管是游戏中的NPC，还是其他玩家的虚拟化身，都是以顾客的身份出现，因此也不存在乡村社区中守望相助的邻居。每个人都不曾发出声音，所有的交流和指令都通过文字完成，因此人是沉默的。对玩家来说，种族、性别、文化等生理及社会属性都消失了，只保留了"流动世界中的流动身份"[1]，将每个异质性的玩家都转化为同质性的符号。

进一步看,《卡通农场》在全世界的流行,也进一步将同质话语推广至全球。无论哪种国籍或种族,所有人都面对着同一个界面。更为重要的是,游戏实质上推销的还是欧美文化,东方文化处于失语状态。例如,农场中的猪肉和牛肉制品,会让穆斯林玩家和印度玩家产生不适。

至于时间,在农场游戏中,自然时节被平庸时间(在线时间)所取代,一年四季的变化被简单粗暴的数字倒计时所取代。玩家撒下种子后,田地马上出现小苗,几分钟后长出茎叶,再过几分钟就成熟了。即便如此,玩家依然会存在"等待的麻烦"。在《卡通农场》中,计时器右侧有一个特殊的按钮,上面提供了一个钻石形图标。每当玩家想要快速完成相应的任务时,可以点击这个按钮,通过消费钻石实现加速。保罗·维利里奥(Paul Virilio)曾经说过,我们处于一个现实加速的时代,新的技术在不断地打破速度的极限,让人们的身体以及信息以越来越快的速度传输,最终会导致空间消失,人类失去栖居的场所。[2] 这恰恰是《卡通农场》玩家在游戏中的真实写照:不想等待,只想加速。

进一步看,《卡通农场》由一个复杂的经济系统所驱动。他们播种收割,扩建农场和仓库,购买生产设备,接受各种订单,并根据订单的内容精心筹划,选择生产程序。例如,想要在烧烤架上生产一个鲜鱼汉堡,玩家需要准备2份鱼肉、1份辣椒和2份面包。其中,准备鱼肉最为烦琐。为了获得鱼肉,玩家就需要花大约一个半小时制作鱼钩,而鱼钩在这里是一次性的消耗品,每个鱼钩只能用来钓一条鱼。如果想要一次捕捞几条鱼,那么玩家就要使用渔网,用2小时织好一张网,再花将近20个小时布网,才能完成捕捞。至于面包,玩家需要先收集3份小麦,再用面包房烤制5分钟。与小麦相比,辣椒的生产周期要长得多,从播种到收获需要3个小时。待所有材料备齐后,玩家要确认烧烤架是否有闲置空位,然后再花费2小时烤制,最后才能成功制作出一个鲜鱼汉堡。

有时候,玩家可以利用游戏规则获利。例如,当玩家不愿生产订单中的产品但又想完成该任务时,他们可以从其他玩家的摊位上低价购买相应的产品,然后高价卖出,从中赚取差价。这导致某些玩家基本不种小麦,因为他们可以轻易地花1金币买到10个单位的小麦。再如,农场的地上偶尔会随机出现宝箱,玩家需要花费钻石才能将其打开,但有时却发现里面没有自己需要的东西。碰到这种情况,玩家如果马上退出游戏,再重新登录,那么系统就会恢复到开启宝箱之前的状态,钻石还会返回到玩家账户中。

由此可见,农场里的生产环节环环相扣,付杂费时,玩家需要精心算计,才能交付最终的订单。随着游戏的推进,玩家远离了充满绿树青草和乱石的土地,最大限度地开采并利用自然资源,无休止地生产及出售产品,形成了畜牧、餐饮、防治、挖矿冶金、水产养殖等各种产业链,以便交付从海陆空源源不断涌来的各种订单。农场游戏玩家成了疲于应付订单的生产者,农业活动变质为流水线生产。这样的后果是,玩家原本期待一个浪漫的休闲桃花源,却亲手打造了一个暗黑版的资本童话。

增长神话:农场游戏的悖论

对《卡通农场》的玩家来说,起点都是相同的,最初继承的遗产只是百废待兴的小农场。然而过了一段时间之后,大家的农场出现了不同程度的变化。透过玩家们分享的游戏截图,我们可以看到很多宏大炫酷的农场。例如,有的已经将单层的农舍扩建成了双层别墅;有的为院子增加了大片的人工景观,不仅铺着石子路,而且还用绿植和鲜花拼出了各种图案;有的玩家添加了池塘、长椅、雕塑和旋转木马;有的玩家甚至会特意为路灯换上圣诞装饰,并在院子中央放上几个雪人和水晶雪球。总之,玩家似乎只要在游戏中投入时间,农场就会出现不同程度的"增长",而且机会面前人人平等。如此一来,增长意味着富足,而富足又意味着民主,这就是法国学者波德里亚所说的消费社会中的增长神话。

按照联合国发布的数据,1960 年,全球城市人口的比重为 34%,到了 2021 年,这一数字增长至 56%。除了安道尔、亚美尼亚等少数国家以外,全球大部分地区的城市人口都在持续增长。[3] 根据国家统计局的调查,中国的城市人口比例在 1953 年为 13.3%,到了 2020 年增长至 63.9%。[4] 某些地区的城镇化率还要高于平均水平。城镇化转型也带来了生活方式和文化形态的变化，让我们迈入一种以都市文化和消费文化为主导的社会。

波德里亚指出，在消费社会中，增长是一种恶性循环，其矛盾性在于，它同时生产商品和需求，商品的产量取决于工业生产率和经济生产率，需求的产量则依赖社会分化的逻辑。值得关注的是，消费社会不仅形成了一种新的生产力，还导致一个生产率较高的经济体系进行了垄断式重组，促使一种新的社会化模式应运而生：工业体系先将大众社会化为劳动力，接着再将其社会化为消费者（也即是控制他们）。[5]

从生产的角度看，玩家的确是以新一代农场主的身份来到乡村。然而实际上，无论是种地收割，还是织布烘焙，抑或是采矿炼金，都需要玩家一个人亲自照料，否则农场便无法运转。因此，在农场这个资本体系中，玩家是名副其实的劳动力。

从消费的角度看，《卡通农场》的玩家们还需要持续购买物品，有时是因为自身缺失某些生产资料，有时是为了加速生产，有时则纯粹为了炫耀性装饰。在游戏农场中，所有生产资料和产品都变成了一种可供交换的符号。农场也成为现代人生存状况的隐喻式表达，被交换价值和消费文化主导。虽然玩家能够通过完成各种任务而获取钻石，但其数量却相当有限。如果游戏者想要拥有足够的钻石，以便随心所欲地支配农场中的时间,就要不可避免地成为氪金玩家,持续为游戏付费。

进一步看,只要有足够的钻石和金币,玩家就能改变游戏世界中的时间,能从其他玩家的农场里直接购买成品,再转手卖给自己的甲方,甚至还能购买劳动力(游戏中的帮手),以便帮自己寻找那些颇为费时费力的产品。在农场中,甚至连宠物也是为了增加玩家的游戏值而设置的道具。为了鼓励玩家消费,游戏中会定期开展促销活动,花更少的钱购买更多的钻石。更重要的是,农场的资本体系不仅包括玩家各自拥有的小型产业生态,还囊括了全世界的玩家们共同构建出的整体工业框架,让玩家成为真实意义上的消费者。

如此一来,波德里亚的预言在农场游戏中成为了现实。生产与消费两种角色在玩家身上合二为一,导致玩家被农场游戏牢牢控制住,沉浸在消费、增长、富足、享受中不能自拔,与梦想中的乡村桃花源渐行渐远。

不难看出,与其说玩家在游戏中享受乡村,不如说得到了更深层次的异化。即便将玩家利用游戏漏洞获利视作某种形式的游击式抵抗,这种抵挡的效力也是微乎其微的。就像肖恩·库比特所说的那样,在游戏世界中,玩家一门心思想通过魔法控制别人、控制游戏世界,从而赢得胜利,但在此过程中,玩家的自我也受到了控制。[6]在接受游戏规则并进入游戏界面的那一刻,玩家就被游戏询唤为一个无力的木偶人,在资本逻辑和消费文化主导的虚拟世界中漫无目的地游走,把自己的生命自动化为平庸的时间,任其在滴滴答答的数字变化中毫无目的地消耗。

因此,农场游戏中的玩家通过金黄的干草、家畜的叫声和绿色的有机农生活进行卡通涂鸦,生产出了乡村这一空间。没有到过乡村的人将这个浪漫空间等同于自然,通过间接的体验想象桃花源,将乡村视作自己最为原初的母体式乐园。以前曾有过乡村体验的都市人,通过游戏将乡村从记忆中提取出来,有意无意地掺杂着自己的想象生产乡村,梦想能拥有富足的替代性人生。这种集体想象与工业化进程是孪生子,至今依然存在,并将持续下去。

性别养成游戏：
解码游戏中的女性神话

2017年初，有关游戏的新闻标题频频出现在大众视野中。先有清华女玩家石悦引发热议，各大媒体纷纷讨论"名校生"与"游戏主播"两种身份之间是否匹配。后有著名游戏改编电影《生化危机》和《刺客信条》于2月24日组团登陆中国院线。作为两款更受男性玩家追捧的经典作品，前者是少数以女性为主角的电子游戏，而后者则出自著名的女性游戏设计师婕德·雷蒙德（Jade Raymond）之手。

从游戏研究者的角度看，以上事件分别指向了女玩家、游戏中的女性角色以及女性游戏产业从业者，"性别"成为讨论游戏文化的一个重要维度。在男性视角主导电子游戏话语的时代，游戏产业、游戏作品和游戏玩家共同构建出一个女性神话，或者借用游戏术语来说，这是一个性别的养成游戏，整个社会都是这个游戏的玩家。

游戏中的女性刻板印象

游戏世界中的女性符号通常是迎合男性趣味的产物,最典型的例子是美少女游戏。作为一种源于日本的游戏类型,"美少女游戏"(又被称为Galgame)回应了日本的御宅文化,通常让玩家以第一人称视角与多个女孩儿谈恋爱,其中不乏成人尺度的女性游戏角色和剧情。有时,此类游戏还会带有强迫、暴力等元素,甚至被纳入色情游戏(Eroge),受到许多男性玩家的追捧,例如《天使们的午后》(天使たちの午後,1985)、《雪之少女》(*Kanon*,1999)等。

自2011年起,著名女性游戏批评家安妮塔·萨克希安(Anita Sarkeesian)发布了一系列短篇视频,名为《电子游戏中的套路与女性》(*Tropes vs. Women in Video Games*),聚焦欧美游戏生态,反思了女性游戏角色中的主要刻板类型。[1]

首先是"落难少女",即年轻漂亮的女孩儿被怪物掳走而陷入险境,最终被玩家扮演的男性英雄解救出来,并与其喜结良缘。其中,男性角色是主体,而女性角色是客体。典型的例子是《星际火狐之大冒险》(*Star Fox Adventures*,2002)中的克里斯托(Krystal)。她不仅是需要男性玩家角色麦克劳(Fox McCloud)解救的对象,而且形象也颇为性感,完全迎合了男性玩家的审美趣味。该游戏由英国的莱尔社(Rare)开发,由任天堂发行。

值得注意的是,按照莱尔社在1999—2000年期间的设计规划，克里斯托应该是游戏《恐龙星球》（*Dinosaur Planet*）中两位玩家角色之一。也就是说，玩家原本有机会以这位女性角色的视角展开探险之旅，但开发团队后来按照任天堂制作人宫本茂的意见，将游戏角色和故事进行了改写，并将游戏收入了"星际火狐"系列。

在 20 世纪八九十年代，落难少女角色颇为盛行，其他案例还包括《大金刚》（*Donkey Kong*，1981）中的宝琳（Pauline）、"超级马里奥兄弟"系列中的桃子公主（Princess Peach）、《功夫大师》（*Kung-Fu Master*，1984）里的西尔维娅（Silvia）、"塞尔达传说"系列中的塞尔达公主等。

第二类被称为"冰箱中的女人"，也就是受害女性。此类女性角色通常出现在超级英雄题材的故事中，其功能就是被杀害，进而沦为触发男性主人公下一步复仇行动的边缘形象。在有些故事中，女性角色被伤害的剧情被无限度强调，甚至会成为受虐色情叙事。很多游戏都存在着这种女性 NPC 角色，如《细胞分裂》（*Splinter Cell*，2002）、《战神 1》（*God of War 1*，2005）和《神鬼寓言 2》（*Fable II*，2008）。其中，玩家角色通常设定为男性，他们因为女性家庭成员受害而踏上复仇之旅。

第三类是"女版男性角色"，即对同系列男性玩家角色的简单复制，例如游戏《吃豆小姐》（*Ms. Pac-man*，1982）。其中，游戏设计师在《吃豆人》（*Pac-man*，1980）的玩家角色基础上，增加了蝴蝶结和简单的女性妆容，并在宣传海报上使用了颇为性感的妆容、高跟鞋、大长腿、珠宝和皮草。

从表面上看，此类游戏似乎为玩家提供了女性玩家角色，但实际上却用特定元素进一步强化了游戏中的女性刻板印象，最典型的元素是蝴蝶结。除了上文中提到的吃豆小姐，"罗罗大冒险"（Adventures of Lolo）系列中的拉拉（Lala）、《鳄鱼小顽皮爱洗澡2》（*Where's My Water? 2*，2013）中的艾莉（Allie）、《像素起跑2：未来外太空传奇》（*Bit.Trip Presents... Runner2: Future Legend of Rhythm Alien*，2013）中的指挥女官（CommandgirlVideo），也都使用蝴蝶结来标记女性角色，跑酷游戏《死亡巨石》（*Giant Boulder of Death*，2013）甚至还推出了一款戴着蝴蝶结的粉红色巨石。至于"超级猴子弹跳球"系列（Super Monkey Ball）中的女版角色，游戏设计师使用了粉色系的鲜花和短裙；而《刺猬索尼克》（*Sonic the Hedgehog*，2006）中的女性角色艾米·罗斯（Amy Rose）则是将男性角色的蓝色皮肤修改为粉红色，并配上了红色的短裙。

第四类是"性感女恶魔"，即恶魔、机器人、外星人、吸血鬼等反派通常伪装为性感的人类女性，将性感作为主要武器，诱惑、操控并杀害可怜无助的男性，是故事主人公需要对抗的反派，例如电影《变形金刚2》中由伊莎贝尔·卢卡斯（Isabel Lucas）扮演的霸天虎爱丽丝（Alice）、《异种》（*Species*）中由娜塔莎·亨斯屈奇（Natasha Henstridge）扮演的变形女杀手、动作冒险游戏《蝙蝠侠：阿卡姆疯人院》(*Batman: Arkham Asylum*, 2009)中的毒藤女(Poison Ivy)等。

第五类是"女帮手"，通常以 NPC 的形式出现，旨在为男性玩家角色提供技能上的帮助或情感上的鼓舞，例如《生化奇兵：无限》(*BioShock Infinite*, 2013)中的伊丽莎白(Elizabeth)。在游戏中，她不仅精通地理、医学、物理、密码学、开锁等技能，而且还具有控制空间裂境的超能力，一路为玩家角色伯克·德维特(Booker DeWitt)保驾护航。从《半条命 2》(*Half-Life2*, 2004)中的艾利克斯(Alix)，到《古堡迷踪》(*Ico*, 2001)中的尤达(Yorda)，都属于这一类。在《合金装备 5：幻痛》(*Metal Gear Solid V: The Phantom Pain*, 2015)中，游戏为男性玩家角色提供了四个帮手角色，分别是一只狗、一个机器人、一匹马和一个女人。不难看出，此类女性角色在游戏中变成了不折不扣的"工具人"。

此外，还有很多女性游戏角色发挥"花瓶"或"奖杯"的功能。前者只是按照男性的需求来设计的人物，以彰显男性在性或暴力方面的"优越性"，如《侠盗猎车》中以路人身份出现的女性角色；后者通常是作为玩家游戏的奖励而出现，以代替金币等传统的评价方式。

萨克希安进一步指出，电子游戏与其他大众媒体类似，往往都遵循着"蓝精灵法则"(Smurfette principle)，主要演员的性别比例出现了严重失衡，通常是多位男性和一位女性的组合，其中的女性角色就像动画片《蓝精灵》（*The Smurfs*）中的蓝妹妹。

即便有些游戏开发者将女性设定为主人公，但却依然无法摆脱性别偏见。例如，"超级马里奥兄弟"系列游戏中的桃子公主每次都是被绑架的对象。但在任天堂DS版的《超级桃子公主》（*Super Princess Peach*，2006）中，她终于从被害人逆袭为游戏主人公，承担拯救马里奥的重任。原本这一改变是游戏角色设计理念上的一大进步，但游戏却以反讽的方式来表现桃子公主：用女性的情绪作为玩家的武器，情绪越失控，玩家的力量越大。因此，玩家能看到公主通过歇斯底里的大哭来打败敌人的情景。

在国产游戏中，游戏世界观通常会借鉴武侠小说、玄幻网文以及热门影视剧，例如MMORPG《天龙八部》源于金庸的同名武侠小说，手机游戏《斗破苍穹》改编自天蚕土豆的同名网络文学作品，"轩辕剑"系列灵感来自电影《倩女幽魂》，此类作品的主要受众依然是男性。因此，国产游戏中也不乏萨克希安提及的一些性别套路。以《仙剑奇侠传》为例，赵灵儿是典型的"落难少女"，而林月如和阿奴则是玩家角色李逍遥的女帮手。

至于角色设计，虽然国产游戏中的女性不会像日本的美少女游戏中那样尺度如此之大，但不管是客户端游戏、网页游戏，还是移动端游戏，往往也会突出女性的胸部和腿部，在美术设计时过于强调女性身体。她们虽身披战袍手持神器，但却经常穿着清凉,或是带有性暗示,有的怕是都无法达到中国国际数码互动娱乐展览会(简称 China Joy)的限装标准。从国风幻想游戏《天下3》中的冰心、翎羽、魍魉、云麓四派到《剑网3》中的五毒、凌雪阁两帮,此类情况举不胜举,尤其是在早期网络游戏中。似乎女性角色存在的理由就是满足男性玩家的感官需求。在这种氛围下,男性玩家堂而皇之地对女性角色的身材评头论足,将物化女性的游戏设计视作理所当然,甚至有些玩家及媒体将"乳摇"作为一个话题,从游戏史和游戏制作的角度讨论"胸部物理"之道。

消费困境:当游戏照进现实

近年来,女性已经在全球游戏生态中占有很大的比重。根据脸书公布的数据,截至 2020 年,女性玩家占全球游戏玩家总人数的 47%,在手机游戏领域,女性玩家占比高达 61%。自 2018 年以来,每周访问游戏社群网站的女性玩家增加了 10%。仅 2020 年,全球脸书游戏小组的女性成员人数飙升 195%。同年下半年,在脸书游戏小组的管理员和版主中,女性互动次数为男性的 6 倍多。在手机游戏领域,女性玩家占比高达 61%。[2] 在中国,女性游戏玩家的人数也在持续增长。根据《2019 年中国游戏产业报告(摘要版)》,截至 2019 年,女性玩家占国内玩家总数的 46.2%。[3]

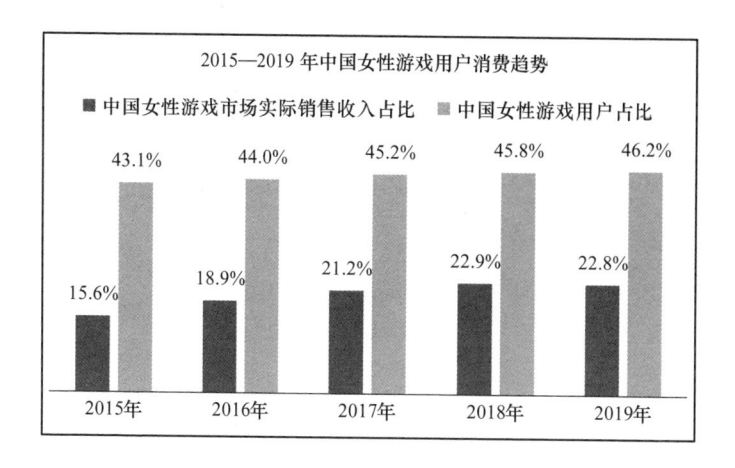

2015—2019年中国女性游戏用户消费趋势

年份	中国女性游戏市场实际销售收入占比	中国女性游戏用户占比
2015年	15.6%	43.1%
2016年	18.9%	44.0%
2017年	21.2%	45.2%
2018年	22.9%	45.8%
2019年	22.8%	46.2%

然而值得注意的是,虽然女性玩家人数有显著增长,但女性用户付费的比例却不高。以上图为例,中国女性游戏市场销售收入只占年度总收入的约五分之一。换句话说,男性依然是游戏的核心消费者,是游戏厂商想要取悦的群体,他们的趣味在很大程度上主导着游戏话语。

在线下的现实世界中,一方面,游戏公司和游戏媒体往往会携手合作,通过 coser、游戏展台模特(又被称为 showgirl)、游戏主播等将二次元中的女性形象呈现在玩家眼前,导致女性很容易成为游戏周边文化中的物化符号。

所谓 coser,源于 cosplay 一词,指模仿、扮演动漫及游戏中的角色,进行角色扮演的人就被称为 coser,旨在最大限度地模仿二次元的人物形象,既是一种个人兴趣,也可以成为游戏厂商的宣传方式。作为一个趣缘群体,cosplay 是二次元群体的爱好，这无可厚非。然而，coser们一旦选择模仿上文中提及的负面女性游戏角色，那无疑就会将虚拟世界中的性别刻板印象延伸到现实生活中。

此外，纵览国内外各大游戏展会，性感的制服几乎是游戏展台模特的标配，后者也因此像商品一样吸引男性玩家的关注。按照厂商的要求，她们以固定的队形或姿势出现在展台上，台下的摄影机便以各种奇葩的视角进行拍摄。这种被人诟病的宣传手段曾让人们产生一种错觉，即参加国内游戏展就是为了看"妹子"，而不是赏游戏。

也正是因为如此，China Joy 于 2015 年公布新规，对女性工作人员着装标准做出限制，违者罚款 5000 元，又被称为"限胸令"。即便如此，当年的用户问卷依然显示，约 43% 的男玩家参加展会的动机还是"看妹子"。虽然 2016 年展会官方再次进行了服装审核，禁止"超标裸露"，但厂商和媒体却将注意力"巧妙地"转移至女性模特的"美腿"，活动官方网站还将"美女美图"设定为主菜单的一部分，占据中心位置。

与此同时，也有女孩儿打着玩游戏的名义混迹在游戏主播中，迎合男性观众的不当趣味。因此，性感、颜值、拜金、潜规则等负评价总是与展台模特及游戏主播如影随形，成为她们的标签。

另一方面，女性玩家人数的增加，让游戏开发者瞄准了"她经济"，推出了越来越多的"女性向游戏"。

女性向游戏,又被称为乙女游戏(乙女ゲーム),源于日本,玩家角色通常设定为女性,并提供数位颜值高、声音美的男性 NPC 角色,通过一系列生活模拟任务,让玩家有机会与心仪的对象发展浪漫关系。从最初火爆全网的《恋与制作人》到后来的《时空中的绘旅人》(2020 年至今)、《光与夜之恋》(2021 年至今)等,国内主要的游戏厂商几乎都推出过此类作品。

根据哔哩哔哩对国内市场的调研数据,乙女游戏用户的年龄处于 14 岁至 40 岁之间,其中,18 岁至 24 岁的女性占比高达 63%;本科及以上学历者占 57%;68% 的用户每天游戏时长都在 1 小时以上;逾 80% 的用户月收入在 5000 元以下。[4]

如果说之前的游戏将女性呈现为沉默的 NPC,那么乙女游戏则将女性玩家变成了主动的消费者。以《恋与制作人》

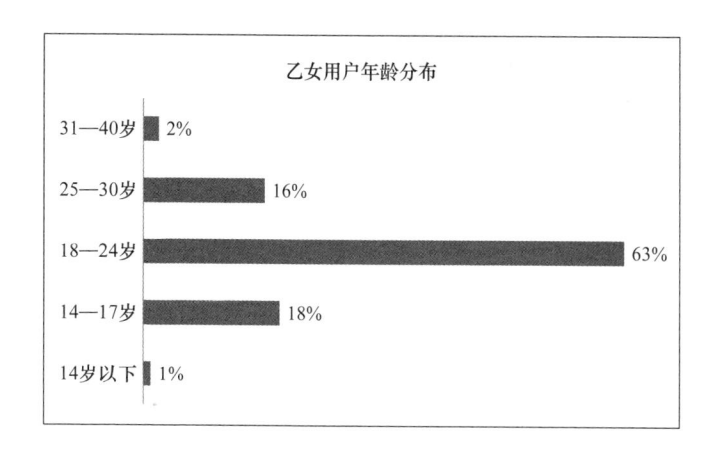

乙女用户年龄分布

31—40 岁	2%
25—30 岁	16%
18—24 岁	63%
14—17 岁	18%
14 岁以下	1%

乙女用户游戏时间

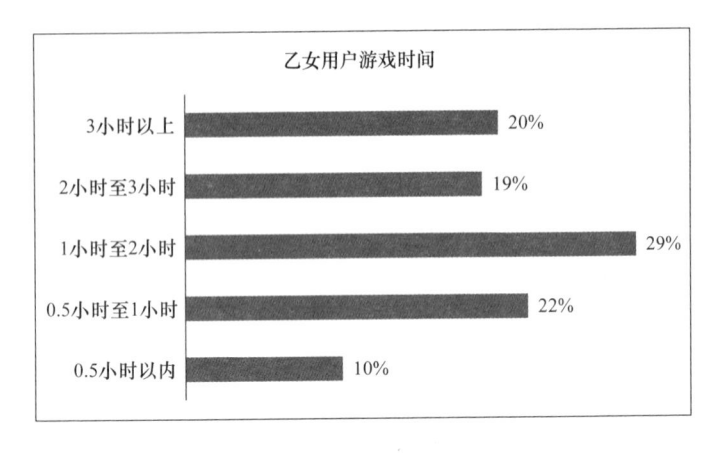

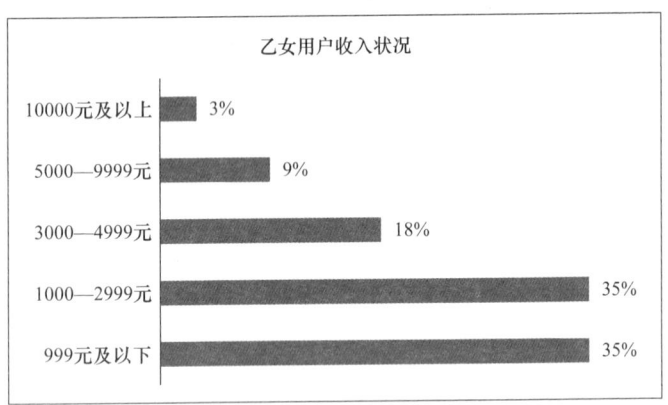

- 3小时以上：20%
- 2小时至3小时：19%
- 1小时至2小时：29%
- 0.5小时至1小时：22%
- 0.5小时以内：10%

乙女用户收入状况

- 10000元及以上：3%
- 5000—9999元：9%
- 3000—4999元：18%
- 1000—2999元：35%
- 999元及以下：35%

为例,在游戏中,玩家为了将虚拟恋情持续下去,需要持续付费、抽卡。游戏刚上线一个月,收入就超过了2亿元。

不仅如此,玩家对游戏角色的情感显然冲破了次元壁,拓展到了现实世界。2018年1月13日,有女粉丝斥巨资在深圳京基100大楼租下了LED屏,为游戏中的"男友"李泽言庆祝生日。[5] 至于另一位男性角色周棋洛，他的"女友"们更是将庆生广告打到了美国时代广场大屏幕上，甚至还集资以他的名字命名了一颗星星，并表示"以星光起誓，爱你万年"。

通过游戏内外的消费，女性用户为这些"纸片男友"付出了大量的时间、金钱和情感。从表面上看，她们似乎将凝视的权力关系倒转过来，从被男性观看的对象转变为观看男性身体的主体。然而实际上，此类游戏不仅依然传达着传统的男性话语，而且还让女性玩家付出了更大的代价。它们以爱情之名，为女性玩家设置了一个粉红色的消费陷阱。在面对现实困境时，爱情成了女性玩家的万能药，她们唯一能依靠的只有男性的情感陪伴，而且需要为之持续消费，可谓又肝又氪。

生产困境：游戏职场中的性别歧视

2014年9月23日，财富网（fortune.com）以女性游戏设计师为主题，详细介绍了对游戏产业产生重大影响的十位女性，包括克尔斯顿·杜瓦尔（Kirsten Duvall）、特蕾西·福勒顿（Tracy Fullerton）、切尔西·霍威（Chelsea Howe）、宝琳·杰基（Pauline Jacquey）、布兰卡·朱迪（Blanca Juti）、艾米·乔·金（Amy Jo Kim）、凯西·普莱斯顿（Cathy Preston）、谢尔班·莱迪（Siobhan Reddy）、邦妮·罗斯（Bonnie

Ross）和玛格丽特·华莱士（Margaret Wallace），其中不乏任职于著名游戏公司的精英女性。[6]需要肯定的是，她们用傲人的成绩有力地回击了性别偏见，打破了女性不适合游戏工作的刻板印象。

既然女性已经涉足游戏设计领域，这是否意味着游戏中的性别偏见已经消失了呢？答案是否定的。游戏设计团队从不反对女性成员加入，她们甚至成为团队的主导者。但为让作品成功获得利润，很多女设计师也要精准把握男性玩家的需求，制作男性视角游戏。以游戏公司育碧为例，《刺客信条》和《看门狗》（*Watch Dogs*，2014）都是深受全球男性玩家赞誉的3A大作，却都出自女性游戏制作人之手，分别是婕德·雷蒙德和宝琳·杰基。也就是说，女性可以做游戏，但通常要跟男同事一样，做男人喜欢玩的游戏。

就在同一年，美国出现了引发巨大争议的"玩家门"，再次印证了女性游戏开发者在线下面临的严峻挑战。

"玩家门"源于玩家对独立游戏《抑郁探索》（*Depression Quest*，2013）及其开发者做出的负面评价。女性游戏制作人佐伊·奎因（Zoe Quinn）饱受抑郁症的困扰，因此制作出这款网页游戏，旨在帮助玩家治愈同样的心理问题。面对使用不道德方式推广游戏的指控，虽然有媒体公开证明奎因的清白，但这位女性设计师仍引发了男性玩家及公众人物的网暴。很快，对奎因的尖刻批评持续发酵并处于失控状态，为美国女性独立游戏制作人及游戏评论者带来了致命的危险，演变为一场臭名昭著的性别歧视运动。奎因持续受到男性玩家的恶性攻击，包括辱骂、寄恐吓信、人肉搜索，甚至死亡威胁。[7]

与此同时，女性独立游戏制作人布莱安娜·吴（Brianna Wu）和前文中曾提及的安妮塔·萨克希安也成为被攻击的目标，一度处于有家不能回的状态。2016年1月31日，国外著名社交网站上公布了一段视频，其中一名男性站在铺着积雪的路上，一边歇斯底里地喊叫，一边疯狂地踢着一辆翻倒在路边的丰田汽车。他号称是"玩家门"的拥护者和"正义使者"，准备要对布莱安娜·吴展开报复行动。"玩家门"在国外引发了巨大的社会反响，同年2月11日，美国电视台NBC将这一事件改编成电视剧，名为《恐怖游戏》，收入"法律与秩序：特殊受害人"系列。[8]

根据《2018年中国游戏产业报告》，2018年中国游戏产业从业者中仅有27.3%为女性。[9]全球游戏开发者大会（GDC）每年也会对游戏产业的性别多样性展开调查。最新统计数据显示，2022年游戏产业的从业者依然以男性为主，女性仅占20%。[10]当被问及所在团队存在哪些影响性别多样性的问题时，游戏开发者表示，"我们似乎很难找到具有相应能力的女性程序员或工程师"，"整个产业对女性如此不友好，以至于她们甚至都无法申请这些工作"。[11]

即便成功加入游戏开发团队，女性也可能在职场中面临不同程度的性别偏见。2021年7月，加州公平就业和住房部

2015—2022年游戏从业者性别分布

年份	女性	男性	不想回答或其他
2015年	15%	85%	0
2016年	18%	82%	0
2017年	20%	78%	2%
2018年	17%	80%	3%
2019年	19%	77%	4%
2020年	21%	75%	4%
2021年	21%	73%	6%
2022年	20%	73%	7%

对全球知名游戏企业动视暴雪提起了诉讼,称该公司培养了一种"兄弟会男孩"(frat-boy)职场文化,带有严重的性骚扰和性别歧视行为。[12]

所谓兄弟会,是美国大学中以希腊字母命名的学生社团,是享有强社交纽带的趣缘文化社群。新生入学后可以报名参加这些社团,面向男生的叫兄弟会,面向女生的是姐妹会。学生想要加入兄弟会,必须要通过会中成员一系列的面试和筛选,然后有资格进入入会考验期,一般长达一个学期。入会考验的方式和过程通常都是保密的,有的任务比较荒唐,极端情况下会给学生的身心造成严重伤害,带有浓重的新人霸凌和性别歧视色彩。

加州公平就业和住房部对动视暴雪进行了长达两年的调查,发现女性员工约占动视员工总数的20%,但女性员工持续面临着性骚扰、薪酬不平等和打击报复,公司的就业条款等制度对女性存在着结构性歧视,涉及报酬、工作分配、晋升以及解雇等方面。加州公平就业和住房部提交给法院的文件中援引了员工的投诉内容。

例如,《魔兽世界》团队的女性员工表示,男性员工和主管会跟她们搭讪献殷勤,发表关于强奸的侮辱性观点,还会有其他侮辱式行为。其中,《魔兽世界》的开发者阿夫拉西比(Alex Afrasiabi)以骚扰女性而闻名,甚至用强奸犯比尔·科斯比(Bill Cosby)来命名自己在2013年暴雪嘉年华(BlizzCon 2013)的宾馆套房,把这个房间叫作"科斯比套房"(Cosby Suite)。[13]《使命召唤》的员工则用不雅词语设定邮件签名(即1-800-ALLCOCK)。[14] 此外,男性员工还一边喝酒,一边在办公室隔间爬行,并经常对女性员工做出不当行为。有些女员工表示,怀孕会影响自己升职,曾经因为去幼儿园接孩子而受到批评,曾经因为男同事要占用哺乳室开会,而被赶出哺乳室。[15]

加州公平就业和住房部指出,动视暴雪的领导层一直没有采取措施来防止歧视、骚扰和报复行为,没有发布禁令,强制动视遵守工作场所的保护措施,也没有调整、补发女性员工的工资,或就其工资和福利损失做出补偿。

其实早在2020年,30名动视电竞部门的女员工就给部门负责人发了一封邮件,表示她们"受到了令人不悦的触摸、侮辱性的评论、对外貌的评论,而且被排除在重要会议之外"。但当时,这些反馈并未得到领导层的重视。[16] 面对 2021 年的指控,动视暴雪于 8 月 3 日在官网宣布,任命女性高管詹妮弗·欧尼尔(Jennifer O'Neal)担任联合负责人,以应对这次危机。[17] 然而在 11 月 17 日,詹妮弗·欧尼尔就辞职了,并对媒体表示,自己和男性同事麦克·易巴哈(Mike Ybarra)同样都是 2003 年加入公司,都担任暴雪娱乐的联合负责人,但两人薪酬却不一样,男性的收入从一开始就更高。[18] 这再次印证了之前的指控。

关爱女性,推动游戏中的性别多样化

可以说,从游戏作品中的刻板印象,到现实世界中的游戏消费,再到"玩家门"和动视暴雪危机所呈现的游戏职场文化,都深刻地揭示出全球游戏生态中根深蒂固的性别歧视问题。让我们感到欣慰的是,各界已经开始关注性别多样性及包容性,并对现有问题展开反思。

英国《卫报》的游戏专栏曾刊登了《教你如何攻击游戏产业中的女性从业者》一文,作者用反讽的方式抨击了"玩家门"的受害者所遭遇的恶性攻击。[19]《游戏与文化》(*Games and Culture*)等国际学术期刊也陆续刊登了"玩家门"事件的反思文章,作者包括哥本哈根信息技术大学教授托里尔·埃尔维拉·莫腾森(Torill Elvira Mortensen)、美国艾奥瓦大学新闻与大众传播学院教授大卫·O. 道林（David O. Dowling）等。[20] 此外，索尼、微软等游戏大厂也呼吁动视暴雪正视企业文化中的性别歧视问题，小宅网（Kotaku）和多边形（Polygon）等知名游戏媒体还对相关事件进行了跟踪报道。

2016 年，《游戏开发中的女性》一书出版，由资深游戏从业者詹妮弗·布兰德斯·赫普勒（Jennifer Brandes Hepler）主编，收录了 31 篇女性游戏从业者的文章。[21] 2018 年，曾任职于《游戏信息杂志》（*Game Informer Magazine*）和拳头游戏（Riot Games）的梅根·玛丽（Meagan Marie）出版了自己的个人专著《游戏产业中的 100 位女性从业者》，从女性视角重写了游戏史。[22] 2022 年，另一位游戏产业老兵玛丽·肯尼（Mary Kenney）也出版了《电子游戏的 25 位女性奠基者》一书，涵盖从事游戏设计、剧情创作、游戏作曲、游戏引擎设计、电竞选手等工作的女性游戏从业者。[23]

值得注意的是，大部分著作都不约而同地提到了一个名字，她就是布伦达·劳雷尔（Brenda Laurel）。

布伦达·劳雷尔出生于 1950 年，1975 年获得俄亥俄州立大学戏剧、表演与导演学院艺术硕士学位，11 年后获得戏剧专业博士学位。从 1977 年开始，布伦达·劳雷尔曾先后就职于网视（CyberVision）、雅达利、动视等多家企业，是苹果、卢卡斯艺术娱乐、卡内基梅隆大学等企业和高校的顾问，后来在美国艺术中心设计学院、加州艺术学院等高校任教，并在这些学校创立了与互动媒体相关的研究生课程，目前是加州大学圣克鲁兹分校计算机学院的客座教授。她的主要著作包括《计算机即剧院》(Computers as Theatre)和《乌托邦企业家》(Utopian Entrepreneur)。此外，她的文章还多次出现在其他学术期刊和学术文集中，她曾多次受邀到产业和学界的权威学术会议发表主题演讲。

可以说，布伦达·劳雷尔在产业和学界都成绩斐然。其中，最令人瞩目的一项成就是紫月（Purple Moon）。紫月是一家游戏公司，于1996年由布伦达·劳雷尔等人联合创立，总部位于加州的山景城（Mountain View）。这家公司专门为8—14岁的女孩儿制作电子游戏，代表作是"罗克特"（Rockett）系列和"秘密小路"（Secret Paths）系列。

"罗克特"系列的第一部作品是《罗克特的新学校》(Rockett's New School，1977)。在这部作品正式发布前，布伦达·劳雷尔和团队进行了长达五年的研究。他们发现，在玩游戏时，无论是游戏类型，还是玩游戏的方式，女孩儿和男孩儿都不一样。举个例子，大多数男孩儿可能更喜欢快节奏的对战游戏，但女孩儿往往更喜欢节奏舒缓的探索类游戏或社交类游戏。当时，以男性为受众的游戏非常多，于是他们决定专门做一些女孩儿们喜欢的游戏作品。

《罗克特的新学校》和传统的男孩儿游戏不同。首先，这款游戏的主人公不是男性，而是一个刚刚升入8年级的初中女孩儿，名叫罗克特·莫瓦多（Rockett Movado）。其次，这款游戏的任务既不是枪战，也不是肉搏，更不是以成就比拼为目标的重复性操作，而是通过点击操作，用慢节奏探索一个中学女生在新学年开始后的学校生活。

从游戏类型上看，《罗克特的新学校》是一款视觉小说，也就是用图片和文字来呈现整个游戏内容，其间游戏会提供一些决策点，让玩家做出选择，从而影响游戏故事情节的进展。但《罗克特的新学校》跟普通视觉小说不一样的是，它没有在屏幕上显示文字，让玩家去阅读这些文字，而是使用了真人配音，并且用日常生活中的声音做背景音效，给玩家营造了一种写实的感觉，就像自己身处于一所学校中一样。在游戏中，你可以查看罗克特的背包和学生的储物柜，和同学们交谈，从而了解到同学们的相关信息。当遇到选择节点时，屏幕上会出现三种情绪，供你做出选择。在整个过程中，我们会体验到罗克特如何在新环境中与他人相处，如何交朋友，如何处理在学校中遇到的事件，既包括正向的情感，也有负面的情绪。

紫月的另一个游戏系列是"秘密小路"，第一部名为《森林里的秘密小路》（Secret Paths in the Forest，1977）。在游戏一开始，屏幕中间会出现一个大大的钥匙孔。透过钥匙孔，我们可以看到一条森林里的小路蜿蜒向前，路的尽头是就是一座高山，上面还有小溪潺潺流下。接着，玩家需要给自己的账户命名。然后屏幕上会出现一个神秘的魔法树屋，入口挂着一个牌子，上面写着"仅限女孩儿进入"。

和《罗克特的新学校》类似，《森林里的秘密小路》也是一部视觉小说，互动方式也类似，但为玩家提供了多个角色。举个例子，有个叫米可（Miko）的亚裔女孩儿，特别擅长国际象棋，而且还得过不少大奖。她的烦恼是，虽然自己因为聪明受到老师们的称赞，却担心同学们觉得自己爱出风头，从而讨厌自己。在这款游戏里，"小路"实际上就是每个女孩儿的成长之路，玩家在玩游戏的过程中，则透过女孩儿们的第一人称视角来体验她们的成长历程。

作为一家以研究为驱动的企业，紫月虽然推出了打破常规的创新产品，但由于当时商业模式不够成熟，因此没有取得商业上的成功。1999年初，紫月被玩具厂商美泰收购，但后续没有推出新的游戏作品，之前的作品在同年2月停止运营。从此以后，紫月这家与众不同的游戏公司也就此关闭。

当我们在讨论游戏和性别这个主题时，为什么不去讨论担任游戏企业高管、知名游戏设计师的女性，偏偏要特别关注布伦达·劳雷尔呢？当然，这并不是说游戏产业和游戏研究学界的女性不重要，相反，她们共同推动着游戏文化中的性别多样性。

但布伦达·劳雷尔特别值得关注的原因在于，她是一个不走寻常路的人，她以严谨的学术研究为基础，大胆开始了产业实践，面向8—14岁的女孩儿，探索着全新的游戏类型。虽然这种类型没有取得商业上的成功，但却是我们思考游戏文化的重要参考，而且毫不夸张地说，布伦达·劳雷尔的做法至今依然具有很强的前瞻性和启发性。

近些年来,我们经常听说女性向游戏,但在大多数情况下,这类游戏都在有意或无意地迎合着男性主导的性别话语,缺乏布伦达·劳雷尔和紫月游戏中对性别的反思,和对女性内心世界的深度关注。就像她在2009年接受采访时所说的那样:

> 几乎每隔一年就会有人标榜"重新发现"了"女孩儿市场",但我觉得这种活动缺乏政治和文化上的积极意义,与我们的做法不同。从某种程度上看,我们在紫月中推动的那种文化干预已无须存在,因为无论是女孩儿,还是成年女性,都能完全参与到以计算机为基础的互动世界中来。然而,我们仍然面临着一个问题,就是女性设计师很少有机会展示自己的游戏作品。而且有许多女孩儿和妇女感兴趣的类型和领域,依然没有受到关注。[24]

显然,布伦达·劳雷尔在十多年前说的这番话比较委婉,因为至今依然还有一些地区的女孩儿没有机会接触计算机,缺少数字素养和游戏素养方面的教育资源,甚至有可能在网络世界中面临着安全问题,需要成年人提供更多的关注和保护。即便是在经济更为发达的城市和地区,打破常规游戏设计套路和性别偏见的作品也不是很多。

可喜的是,随着性别意识的普及,各界纷纷为女性提供相应的技术支持。自2009年成立以来,NGO组织"游戏中的女性"（Women in Games）一直致力于推动游戏产业中的性别多样化，不仅为女性个体提供帮助，而且还定期组织相关国际会议。其官网也持续推送相关书籍及学术研究成果，招募高校及产业的志愿者加入，以促进行业内外对女性游戏从业者的支持。2011年，NGO组织"程序媛"（Women Who Code）成立，旨在为女性提供编程培训，以帮助其消除产业中的技术壁垒。截止到2022年，该组织已经遍布134个国家，组织过14000场免费活动，会员超过29万人，其中也包括男性成员。2016年，纽约大学游戏研究中心与巴洛文托基金合作设立了专项奖学金，为入校攻读游戏设计硕士学位的女性提供全额学费资助，进而让更多女性有机会成为游戏团队的核心设计成员。

回到国内，"程序媛"香港分部于2014年1月成立，为想要从事科技行业的女性搭建了交流学习的平台。同月11日，源于芬兰的公益项目"女孩帮手"（Rails Girls）也在中国落地，为女性提供时长为一天的编程入门培训及编程工具，帮助她们走进代码王国。2015年11月，《环球时报》（英文版）发表文章《程序媛》[25]，亦将视线投向中国女程序员的教育经历及工作状况，引发社会对科技产业中女性的关注。2020年4月，名为"女性玩家联合会"的豆瓣小组成立，至今已吸引了超过4万名会员，旨在创建一个不受男性话语主导的线上游戏社区。[26] 这些努力虽是星星之火，但会从不同程度上缓解游戏生态中的性别歧视，也会帮助更多女性成为游戏设计团队中的核心成员。

在学者、游戏媒体、游戏大厂对性别歧视的关注和反思中，我们可以看到性别多样化及包容性对游戏生态的重要性。同时，我们还可以看到对游戏文化进行批判性反思的必要性。只有摆脱传统的游戏话语套路，我们才能唤起整个产业及社会对女性的关注。

想要消除游戏中的性别偏见，首先需要男性游戏设计者及男性玩家改变物化女性的视角，对女性表现出足够的尊重，塑造一个对女性更加友好的游戏生态。更为重要的是，女性也需要跳出当前游戏界所编织的性别神话，提升自身的性别意识，像布伦达·劳雷尔一样对当前的游戏作品展开批判性的反思，主动地参与到游戏设计中。只有如此，女性玩家及设计者才能自信地在游戏世界中书写自己的故事。她们的征途，亦是星辰大海。

《仙剑奇侠传》：
90年代的奇幻江湖

在 2015 年火爆小银幕的国产电视剧《琅琊榜》中，化名江左盟盟主梅长苏的林殊设计将部下卫峥救出监牢。当负责看管犯人的悬镜司首尊夏江把梅长苏抓到悬镜司拷问时，后者却说卫峥已经逃出京城。夏江认为自己已经重重布防，将京城武装得如铁桶一般，重伤的卫峥根本不可能悄无声息地活着出去。面对这一质疑，梅长苏指出，整个过程多亏了武当派的李逍遥，此人曾受过江左盟的恩惠，如今投桃报李促成解救计划。看至此处，许多曾经玩过游戏《仙剑奇侠传》（以下简称《仙剑》）的观众为导演准备的"彩蛋"颇为惊喜，因为李逍遥就出自这款国产电脑游戏，是许多中国玩家奉为经典的游戏角色。

《仙剑》最初发行于 1995 年，是许多"80 后"玩家接触的第一款角色扮演类游戏。游戏发行后，制作团队还为中国玩家推出了多种类型的衍生作品，如小说、电视剧、漫画、舞台剧、广播剧、网剧、电影等，构建了一个仙剑宇宙。《琅琊榜》中梅长苏的扮演者胡歌就因主演电视剧《仙剑奇侠传》而年少成名，是游戏粉丝公认的"李逍遥"。同时，梅长苏侍卫飞流的扮演者吴磊也曾经演绎过网剧版的李逍遥。因此，游戏玩家们戏称《琅琊榜》中有三个李逍遥，并表示夏江不可能战胜如此强大的侠客组合。

在豆瓣社区，有1.6万多名玩家为《仙剑》打分，分数高达9.6，有超过80%的人给出了满分评价。在百度社区，"仙剑奇侠传吧"拥有近100万粉丝，累计发帖数超过了2600万。该贴吧的简介准确地描述出了这款游戏在中国游戏产业中的地位："仗剑江湖梦已远，仙剑奇侠永流传。"2021年，这款中国游戏史上的里程碑式作品登录Steam平台，有97%的玩家为它做出了好评，其口碑可见一斑。

时至今日，有些人可能会把这款游戏视为一个老套的侠客梦。然而实际上，如果我们将《仙剑》置于当时的社会历史语境中，不仅能够发现中国游戏产业的高光时刻，而且还能一窥90年代中国文化的现代性转型。

奇幻江湖中的游戏叙事

《仙剑》出自台湾大宇资讯股份有限公司旗下的游戏制作小组"狂徒制作群"。制作人姚壮宪在一次采访中表示，游戏原本名为"逍遥侠客行"，后来才改为"仙剑奇侠传"。其中，"仙"指女娲后裔赵灵儿；"剑"指玩家角色李逍遥；"奇"指来自苗疆的女孩儿阿奴；"侠"代表着侠义精神，指向了林月如。[1]

从名词角度看，在整个《仙剑》宇宙中，游戏世界、游戏关卡和游戏角色都带有许多传统中国元素。游戏世界分为六个部分：神界、仙界、魔界、人界、妖界和鬼界，时间跨度从远古时代（公元前2070年以前）一直到宋徽宗宣和五年（1123年）。盘古死后，其精气神分化成为伏羲、神农和女娲，三人又分别造了神、兽和人。同时，盘古的灵力幻化成水、火、雷、风、土共五灵，由女娲将其制成五灵珠，散落各地，只有女娲族裔才能唤醒五灵珠的灵力。游戏中六界的纷争其实就是人、兽和神之间的冲突，即人族分别与兽族和神族的战争。在第一次战争中，蚩尤率兽攻击人类，并且促使部分兽类修炼成魔，成为魔界。战争结束后，伏羲规定神族管理人类，保护人类免受蚩尤之扰。但后来神族腐败，人类奋起反抗，致使伏羲命女娲毁灭人族。女娲抗伏羲之命，带领人类对抗神族，于是大战又起。休战后，女娲力竭而死，将守护人类的重任托付给后代。[2]

除了盘古和三皇的故事，游戏中的道具和人物形象也颇具中国风味，其灵感来自中国的儒释道文化。例如：游戏中的丹药和符咒来自修仙文化；雄黄酒、孟婆汤、金蚕蛊等道具则是来自中国各地的民间传说；人物装备有玄铁剑、金缕衣、紫金冠等，游戏角色技能也颇有中国古风意趣，如李逍遥的御剑术和醉仙望月步、赵灵儿的三昧真火和风卷残云等。至于游戏关卡设计，中国风游戏会使用大量地名、神话传说等因素。以《仙剑》中的关卡路线为例，它是从余杭一路向南至大理，途经余杭酒馆、仙灵岛、苏州、隐龙窟、白河镇、玉佛寺、鬼阴山、扬州城、蜀山、大理王宫、南诏城等，既包括苏州、大理、余杭等真实的地理名称，又有鬼阴山等民间故事中的地下世界。每当玩家完成一个关卡任务时，获得的奖励也会以古代钱币的方式呈现。

从动词的角度看，《仙剑》为玩家提供了一种以探索为主、对战为辅的交互体验。在探索时，玩家可以使用键盘上的方向键四处走动，收集物品、解开谜题（如迷宫），碰到NPC时，按下回车键可开启对话，从而解锁相应的剧情。至于对战类场景，则会采用回合制形式。玩家同样通过方向键为一个（或多个）参与战斗的游戏角色选择招式，用回车键确认后，才会一并看到所有攻击的效果，然后进入下一回合，直至分出胜负。在此过程中，虽然一些对战或有难度，但整个游戏叙事还是以探索为主线，让玩家开始有趣又奇幻的冒险之旅。

在《电子游戏中的互动叙事》一书中，作者约西亚·莱博维茨（Josiah Lebowitz）和克里斯·克鲁格（Chris Klug）曾以神话学经典著作《千面英雄》为基础，提出了一个电子游戏版的英雄叙事框架，包括11个叙事片段，分别是普通世界、接到冒险的使命召唤、接受（或拒绝）使命、遇到导师、第一场大战、中间的关卡、最终战斗前的一个关卡世界、最严峻的终极之战、奖励、回家之路、回到家园。其中，故事通常采用古代文明元素，并会提供一些经典的角色，如

"失忆的主人公""邪恶的掌权者""族裔唯一的血脉"等。[3]

在《仙剑》中,李逍遥就是那个失忆的主人公。从仙灵岛回到村里后,他因为吃了苗人给的忘忧散而忘记了与赵灵儿成亲的事。直到临近游戏结尾处,当他看到被关在锁妖塔中半人半蛇的灵儿,才想起二人之间的海誓山盟。"邪恶的掌权者"是南诏国祭司拜月教主,他身居高位却觊觎皇权,并且伪装成巫王号令下属抓捕赵灵儿。赵灵儿既是南诏国唯一的公主,还是女娲神族的后人,是两个族群的最后血脉。后来,她生下女儿李忆如就去世了,后者接替她成为"族裔唯一的血脉"。除了这些惯用的游戏角色,《仙剑》中还采用了游戏叙事常用套路,例如李逍遥对抗拜月教主是英雄与邪恶势力的战争,这是典型的"从恶势力手中拯救世界"桥段。再如赵灵儿及其母亲的身份源于女娲的故事,这是典型的"古代文明"元素。

进一步看,《仙剑》玩家可以通过李逍遥的视角,在游戏中体验上文提到的英雄叙事框架。

《仙剑奇侠传》中李逍遥的英雄之路

1. 普通世界	余杭客栈的平静生活
2. 接到冒险的使命召唤	被苗人骗到仙灵岛
3. 接受(或拒绝)使命	与灵儿成亲
4. 遇到导师	酒剑仙传授武功
5. 第一场大战	与苗人在客栈内的打斗

续表

6. 中间的关卡	扬州、苏州等
7. 最终战斗前的一个关卡世界	穿越集齐五灵珠
8. 最严峻的终极之战	与拜月教主在南诏皇宫大战
9. 奖励	凄美的游戏结尾动画
10. 回家之路	告别阿奴，返家
11. 回到家园	大雪中，与妻女团聚

李逍遥的成长之路始于普通世界，也就是余杭客栈。那时，他只是个做着大侠梦的店小二。从某种程度上说，李逍遥是被苗人选中，要承担救国救民的使命。正是因为苗人使用巫术令李大娘突染怪病，李逍遥才会前往仙灵岛求药，并因此帮助苗人解除了岛上的机关。在他选择和灵儿成亲的那一刻，也就意味着他与这位女娲后人产生了斩不断的关系，进而与苗疆黑、白苗两族之争产生了关系，终将迎来与拜月教主的最终大战。作为李逍遥的师父，酒剑仙不仅传授给李逍遥武功，而且还总是在危难之时挺身而出，成为李逍遥冒险之路的导师。

彼时，李逍遥初学御剑术，首先需要与客栈内的几个苗人对战。如果玩家稍微不注意，就会迎来"大侠重新来过"的结局。之后，玩家会从余杭到扬州、苏州，最后抵达大理，其间经历各个不同的关卡。在终极战争之前，李逍遥还没有收集好五灵珠，此时游戏设置了一个闪回环节，让李逍遥穿越回十年前的大理，完成这一任务。除了五灵珠，如果李逍遥的经验值不够多，造成御剑术修为不够，那么也无法在终极战斗中取胜，唯一的解决方式只能是返回某个可以打怪的世界，修炼好功夫后再回来一战。

至于奖励，囿于当时计算机技术的限制，很多玩家都会把结尾的过场动画视作游戏最大的惊喜。只有在重重战斗之后，玩家才能看到这段视频，它用极为动人的影像语言表现了爱情、友情和亲情：

> 镜头1（快节奏音乐营造出异常紧张的氛围）：
> 拜月教主强行附身水魔兽的时候，阴暗的地牢被滔滔洪水淹没，李逍遥、赵灵儿和阿奴都被卷入水中，身披圣灵披肩的赵灵儿握着天蛇杖缓缓飞向空中。

> 镜头2（快节奏音乐切换成抒情音乐）：
> 画面上出现了一片空白，一抹蓝色从天而降。

> 镜头3（抒情音乐继续）：
> 画面上出现了洪水侵袭过的村庄，李逍遥和阿奴晕倒在房顶，旁边还有一只小狗摇着尾巴走来走去。

> 镜头4（抒情音乐继续）：
> 夕阳下的剪影，李逍遥拍着阿奴的肩膀道别，然后

转身离开。

镜头 5（抒情音乐继续）：

阿奴低垂着眼睑吹着笛子，在悲伤的笛声中，画面出现飘落的雪花，色彩亦转为黑白。阿奴逐渐从屏幕上消失，黑色的屏幕上只留下纷飞的白雪。

镜头 6（抒情音乐继续）：

雪继续飘落，画面出现被厚厚的积雪掩盖的野外，雪地上有一行踟蹰前行的脚印。镜头向上缓缓摇起，李逍遥小小的背影出现在画面边缘处。

镜头 7（抒情音乐继续）：

画面右侧，打着伞的赵灵儿站在树下，怀里抱着孩子，长发飘飘，深情地望着前方。接着画面出现"全剧终"文字，该文字停留了大约 10 秒之久。

这段动画交代了李逍遥的情感结局，这也是玩家们在整个游戏过程中翘首企盼的。夕阳下，李逍遥与阿奴告别，并伴随着阿奴的笛声踏上了回家之路。在最后一个场景，李逍遥见到了襁褓中的女儿李忆如，回到了家园。

中国游戏社群的俄狄浦斯轨迹

"俄狄浦斯轨迹"（Oedipal trajectory）一词源于电影学，指"古典好莱坞电影的一套惯例，凭借它，男主人公通过解决危机和维持社会稳定的行动，成功或不成功地完成这一轨迹"[4]。

就《仙剑》而言，首先，李逍遥从客栈出发闯荡江湖，完成了从草根儿到英雄的个人旅程。此外，这款游戏以其强烈的中国风和原创性，帮助整个中国游戏社群完成了一段俄狄浦斯轨迹。

纵观游戏发展史，最早的电子游戏可以追溯到上世纪50年代。1952年，当时就读于英国剑桥大学人机交互专业的博士研究生亚历山大·沙夫托·道格拉斯（Alexander Shafto Douglas），制作了一款名为OXO的井字游戏，用来证明自己博士论文中的理论假设。[5] 到了80年代，英国、法国、美国、日本等国家的游戏产业已经蒸蒸日上，软硬件都受到了全球玩家的追捧。在《仙剑》问世以前，中国游戏开发者大多模仿海外作品，国内玩家通常也很难找到优质的国产游戏。例如精讯公司出品的《侠客英雄传》（1991年），这款游戏基于DOS操作系统，改编自日本艾尼克斯（ENIX）发行的《勇者斗恶龙》（1986年），故事背景设定在明朝，与金庸的小说《倚天屠龙记》类似。

到了90年代，中国游戏开发者开始探索中国风游戏。

1990年，大宇推出了单机游戏《轩辕剑》。当时，程小东导演的电影《倩女幽魂II：人间道》（1990年）正在热映，因此制作团队将游戏中的角色命名为燕赤霞、小倩和宁采臣，但故事情节与电影没有关联。由于这部作品不太成熟，所以被视作半成品，接着在1994年推出了《轩辕剑2》。再以智冠为例，这家开发商于1992年推出了武侠类电子游戏《侠影记》和《如来金刚拳传奇》。后来，该公司购买了多部金庸武侠小说的版权，推出了金庸系列游戏，如《侠影记》（1992年）、《笑傲江湖》（1994年）、《倚天屠龙记》（1994年）、《鹿鼎记之皇城争霸》（1994年）等。不难看出，当时的游戏开发者在很大程度上还是在模仿电影、武侠小说。

与之相比，《仙剑》打破了上述既定模式，推出了颇具原创性的游戏叙事。就像姚壮宪所说的那样，《仙剑》"更多取材于武侠、古典名著、古代民间神怪传说等文学著作，构成了一个以中国文化为血肉的虚拟世界，能让玩家在体验游戏乐趣的同时，自然而然呼吸到中国文化的气息"[6]。这种独特性让玩家眼前一亮。研发团队在访谈中提到，当人们在台北电脑展第一次看到《仙剑》的演示版时，纷纷惊叹，觉得不可思议。自上市后，游戏热度居高不下，订单持续增加，包装团队经常需要加班到半夜。

可以说，《仙剑》的成功为国内的游戏生产和玩家注入了一针强心剂，帮助中国游戏从业者和游戏玩家成功地完成了俄狄浦斯轨迹，为国产游戏作品树立了绝佳的榜样。

现代性跳转中的李逍遥

如果我们把焦点从游戏社群拓展至更大的历史语境,那么,《仙剑》就不仅是中国玩家心中的白月光,而且还映射出 90 年代中国社会的现代性转型。

吉登斯认为,现代性是一种社会生活或组织模式,大约 17 世纪出现在欧洲,并持续在世界范围内产生着不同程度的影响。他指出,现代性以史无前例的方式让人们背离了传统,使人们遭遇到前所未有的变革。现代的科学技术和话语为人类带来了前所未有的体验,拓展了时空,在各方面提供了许多便利,但也为人们带来了诸多伦理道德、环境、暴力等问题。[7]

1990 年至 2000 年的十年,正好是中国向市场经济加速转型的时期。以北京为例,1990 年 GPD 总值为 500.82 亿元,到了 2000 年,这一数字攀升至 2478.76 亿元,人均 GDP 也由 1990 年的 4878 元增长至 2000 年的 22460 元。[8] 其中,全国城市的纯技术效率水平从 1990 年的 82.8% 提高了 7.7%,这一数据表明技术因素在城市的经济增长中发挥着越来越重要的作用。[9]

90 年代城市居民的生活消费趋势已经由传统的 "生存型" 转变为现代性的 "享受型",其中书报杂志、文化娱乐、旅游、休闲等文化消费比重不断提高。[10] 同时,城市消费也存在着越来越大的差异。例如,高收入家庭用于旅游的人均费用为167.14元,是低收入户的5.7倍。[11]从人口比重来看,到2001年,在北京市居住半年以上的外来人口共计246.32万人,接近全市总人口的五分之一,这一增长速度已经超出了城市总体规划对外来人口增长率的预测。[12]与此同时,人们的闲暇时间也日益增多。据统计,1996年北京居民"平均每天自由支配时间为4小时58分钟,比1986年增加近1个小时……其中工作日自由支配时间为4小时1分钟,增加33分钟;休息日自由支配时间为7小时21分钟,增加15分钟"[13]。

经济社会变革带来的现代性体验被记录在当时的文学作品及影像作品中。张颐武曾指出,对现代性的追问和反思是90年代文学写作的一个重要话题。在讨论长篇小说《风过耳》时,他认为,少年蒲如剑感受到社会语境的巨大变革,在断裂体验带来的极度失落与消费话语带来的诱惑中徘徊。在文章结尾,张颐武总结道,这一文学思潮"既是文化商品化的结果,又是对'冷战后'新世界格局的一种文化反应,它象征着一种世俗日常生活意识形态的崛起,一种与消费文化相适应的新话语的崛起"[14]。

同一时期,乡村书写中也出现了越来越多的城市景观。如果说蒲如剑看到的是一个华丽喧嚣的大都市,那么乡村写作中的都市形象则更多是基于城乡二元对立,展现城市的阴暗面。对于梦想城市生活的农村人来说,他们往往徘徊在城市的边缘,集中在"工地、菜场、发廊、车站、垃圾场、低级酒馆等场所……从事各种各样低下、辛苦、廉价的劳动"[15]。

伴随着城市化的进程,他们无法完全依赖务农而养家糊口,因此无奈地出走到城市中。然而,他们注定无法走入城市的主流,体验喧嚣华丽的大都市,只能变成城市最底层的一员。

学者戴锦华在《隐形书写》一书中描述了90年代中国的文化转型。她认为,随着电视机、电影、电话等新技术在中国家庭的普及,广告、通俗刊物与丰富的商品在人们的日常生活中越来越显见不鲜,当时中国人的生活方式也发生了极大的变化。一方面,人们的生活的确较之以前更为富足;另一方面,社会经济转型带来了阶层分化、下岗、家庭伦理等一系列问题。这一现代性变革被当时的影像记录下来:

> 电视连续剧《北京人在纽约》(1993年)在重述美国梦的同时,也在抒发着不无激愤、痛楚与狡黠的民族情感;在建构"富人与穷人""男人和女人""美国人和中国人"的故事的同时,也在消解并转移着二者间的对立。同样,《过把瘾》(1994年)、《东边日出西边雨》(1995年)在美妙光洁的准肥皂剧表象下展现着中国的无名世界化大都市景观,构造着"个人"和关于个人的文化表述,同时也在重申着"核心家庭"、家庭伦理、"平装版"的人道主义信条及商业社会的职业道德与职业伦理。而《苍天在上》(1996年)、《车间主任》(1998年)、《抉择》(1999年),则无疑试图触摸社会现实

中的重大命题,同时以经过缝合的革命经典叙事和通俗情节剧样式规避现实的沉重与挤压。[16]

对90年代的玩家来说,《仙剑》意味着一种充满现代性的震惊体验。根据国家统计局公布的数据,1995年,也就是《仙剑》发布的那一年,全球电脑普及率为每千人42.3台,而在中国,平均1000人中只有2.3台电脑,远远低于英、美、日、韩等国家。换句话说,电脑在当时的中国极为稀缺。

个人电脑普及率(1999年)[17]

单位:台/千人

	1990年	1991年	1992年	1993年	1994年	1995年	1996年	1997年
世界	25.3	28.3	31.0	33.2	36.6	42.3	50.7	64.2
中国	0.4	0.7	0.9	1.2	1.7	2.3	3.6	6.0
日本	59.7	65.3	69.4	77.6	92.0	119.8	161.9	202.4
韩国	37.3	45.4	56.8	68.4	86.4	107.8	131.9	150.7
美国	216.8	233.2	252.9	272.1	296.9	328.1	364.5	406.7
英国	107.6	124.6	144.8	164.9	169.5	201.7	216.0	242.4

不仅如此,当时的电脑操作系统也并不是现在的可视化界面,而是DOS系统。DOS系统界面是黑底白字,图像清晰度相对较低,鲜少出现声音,而且操作也更为烦琐,用户不仅要完全依赖键盘来输入,还得把操作指令熟记于心。例如,如果我们现在想用自己的电脑新建一个文件夹,只需单击右键,选择相应的菜单即可。若使用DOS系统,黑色的屏

幕上有一个闪烁的光标,我们需要输入"md"和空格,接着输入文件名(包括主文件名和扩展名),再敲击回车键。可见,这种系统既没有当代游戏设备的强大表现力,也存在着一定的技术门槛。

然而在《仙剑》中,玩家能看到彩色的游戏界面,听到和剧情匹配的游戏配乐,只需方向键和回车键,就能触发有趣的对话,加入激动人心的对战,探索一个奇幻的江湖。对于当时的玩家来说,它提供了一种中国风冒险游戏带来的震惊感。毕竟,之前的很多优秀电子游戏都是来自欧美或日本,鲜少出现仙侠风。即便当时已经有一些中国风游戏上市,但很多玩家最初的游戏体验依然始于李逍遥。

这种震惊不仅包括游戏技术带来的视听快感,还有玩家通过手指操纵按键来控制游戏角色而获得的快感。它不同于以往看电视或阅读小说的体验,整个游戏故事需要通过玩家互动式参与来共同完成,既与李逍遥一起体验闯荡江湖的过程,又与他一起经历凄美动人的爱情。更为重要的是,在游戏世界中,处处都可能藏有宝物,寻宝的过程与解谜的乐趣让中国玩家对《仙剑》爱不释手。

更为重要的是,玩家在《仙剑》中体验震惊的过程,也是在多个维度完成俄狄浦斯轨迹的过程,最终有效地消解了他们在现实世界中的现代性断裂。在这款足够复杂又有趣的游戏中，玩家既可以仗剑江湖，又能够求仙问道。在这个奇幻武侠世界中，玩家不断地探索，像侦探一样查看游戏中的物品，与游戏中的非玩家角色交流，从而获得解谜的线索。凭借这段虚拟的震惊体验，中国游戏产业尝试在全球游戏生态中找到一席之地，而游戏玩家们则用它来直面90年代中国的社会文化变革，用游戏江湖的方式来应对现代性跳转。

批判性游戏：
做头号玩家的正确姿势

从"爆肝"与"氪金"，从 DAU（日活跃用户量）到月流水，从电竞选手到游戏主播，以娱乐和消费为导向的标签频频出现在一些游戏媒体上，在很大程度上建构着当前的游戏文化矩阵。然而，很多人都忽略了一点，即游戏也有严肃的一面，也就是大家常说的严肃游戏。

简言之，电子游戏可以在两个向度上发挥严肃的效果。其一是与教育、医疗、艺术、商业、公共事务等领域结合，通过游戏的方式达成特定功能。例如故宫博物院推出的游戏专题，基于历史文献，让人们通过游戏的方式深度了解故宫的建筑及文物。再如可视化编程项目 Scratch，它源于名为"终身幼儿园"的麻省理工学院科学家团队，旨在通过游戏的方式引导儿童了解编程思维，甚至自己制作游戏或软件。

然而更值得关注的是，在另一个向度上，电子游戏还可以将严肃效果进一步提升，形成"批判性游戏"（critical games）。顾名思义，"批判性游戏"是以批判性思维为设计理念，旨在引发玩家对某一社会话题展开严肃的批判性反思。典型的例子是艺术家兼学者约瑟夫·德拉普（Joseph

DeLappe）设计的一系列反战题材作品，以及非裔学者兼游戏设计师林赛·格雷斯的短篇游戏。

批判式游戏：玩家与制作者的两种视角

与其他玩家不同，德拉普的游戏过程总是"不走寻常路"，擅长利用射击游戏文本来反思战争。2001年，他在网游《星际迷航：旅行者——精英部队》（*Star Trek: Voyager—Elite Force*, 2000）中，将自己的玩家角色命名为"艾伦·金斯堡"（Allen Ginsberg）。后者是20世纪著名美国诗人，反战是其作品中的重要主题之一。当别人拿着武器在枪林弹雨中厮杀时，德拉普却拿出了金斯堡的诗集《嚎叫》（*Howl*），在游戏中的即时通信区逐字敲出了全文，试图解构射击类游戏，并唤起玩家们对战争的批判性反思。在这一过程中，由于德拉普的玩家角色没有开枪，频频被击中身亡，因此他打字的过程总是被打断，总时间超过了六个小时。最终，他将上述游戏过程制作成一部引擎电影（Machinima），命名为《嚎叫：星际迷航旅行网游》。

可以说，这部作品就是典型的德拉普式批判性游戏：总是将电子游戏与其他媒体文本混搭，把暴力与平和并置，将纯粹娱乐与严肃思考相融合，从而形成一种反讽式的张力。透过反思视角，《雷神之锤3》（*Quake3*, 1999）中的死亡对决战场成为德拉普团队用文字表演美国情景喜剧《老友记》(Friends)的舞台；他化身"伊拉克死者"(Dead-in-Iraq)，在被美国军队用来进行军事训练的游戏《美国陆军》(America's Army，2002)中敲出了伊拉克战争中阵亡士兵的名字；在社交游戏《第二人生》中，他扮演了倡导"非暴力"哲学的甘地(Mahatma Gandhi)，通过在跑步机上步行240英里，在游戏中再现了甘地于1930年3月发起的"食盐长征"(Salt March)；他将美国军用无人机称为"杀戮之盒"，让玩家用美军和平民两种视角来批判美军在巴基斯坦地区造成的平民伤亡，反思技术在战争中的滥用，同时，这款名为《杀戮之盒》(Killbox，2015)的游戏也获得了英国国家电影电视艺术学院颁发的"最佳电子游戏奖"，被收入当地博物馆。

以大西洋为参照，如果说东岸（英国阿伯泰大学）的德拉普在很大程度上通过自己的游戏体验来达成对现实战争的批判，那么西岸（美国迈阿密大学）的学者林赛·格雷斯则更愿意做一个旁观者，引导玩家通过游戏进行反思。也许由于自身的非裔美国学者身份，格雷斯尤为关注游戏中的种族偏见，并成立了名为"批判式游戏"(Critical Gameplay)的独立游戏工作室，推出了一系列相关题材的游戏作品。

南加州大学教授德米特里·威廉斯(Dmitri Williams)曾指出，在多数游戏中，少数族裔总是或多或少地被构建成刻板印象，黑人往往要么是运动健将，要么是帮派成员。鉴于此，林赛·格雷斯制作了《黑/白》，来质疑传统游戏中"白人

/黑人"的二元对立。在游戏中,你要控制一个黑色的小东西蹦蹦跳跳闯关。如果是路上遭遇友好的NPC,你只需要与其擦肩而过,因为它们会成为你的帮手;若是敌人,就需要攻击它们。然而很快你就会发现,不仅游戏中的玩家角色与NPC长得一模一样,而且NPC也都看起来差不多,根本无法根据外形分辨是敌是友。由此,传统电子游戏中的种族刻板印象便失效了。与之类似的还有《配对》(*Match*,2010),玩起来有点像《俄罗斯方块》,只不过掉落的方块被不同肤色的头像代替。其中,格雷斯故意设计了一些无法分类的头像,它们累积起来,很容易让游戏失败,以此来告诉玩家:我们无法单凭肤色来判断一个游戏角色,更不用说活生生的人了。

除了种族,林赛·格雷斯也关注日常生活中的社会话题,例如《赶走性骚扰》(*Hurl the Harasser*,2017)就回应了全球范围的"我也是"(#metoo)运动。游戏屏幕上有一个跷跷板,骚扰者站在左端,右端会接连出现被气泡包裹的受害者。玩家需要在限定时间内连续点击气泡,帮助她们落在跷跷板的右侧。如果说气泡是对性骚扰缄口不谈的隐喻,那么击碎气泡则意味着将受害经历披露给大众,最终通过群体的力量将骚扰者弹到九霄云外。

同样值得注意的是,他的作品不仅包括对世界观的反思,而且还强调对游戏设计传统的背离,即有意识地破坏某一游戏类型的设计套路,从内容与形式两个维度进行批判。传统游戏鼓励玩家迅速完成任务,不停地行走或奔跑,而游戏

《等待》（*Wait*，2005）则让玩家停驻在虚拟世界中的一个点，欣赏周围慢慢出现的飞鸟和蝴蝶；《仁爱》（*Charity*，2008）模仿了经典游戏《乒乓球》（*Pong*，1972），但却鼓励双方玩家在最大限度上保证球不掉落。《乒乓球》原本以竞技和个人成就为导向，《仁爱》则强调了玩家双方的合作，使其领会"给予"与"接受"的意义。至于《熊抱》（*Big Huggin'*，2013），玩家需要拥抱一只约76厘米高的玩具泰迪熊来控制游戏角色（屏幕里的泰迪熊），使其前进或躲避障碍，拥抱的时长不同，游戏角色前进的方式不同。格雷斯在游戏说明中指出："与其整天打打杀杀，来个大大的拥抱不是更好吗？"

电子游戏史中的批判传统

批判性游戏可以追溯至上世纪80年代。1988年，法国开发商科泰（Coktel Vision）制作并发行了一款现实题材游戏，名为《自由：在黑暗中反抗》（*Freedom: Rebels in the Darkness*），制作人为穆里尔·特拉米斯（Muriel Tramis），人们通常将她视为史上首位非裔电子游戏设计师。在游戏中，玩家要扮演一个在甘蔗种植园劳作的黑人奴隶。在游戏开篇，屏幕上出现了这样一段话：

夜幕降临在繁华的大帕纳斯种植园。在监工的操控之下,奴隶们离开了甘蔗推车,回到了他们的小屋。此时,主人在阳台上浅酌着朗姆酒,种植园获取了可观的利润。会计合上了账本,楼里堆着200桶蔗糖。监工忧心忡忡,因为自己鞭子的威力不足以维持甘蔗地的产量。反抗之风正吹向一排排黑奴居住的小屋!但谁敢成为反抗的领袖呢?

该游戏以潜行、策略和对战为特色,给玩家提供了四个可选角色,分别是索力图(Solitude)、马坎达(Makandal)、西叟(Sechou)和德里亚(Delia),每个角色的技能和数值各不相同。游戏界面是种植园的鸟瞰图,下方是又小又密集的奴隶小屋,上方是几座奴隶主和管理者居住的宽敞大宅。玩家需要边躲避看门狗,边拜访不同的小木屋。面对玩家的倡议,有的奴隶会说"哦,不!这种自由的事儿不适合我们。太危险了",或是"你想让我们陷入什么样的麻烦?难道我们的生活还不够悲惨吗?";有的则会回应:"好的。我们准备为自由而死。我们会追随你。"玩家的任务是集结具有批判意识的同伴,一起反抗奴隶制、获得自由,并惩罚奴隶主。

另一家值得一提的游戏开发商是软工业(La Mollein-dustria),负责人是意大利游戏设计师保罗·佩德奇尼(Paolo Pedercini),他擅长通过实验性的短篇游戏来反思大众文化,尤其是工作和劳动。其中,玩家最熟悉的也许是《经营麦当劳》

（*McDonald's Video Game*，2006），主要任务是在游戏中独立经营麦当劳餐厅。在生产销售食品以及管理人员设备时，玩家极有可能需要砍伐森林、给动物喂食激素、雇用童工等。这款游戏揭示了大型连锁企业为了获得利润而放弃道德及人文关怀的现状。

在游戏《异日同梦》（*Every Day the Same Dream*，2009）中，保罗·佩德奇尼通过极致的重复叙事，呈现出资本体系对劳动的异化。玩家通过左右方向键和空格键控制一个面无表情的上班族，用不了多久就会发现，自己的工作和生活是一成不变的：早晨在卧室醒来，关掉闹钟，穿好唯一的一套衣服，拎着唯一的公文包上班去。每次，妻子都是边做早餐，边提醒玩家要迟到了；每次进电梯，都会碰到同一个不太和善的老奶奶；刚到公司，总会遭到大腹便便的老板的训斥。不仅如此，所有上班族开着同一款汽车，堵在拥挤的街道上。在公司里，和玩家一模一样的同事们坐在同样的工位上忙碌。

在整个游戏中，设计师为玩家提供了两次机会，似乎让我们能够偏离惯常路线：如果下楼后不去停车场，就会碰到一个流浪者，声称要指引玩家前往一个僻静之所；第二次则比较残酷，玩家如果不坐进工位工作，继续前行，则会走到顶楼，出现跳下去的选项。然而实际上，两种做法都会让玩家回到早晨起床的节点，依然陷入工作的循环，无法挣脱重复的命运。

此外，佩德奇尼还用《塔马迪皮科》（*Tamatipico*，2003）来讨论意大利的工人权益，用《手机故事》（*Phone Story*，2011）来反思手机生产工人所处的严酷状态，用《造个更好的捕鼠器》（*To Build a Better Mousetrap*，2014）来呈现机器自动化给工人带来的影响。

2004年，"游戏改变社会"（Game For Change，G4C）成立，旨在鼓励设计者和创新者通过电子游戏来思考并改变现实世界，从而让我们的社会更美好。协会的顾问团包括亚利桑那州立大学的詹姆斯·保罗·吉、南加州大学的特雷西·富勒顿（Tracy Fullerton）、卡内基梅隆大学的德鲁·戴维森（Drew Davidson）和纽约大学的埃里克·齐默尔曼等多位全球知名游戏学者和行业专家，为游戏设计者提供相应的学术及技术支持。在网站上，玩家可以体验许多极具批判性的作品，例如《封闭世界》（*A Closed World*，2011）。

《封闭世界》出自名为"妙棋"（GAMBIT）的学生团队，它隶属于新加坡-麻省理工学院的游戏中心，旨在回应人们对酷儿群体的误解。一般说来，酷儿群体要么被塑造成"奇怪的""不正常的"人群，要么成为人们猎奇的景观，鲜少有游戏突破上述套路。然而在《封闭世界》中，玩家按照自己的偏好选择性别，以酷儿视角在日常生活和森林两个空间切换。日常生活是安全的，但却充满了亲人对酷儿群体的误解；传说中的森林是危险的，但却隐藏着有关爱的箴言。森林中的怪物们分别隐喻着玩家角色的姐姐、母亲、爱人的父母、爱人和自己，打败怪物有"逻辑""激情"和"伦理"三种方式，就像用文字与这些人反复辩论一样。最终，你能拼凑起整个故事：虽然你和爱人得不到家人的理解，甚至你和爱人也曾因为世俗的偏见而退缩，但你要鼓起勇气消除整个世界对酷儿群体的质疑。整个论辩经过就是对性别政治进行批判性反思的过程。

2016年，号称游戏界奥斯卡的"全球游戏大奖"（The Game Awards，TGA）专门推出了"游戏社会影响力奖"（Games for Impact Award），旨在表彰具有深刻社会内涵且引人深思的游戏作品。在历届提名作品中，既有游戏交互的创新，如在叙事方面可圈可点的新一代互动电影《日落黄昏时》（*As Dusk Falls*，2022），以及通过眼睛来控制玩家角色的《历历在目》（*Before Your Eyes*，2021）；又有背离传统游戏设计惯例的尝试，如用游戏这一媒介来描写日常生活场景的《蓝色回忆录》（*A Memoir Blue*，2022），小品游戏《昨日难留》（*No Longer Home*，2018）和《弗洛伦斯》（*Florence*，2018），通过交互探讨孤独与焦虑等内心情感的《孤独的海》（*Sea of Solitude*，2019）；还有透过游戏反思社会议题的作品，如呈现性别多样性的《奇异人生》（*Life Is Strange: True Colors*，2021），以及通过科幻题材反思资本体系下劳动状态的《沉睡的公民》（*Citizen Sleeper*，2022）。

游戏素养：游戏中的批判思维

与上述案例相比，国内游戏文化中的批判性思维则极为稀缺。虽然有《中国式家长》（2018年）、《社畜的福报》（2022年）等少数直击当下现实的作品，但在大多数情况下，游戏产业、游戏媒体、玩家与研究者针对游戏的理解往往遵循着两种套路。其一是"过瘾派"，即肯定电子游戏在日常生活中的重要作用，以商业利润和市场成功作为衡量标准。其二是"戒瘾派"，即以游戏引发的社会问题为契机，将之与"网瘾""玩物丧志"等负面词语联系起来，批评游戏如何"毒害"玩家，尤其是青少年。

需要指出的是，以上两种观点都有失偏颇。前者过分强调商业利润、纯粹娱乐，而后者则"谈游戏色变"，使其成为其他社会问题的"替罪羊"。如此一来，面对诸如"世界卫生组织即将认定游戏成瘾"这样的说法时，上述两派皆毫无招架之力。"过瘾派"能挺身而出为游戏辩护，但却鲜少能提出有效论据和深度分析。与之相比，"戒瘾派"不愿意接受游戏已经成为重要媒体的事实，甚至都不愿意质疑所谓专家话语，就像柏拉图提到的"洞中人"一样，不仅甘愿自己在洞穴中面壁，而且还要招呼所有人都进入洞中。

究其原因，是我们缺乏足够的游戏素养。作为数字素养的重要组成部分，"游戏素养"（game literacy）并不仅仅指了解游戏或玩游戏的能力。著名学者詹姆斯·保罗·吉认为，对任何一款电子游戏而言，它都是一个基于具体语境的多模态符号系统，该系统以某种方式操控着我们的思考，但我们也能反过来用某些方式去控制上述系统。所谓游戏素养，就是作为主动参与者的玩家反过来"控制"游戏符号系统的能力，是对游戏内部结构语法（与游戏形式元素有关）和外部结构语法（与具体的社会实践及社会身份有关）进行理解，而批判性思维恰恰是游戏素养的精神内核。

在他看来，好的电子游戏能够鼓励玩家违背规则，并通过游戏过程培养批判性思维，典型的例子就是《古墓丽影：最后的启示》（*Tomb Raider: The Last Revelation*，1999）。在游戏中，少女劳拉（玩家角色）跟着考古学家冯·克罗伊教授在柬埔寨神庙探险，后者曾告诉劳拉紧跟着自己，不要偏离前方笔直的路线，但玩家（劳拉）如果想找到隐藏的宝藏，唯一方式就是离开冯·克罗伊，四处探索。坦白讲，虽然"古墓丽影"系列不尽完美，但在此类游戏中，玩家能在一定程度上反复挑战他们原本对自己及对世界的看法，对其展开质疑和批判性思考。换句话说，当玩家不再依赖各种操作指南，摆脱自己完成任务的既定套路，甚至能跳出规则之外，对整个游戏机制塑造了何种价值观进行反思，这才算是具备游戏素养。

传统的"素养"（literacy）一词指语言的输入（听和读）和输出（说和写）两类技能。在詹姆斯·保罗·吉看来，电子游戏也是一种语言，是一种融合多种媒体符号的互动语言，其"输入"和"输出"都是社会文化实践，具有经济的、历史的及政治的含义。因此，在游戏过程中，玩家不能止步于"输入"（单向度地被动接受游戏内容），还要能够"输出"（主动且具有批判性的游戏体验）。

因此，我们需要将批判性思维引入游戏生产及评论的各个环节，以此提升游戏素养。首先，我们需要基于游戏特有的形式元素来"阅读"游戏。就像文字之于小说、影像语言之于电影一样，电子游戏也有独特的形式元素。想要深入了解这个领域，不妨读读费尔南德兹-瓦拉的《游戏分析导论》（*Introduction to Game Analysis*）。该书简明清晰，不仅告诉我们从哪些元素入手去理解游戏，而且还配有游戏评论范文，是游戏研究的必读书。此外，游戏素养也意味着能用电子游戏这种新媒体来反思现实问题，从约瑟夫·德拉普到林赛·格雷斯，从《熊抱》到《孤独的海》，从软工业到游戏改变社会，皆是此类实践。有不少人能找出一万个理由对此表示拒绝，例如没学过编程（或作图、游戏设计）、只想娱乐、没有时间、资金不够等。如此一来，只有反思不去改变，那批判也会成一种空想。若是想要尝试一下，可以试着跟小伙伴组队体验一下游戏限时开发大会，还可以将简单易操作的可视化设计软件作为起点。毕竟，现在小朋友们都开始用 Scratch 设计游戏了，我们再不加油就老了。

在小说《头号玩家》中，主人公韦德·沃兹能顺利找到最大的彩蛋，在很大程度上得益于他跳出了既定套路。在第一个关卡中,别人都争先恐后地向前冲,他却加足马力向后退,从而开启了隐藏通道。如果他一开始就对绿洲产生深度认同,那么他就会沉迷在幻象中不能自拔,最终成为绿洲中的数字劳工;如果他使用的游戏方式与其他玩家一致,没有本着主动探索的精神进入游戏任务,那么他就不可能得到额外奖励(那枚"再来一次"游戏币)。如果遵循套路,贫民窟就是他一生的归宿,更不用说成为那场"大洪水"式爆炸的唯一幸存者。因此,如果在享受娱乐的同时,保持一定的批判视角,我们才能真正享受新媒体带来的乐趣,成为"头号玩家"。

世界游戏语境里的中国传统文化

如果说 EDG 战队夺得英雄联盟全球总冠军让中国电竞选手再次站在全球的聚光灯下，那么《原神》（2020 年至今）的新角色云堇则让中国的传统文化首次成为海外玩家讨论的热点。其中，云堇不仅在动作设计上参考了中国传统戏曲，而且制作团队还为她推出了名为《神女劈观》的戏曲风格唱段，邀请上海京剧院花旦演员杨扬配音，在短短两个月便吸引了 561 万 YouTube 观众，点赞量高达 27 万。

实际上，这并非电子游戏与传统文化首次碰撞。从《英雄联盟》里的角色孙悟空到《王者荣耀》中的历史人物，从灵感来自经典作品《牡丹亭》的短篇游戏《惊梦》（2015 年）到改编自北宋名画《千里江山图》的游戏《绘真·妙笔千山》，从《梦幻西游手游》（2015 年至今）中的泰山皮影到聚焦少数民族文化的《尼山萨满》（2018 年），"传统文化"和"非遗"一直是近年来中国游戏文化中备受关注的话题。

然而在此过程中，并非所有与"传统文化"相关的游戏设计和运营活动都能像云堇一样，得到大众的正向反馈，有时甚至还会引发极大的争议和质疑。那么，我们应该如何理解全球游戏语境中的中国传统文化？如何让游戏和传统文化为彼此赋能？这是我们接下来要讨论的内容。

海外游戏：南营主义视角下的中国传统文化

纵观全球游戏发展史，中国传统文化从未缺席。早在17世纪中叶，中国的绘画、文学作品、瓷器、建筑园林在欧洲开始传播，并频繁出现在欧洲的艺术作品中，逐渐形成了"中国风"（Chinoiserie）这一美学风格，其在18—19世纪一度备受欧美精英阶层的推崇。电子游戏出现后，国外的游戏开发者也将中国文化元素融入了游戏设计中，比较常见的主要分为两类，一是三国故事，二是中国功夫。

三国题材的电子游戏主要来自日本游戏厂商。1939—1942年间，被誉为日本国民作家的吉川英治曾在日本报纸《中外商业新报》(后更名为《日本经济新闻》)连载小说《三国志》，这部作品后来由日本讲谈社结集出版。学者权赫灿（Hyuk-chan Kwon，音译）曾在文章中指出，吉川英治对三国故事进行了本土化改写，不仅使其遵循着日本武士小说的叙事模式，而且还回应了"二战"后日本企业领导人与员工之间的职场关系。日本和韩国工薪阶层往往认为，读三国能够提升自己的职场生存能力，进而对这部作品产生了强烈的共鸣。

后来，这部作品在很大程度上影响了日本及韩国对《三国演义》的翻译和接受。至今，《三国演义》仍然是最受日韩读者欢迎的中文小说之一。在韩国,《三国演义》出现了多个译本,其中,韩国作家李文烈(Yi Mun-yol)翻译的1984年版总销量超过了1700万册,是韩国有史以来最畅销的图书。在所有英雄中,关羽是最受韩国读者欢迎的人物,并在韩国民间文学及传统文化中被视作朝鲜王朝的守护者。与之相比,日本读者更偏爱曹操。[1]后来,三国故事从文学作品拓展至漫画、游戏等多种媒介,进一步拓展了受众群。如此一来,我们就不难理解日本这个游戏生产大国为什么会出现如此之多的三国题材游戏了。

从游戏机制看,日本厂商研发的三国类作品主要以格斗对战和实时策略类为主。其中,最具影响力的是光荣株式会社(后更名为"光荣特库摩")推出的一系列作品,包括《三国演义》(*Romance of the Three Kingdoms*,1985)、《三国志英杰传》(1995年)、《三国志孔明传》(1996年)、3D格斗《三国无双》(1997年)、《决战II》(2001年),以及后来的"真·三国无双"系列。根据相关数据,截至2020年,"真·三国无双"系列在全球的总销量已突破了2100万份。

此外,其他日本厂商也不约而同地开发了三国游戏,例如卡普空的《吞食天地II 诸葛孔明传》(天地を喰らうII 諸葛孔明伝,1991),世嘉的策略游戏《三国志列传:乱世群英》(1991年)和《三国志大战》(2005年),南梦宫的红白机游戏《三国志:中原之霸者》(三国志 中原の覇者,1988)、《三国志II 霸王的大陆》(三国志II 覇王の大陸,

1992），以及 PSP 游戏《中原之霸者：三国将星传》（中原の霸者 三国将星伝，2006）。2019 年，英国游戏开发商创意集合（Creative Assembly）还推出了回合制策略游戏《全面战争：三国》（*Total War: Three Kingdoms*，2019），由世嘉发行。

中国功夫题材的游戏以双人格斗为主，在很大程度上受到了功夫电影的影响，它可以追溯到 20 世纪 80 年代，并伴随着全球电子游戏产业的成熟而逐步发展。彼时，各国的游戏开发者纷纷将李小龙、成龙设定为游戏系角色，甚至出现了不少以两位功夫巨星为主人公的国外游戏作品。其中，除了由英国游戏厂商维珍互娱（Virgin Interactive）开发的《龙：李小龙的故事》（*Dragon: The Bruce Lee Story*，1994），大部分以李小龙为主题的游戏都出自美国厂商，例如搭载雅达利游戏机的《李小龙》（*Bruce Lee*，1984）、面向微软 DOS 平台的《追忆李小龙》（*Bruce Lee Lives: The Fall of Hong Kong Palace*，1989）、基于 XBox 平台的《李小龙：龙之探索》（*Bruce Lee: Quest of the Dragon*，2002），以及搭载任天堂 GBA 的《李小龙：传奇归来》（*Bruce Lee: Return of the Legend*，2003）。

与之相比，青睐成龙题材的游戏厂商则更为多元。例如日本游戏制作人西山隆志和宫本茂合作推出的《功夫大师》、由日本游戏开发商现在制作（Now Production）推出的《成龙的动作功夫》（*Jackie Chan's Action Kung Fu*，1990）、由成龙本人担任制作人的《功夫大师成龙》（*The Kung-Fu Master*

Jackie Chan,1995)。再如由美国发行商动视(Activision,后改名为动视暴雪)发行的《成龙的探险》(*Jackie Chan Adventures*,2001),其GBA版本来自澳大利亚开发商图卢斯游戏(Torus Games),PS2版本出自英国游戏开发商原子星球娱乐(Atomic Planet Entertainment)。

此外,这种以功夫为特色的游戏叙事也出现在了其他国外游戏作品中。例如卡普空的"街头霸王"系列(Street Fighter)和育碧的"刺客信条"系列。前者自1991年推出了名为春丽的中国格斗选手角色,她身穿旗袍,是一位精通武术的国际刑警;后者则单独制作了《刺客信条编年史:中国》(*Assassin's Creed Chronicles: China*,2015),将故事背景设定在16世纪的中国,讲述主人公邵君的逃亡及复仇故事。

2022年2月,由法国独立游戏团队慢拍(Sloclap)开发的《师父》(*Sifu*,2022)令这一游戏类型再次引爆全球。在短短两天时间内,这款游戏卖出了50万份,截至3月3日,游戏总销量已突破100万份,国内外多家游戏媒体也一直给出了高分好评。在游戏中,玩家扮演白眉拳大师的儿子,并在家人被害后独自复仇。值得注意的是,为了能够更好地呈现中国武术文化,游戏制作团队专门聘请了本杰明·科卢西(Benjamin Colussi)担任武术指导,后者曾在中国生活多年,学习佛山白眉拳以及中国传统文化。

从表面上看,这些国外作品在不同程度上表现了中国元素。然而实际上，此类游戏大多是游戏北营对中国文化的想象性建构，我将其称为"游戏南营主义"。①

爱德华·萨义德（Edward Said）曾指出，西方人对于东方的呈现往往具有极大的误导性。在西方人的媒介话语中，西方和东方是一组二元对立，前者往往被描写为理性的、强大的男性主体形象，而后者则通常被呈现为非理性的、弱小的女性他者形象。他将这种虚假的话语模式称为"东方主义"。从这个角度上看，我们能够在全球电子游戏文化中发现类似的话语模式，只不过具有话语权的一方不仅限于萨义德提到的西方，还包括位于东方的日本和韩国。

因此，所谓游戏南营主义，就是北营（游戏生产者）对南营（游戏消费者）的想象性建构。最典型的例子是育碧的《刺客信条编年史：中国》。在游戏中，玩家扮演明代皇妃邵君，需要逃离乱作一团的祖国，前往意大利接受佛罗伦萨刺客的训练，并成为刺客兄弟会的一员，然后回国消灭祸国殃民的"八虎组织"（明朝的圣殿骑士）。在这样的游戏话语中，邵君及其祖国成为了被解救的他者，而施救者则是强大的西方。

此外，在上文提及的三国类游戏中，日本创作者显然对中国文学作品进行了本土化改写，其精神内核已经是日式的

---

① 有关游戏南营与游戏北营的详细讨论，可参见本书《全球南营：游戏中的族裔话语与地域差异》一文。

武士道文化，游戏成了披着三国外衣的《信长之野望》（1983年），后者是一款深受日本玩家欢迎的游戏，其背景设定在日本的战国时代。更为重要的是，虽然战略战术是三国故事中的一部分，但《三国演义》却不应仅被简化为现代打工人的办公室政治。

至于中国功夫题材，这类游戏又过于强调身体对抗，很容易建构一种刻板印象，即中国"人人会功夫"且具有暴力倾向。最为极端的案例是《侠盗猎车手：中国城风云》（*Grand Theft Auto: Chinatown Wars*，2009），玩家需要扮演从中国来到美国的华人李黄（Huang Lee，音译），游戏中的李黄为了报仇竟一步步成为黑社会老大。

中国的传统文化讲究中和，融合了儒释道文化元素，既有以"仁"为核心的人文关怀，又注重人与自然的和谐相处，还包括自知自反的智慧。显然，这与强调对抗的游戏机制是相悖的。因此，虽然开发商在不同程度上借鉴或使用了中国传统文化元素，但并没有真正展现出融合儒释道传统的中国文化精神。

国产游戏：消费主义视角下的中国传统文化

20世纪90年代中期以前，日本和欧美的游戏设备及游戏一直主导着中国的游戏市场，这一情况直到1995年经典国产游戏《仙剑奇侠传》（以下简称《仙剑》）的问世才有所改变。

作为一款单机游戏，《仙剑》减少了此前中国大陆之外的游戏中以策略和格斗对战为主导的游戏机制，强化了探索机制。这在很大程度上改变了这类游戏对中国文化的呈现方式，让玩家摆脱了纯粹的军事数值算计和简单粗暴的身体打斗，在探索的过程中体验发现的乐趣，并与游戏主人公产生强烈的共情。在游戏结束的那一刻，很多男性玩家都因为故事的悲剧结尾而泪洒屏幕前。因此，至今依然有不少玩家将这部作品视作大陆游戏的奠基之作。

2000年前后，MMORPG在全球盛行，导致中国游戏产业几乎跳过了单机游戏时期，直接进入了网游时代。其中，中国风游戏占据了很大比重。游戏设计师通常会基于奇幻、武侠、玄幻类的小说及影视剧，用中国古代神话传说、古代建筑服饰、仙侠风或古风音乐来设计游戏世界的名词部分，在游戏关卡和游戏角色的视觉符号中融入大量易经、儒释道等传统中国文化元素。几乎所有中国游戏大厂都陆续推出过此类作品，例如西山居的《剑侠情缘》（1997—2000年）、网易的《梦幻西游》（2003年至今）、巨人的《征途》（2006年至今）、腾讯的《天涯明月刀》（2016年至今）等。

到了移动游戏时代，大部分国内开发商以原本的电脑客户端游戏为基础，进一步推出了同题材的手机游戏，如《梦幻西游手游》（2015年至今）、《天龙八部手游》（2017年至今）、《征途2手游》（2018年至今）等，也有一些厂商借鉴国外电脑网络游戏类型，开发带有中国文化元素的移动端游戏，如MOBA类游戏《王者荣耀》、大逃杀类游戏《永劫无间》（2021年至今）等。后来，有些游戏即便不以中国风为主题，也纷纷通过与游戏角色、皮肤、场景、道具、配乐等名词形式有机结合，将中国传统文化元素纳入游戏中。

值得思考的是，虽然此类游戏在游戏界面上延续了《仙剑》的中国风传统，但两者却在游戏机制上存在着巨大的差异。作为一款具有极强叙事性的单机游戏，《仙剑》不仅提供了打怪升级的战斗场景，而且还在有限的游戏空间中提供了解谜和寻宝的任务，平衡了对战和探索两种游戏机制，从而让玩家达成了深度的沉浸式游戏体验。这种手法与宫本茂的"箱庭"游戏哲学是相通的。一直以来，宫本茂都将游戏世界理解为一个与日式箱庭类似的微缩花园，让玩家在有限的空间中最大限度地获取游戏趣味。例如在"塞尔达传说"系列中，游戏中不仅有多样化的物种及其种族文化，有紧张的对战，还提供了各种各样收集克洛洛（又被玩家称为"呀哈哈"）的任务，在有限的海拉鲁大陆中将趣味性发挥到了极致，让很多玩家沉迷于探索和发现之中，甚至忘了拯救公主的主线任务。

然而，《仙剑》以后的游戏却大多以网络游戏为主，过于强调对战和成就机制，忽视了探索的乐趣。从游戏设计的角度看，由于缺乏足够的单机游戏设计实践和相关的游戏叙事能力，国内游戏厂商在追求游戏创新时，通常会避开游戏机制，转而在游戏美术和游戏技术方面寻求突破，因此让很多玩家觉得中国风网游千篇一律，只是换个皮肤，存在着严重的同质化问题。实际上，由于国内游戏软硬件技术的大幅度提升，制作团队往往投入高成本开发游戏画面及动作特效，并且配以曲风宏大的古风音乐，有时甚至使用大型交响乐团来为游戏伴奏。如此一来，游戏被构建为以感官刺激为导向的"游戏大片"，很难让玩家通过游戏任务达成对中国传统文化的深度体验。

从游戏运营的角度看，中国风网游往往采用"游戏免费，道具收费"的模式，导致付费更多的玩家才能得到更好的用户体验，因此被吐槽为"付费才能赢"（pay-to-win）。至于后来的MOBA游戏和大逃杀游戏，普通玩家即便不充值，也需要花费大量的时间完成重复性的游戏对战任务，因此更像是工厂流水线上的工人，被困在数字劳动中难以脱身。在这种情况下，无论是金钱，还是时间，玩家都容易产生过度消费现象。

如果说国外游戏在对中国传统文化进行"游戏南营主义式"的想象性建构，那么这类国产游戏则是中国游戏开发者的自我规训。虽然它们用数字化的方式保存和维护着中国文化符号，但却无法向玩家有效地传达真正的中国传统文化精神。最终，这些传统元素变成了空洞的能指。

文化遗产：促进传统文化与电子游戏互动的一种视角

人类学家爱德华·泰勒（Edward Tylor）在《原始文化》（*Primitive Culture*）一书中指出，"文化"是一个复杂的整体，它包括人作为社会成员所获得的知识、信仰、艺术、法律、道德、风俗以及其他能力和习惯。[2] 根据文化研究学者雷蒙德·威廉斯的进一步解释，"文化"包括三个维度：其一，是知识、精神及审美发展的一般过程；其二，是一种具体的生活方式，可以是某个人群或某个时期的生活方式，也可以是人类整体的生活方式；其三，是智力作品及实践，尤其是艺术活动。[3]

由此可见，"文化"一词的内涵非常宽泛。一方面，它与日常生活紧密相关，不仅涵盖了上文提到的文学作品、绘画、古建筑、皮影戏，而且意味着游戏本身就是文化的一部分。但另一方面，"文化"的定义又过于宽泛，对具体的文化现象和文化元素缺乏足够的价值判断，导致内容良莠不齐。当我们在讨论游戏与"传统文化"的关系时，显然是指称那些值得代代传承的优秀文化元素，一旦不加区分，就会带来麻烦。以游戏《江南百景图》（2020年至今）为例，这款游戏用传统建筑、景观、服饰等传统文化符号重建了一个明代的日常生活场景，并让玩家很容易想起北宋的《清明上河图》和清代的《姑苏繁华图》，但它也曾因为将秦桧、魏忠贤设定为高级别的游戏角色而引发过争议。

为了解决上述问题,我们不妨透过"文化遗产"的视角来讨论游戏与传统文化的关系。根据联合国教科文组织的界定,文化遗产(cultural heritage)是指在历史、艺术、科学方面具有重大普世价值的物质文化及非物质文化,通常在物理、社会及经济等方面遭到不同程度的损坏,面临着传承危机。为了解决这个问题,文化遗产研究专家彼得·拉克翰(Peter Larkham)曾指出,遗产保护涉及三个方面的工作,分别是维护(preservation)、保持(conservation)和利用(exploitation)。其中,维护是指让大部分的文化遗址及器物维持原状;保持意味着适当修复旧建筑,使其满足现代的使用需求;利用则意味着认可并重视历史遗产的价值,尤其是旅游及休闲娱乐价值,从而进一步推动现有文化遗产的发展。[4]

以故宫为例,我们能看到文物专家对故宫内部建筑和器物的维护工作,也能在闲暇时和亲友一起去故宫转转,累了可以坐在新增的座椅上小憩片刻。此外,故宫博物院和北京电视台还合作推出了电视节目《上新了·故宫》,通过符合现代审美的影像叙事,邀请故宫研究专家为大众科普故宫的历史和文化,并用文创产品设计制作的方式进一步将故宫文化延展下去,吸引了很多年轻的受众,三季节目的豆瓣评分都在 8 分以上。2018 年以来,故宫出版社推出了名为"谜宫"的系列解谜游戏书,目前包括《如意琳琅图籍》和《金榜题名》两册,用线装书、毛笔、书签、信笺、剪纸、印着乾隆通宝的古钱币等游戏道具,不仅让玩家通过具身交互感受了中国传统游戏的玩法,而且深度体验了古代的礼乐度量、五行八卦、经典书画、建筑符号、天文等知识,从而了解到故宫承载的传统文化。根据相关数据,《谜宫·如意琳琅图籍》仅在短短 38 天内就达到了 12.2 万册的销量,预售金额高达 2020 万,至今销量已突破 40 万册,豆瓣评分高达 9 分。在此过程中,故宫既是传统文化的一部分,也是传统文化的媒介,通过社会各个群体对故宫的维护、保持和利用,这一世界级文化遗产焕发出了极强的生命力。

与之类似,电子游戏也可以和文化遗产达成上述深度融合。一方面,游戏厂商可以从游戏的名词维度出发,利用电子游戏的数字化优势,保存和维护中国文化遗产。最典型的例子是育碧出品的"刺客信条"系列,擅长使用精美的游戏场景来重现世界各地的历史建筑,有些学者甚至曾在大学课堂中用《刺客信条:起源》(*Assassin's Creed: Origins*,2017)来讲授埃及历史。[5]

目前,大部分国产游戏都是从这一角度出发来表现中国传统文化。如上文所述,过去的国产游戏往往把传统文化局限在虚拟的游戏世界中,通过游戏皮肤、游戏场景将传统文化元素推送给玩家。但如今,越来越多的游戏厂商尝试打破游戏的次元壁,通过各界合作,共同完成一系列线上线下相结合的新文创活动。例如,《天涯明月刀》曾将苏绣、古琴、花丝镶嵌等多种非遗元素移植到游戏中,曾与北京舞蹈学院合作为游戏角色编排了一套古典舞,曾与清华大学建筑学院联合设计了湘西特色的国风建筑"天衣别院",并通过大湘西文旅专线的形式推动当地旅游产业的发展。

值得注意的是,从名词维度来讲述中国传统文化的做法,依然具有很大的局限性。虽然当前的游戏运营活动突破了之前国产网络游戏的缺陷,但却没有充分发挥游戏本身的潜力。从玩家角度看,他们依然聚焦对战和消费,将这种活动视作游戏周边而非核心体验;从厂商的角度看,此类活动过于依赖游戏外部的资源,无形中增加了游戏运营的成本,因此效能有限。

另一方面,游戏是一种交互媒介,动词维度比名词维度在更大程度上决定着游戏体验的深度以及程序修辞的效能,并决定着玩家在多大程度上接受游戏传达的价值观。因此,游戏开发者可以通过游戏机制的创新,利用传统文化丰富游戏作品,同时也利用电子游戏更好地传达中国文化精神。

以冒险解谜游戏《文字游戏》为例,它完全舍弃了国产网络游戏的炫酷视听语言和宏大技术体系,用文字取代了传统的图像式美术设计。游戏以黑白为主色调,游戏的场景和玩家角色都是由中国汉字组合而成的图形,在抽象与具象间形成一种有趣的张力。此外,汉字的变化构成了主要的游戏机制。想要解开谜题或取得对战胜利,玩家无须与敌人肉搏,而是要用手中的剑砍去关键汉字的一部分,或是推动不同汉字进行组合。如此一来,汉字成为贯穿这款游戏名词及动词维度的核心——也正因为如此,很多玩家都感慨"汉字文化博大精深"——无须借助任何外部活动,便能达成玩家对中国文化的深度认同。在此过程中,作为文化遗产的汉字和作为新媒介的电子游戏实现了双向赋能。

未来中国游戏中的文化遗产

对电子游戏而言,传承文化遗产已经超越了纯粹娱乐的范畴,指向了严肃的教育功能。在国外,相关的实践及研究已经颇为丰富。例如,作为北欧的原住民,萨米人(Sámi)居住在北极附近,有着长达3000多年的独特文化传统,通常以游牧为生。2018年2月,萨米游戏限时开发大会(Sami Game Jam)在芬兰北部的乌茨约基市(Utsjoki)召开,吸引了数十位参与者,通过电子游戏的方式来表达萨米文化。

未来,国产游戏在这方面还有很大的潜力,有待游戏开发者去探索发现。就游戏平台而言,游戏生产者不妨多尝试一次性付费的单机游戏,不仅能强化游戏本身的趣味性,还可以极大减弱当前国产游戏中的消费逻辑。

从游戏技术上看,游戏厂商在与文化遗产机构合作时,可以尝试用 XR 技术(即虚拟现实 VR、增强现实 AR、混合现实 MR 的合称)来模拟文化遗产中的建筑和器物,让玩家用第一人称视角来探索它们的构造和功能,而不是将其用于战斗。例如,2015年,西班牙一家公共机构开发了一款虚拟现实游戏，旨在帮助中学生了解15世纪末至16世纪初位于西班牙里克特（Ricote）的古代建筑。

就题材而言，游戏设计师可以打破武侠、玄幻等题材的限制，在更多样化的古代文学及其他艺术作品中寻找灵感。例如短篇游戏《惊梦》，它取材自汤显祖的名作《牡丹亭》，玩家根据古诗词来寻找提示，以完成颜色解谜任务，是当代国风游戏的典范之作。

至于游戏机制，游戏制作人可多尝试探索类的游戏。例如陈星汉的《风之旅人》，它让玩家在没有任何引导的情况下，自由在沙漠中穿行。更有意思的是，当玩家抵达终点时，会发现终点变成了新的起点，形成了一个旅途的循环。因此，这款游戏不仅让玩家能自由探索游戏世界，而且还给玩家提供了一个"向内看"的机会，通过游戏过程达成内心世界的探索和自我情感的升华，堪称一种互动式冥想，表现出很强的东方美学特质，因此被称为"禅派游戏"。

从这个角度上说，我们需要用更具创意性的方式来推动游戏的创新，协调游戏作品的名词和动词维度，让玩家在箱庭式的开放世界中探索中国文化遗产，在中国风的沙盒世界中用传统文化元素自由创造。只有这样，我们才能提升游戏品质，为文化遗产赋予更强的生命力，同时让电子游戏发挥更大的社会价值，将真正的中国文化精神传播至全世界，让更多的海外玩家感受中国文化的魅力。

无尽的任务：
从竞技游戏到电竞直播

根据权威数据机构 Newzoo 发布的报告，截至 2022 年初，全球电竞产业保持高速增长态势，年收入已突破 13.8 亿美元，用户人数多达 9.2 亿，影响力扩展至近 24.7 亿人，不仅受到硬核电竞粉丝的关注，而且还吸引着越来越多的轻度电竞爱好者，更是引发学术界的强烈关注。[1]

在中国，亦是如此。2019 年 4 月，国内首届电竞教育国际学术研讨会在上海召开，任职于澳大利亚皇家墨尔本理工大学的全球知名电竞研究专家艾玛·维特科夫斯基博士（Dr. Emma Witkowski）发表主题演讲"电子竞技与跨机构的互动参与"，与国内外学者及产业专家针对电竞文化和电竞教育展开深入研讨。11 月，前电竞选手刘谋（PDD）与电竞世界冠军高振宁（Ning）做客综艺节目《吐槽大会》，人气甚至超过号称"口红一哥"的李佳琦，电竞文化在国内的影响力可见一斑。12 月，在法国巴黎召开的 2019 年英雄联盟全球总决赛上，来自中国的电子竞技俱乐部（FPX）获得冠军。2020 年，首届全球电竞大会在上海召开，旨在推动电竞产业健康发展，进一步提升中国电竞在全球范围内的文化竞争力，至今已连续举办三届。与此同时,北京、成都、广州等地也在陆续展开电竞文化产业布局。

可以说,电竞已经远远超出小众亚文化的范畴,不仅是体育和教育的重要组成部分,而且还发挥着文化外交的功能,走出国门。在电竞全球化的时代,如何理解电竞文化成为一个亟待解决的课题。

电竞研究指南:透过民族志看世界

谈及电竞研究,T. L. 泰勒教授是一位无法绕过的学者。她先后从加州大学伯克利分校和布兰迪斯大学获得社会学学士及博士学位,曾在哈佛大学、北卡罗来纳州立大学、哥本哈根信息技术大学从事教学科研工作,现任职于麻省理工学院的比较媒体研究中心,研究兴趣为互联网、游戏、科学与技术。作为电竞研究的奠基人之一,泰勒教授著述颇丰,一直致力于从学术角度解码电竞爱好者的线上/线下身份构建,从媒体技术的变迁中讨论竞技性游戏社群文化。此外,她还是电竞社区"任意键"(AnyKey)的联合创始人兼研究主任,旨在为电竞选手提供知识、工具等多方面的资源,例如,提升女性在游戏开发、电竞文化中的参与度等研究课题,从而促进电竞社群的多样性。在近20年的教学生涯中,泰勒教授的学生已经遍及全球多所高校及科研机构,多用民族志的方法从事电竞及游戏研究，上文提及的艾玛·维特科夫斯基博士就是其中之一。

民族志（ethnography）一词，源于古希腊语中的 ἔθνος 和 γράφω，分别意为"人"和"写作"。作为一种研究方法，民族志是指通过沉浸式记录日常生活，来完成田野调查，进而对研究对象进行深度描述与阐释。在泰勒等人合著的《民族志和虚拟世界：方法指南》（*Ethnography and Virtual Worlds: A Handbook of Method*）一书中，作者曾简单梳理了"民族志"的发展脉络。它肇始于18世纪后半叶由赫尔德、歌德等人引领的德国浪漫派思潮及历史科学研究传统，当时的地理学家主张对文化进行百科全书式的描绘，这种观念一直持续到19世纪。在此期间，民族志的素材大多源于商人、探险家、殖民地官员和传教士，而学者无须亲身进行田野调查，只要坐在书房阅读二手材料就可以了，弗雷泽（James George Frazer）的著作《金枝》（*Golden Bough*）就是这样写出来的。到了20世纪初，英国学者布罗尼斯拉夫·马林诺夫斯基（Bronislaw Malinowski）成为新一代民族志研究的教父。他主张以观察者视角（局外人）参与到受访对象的日常生活中，通过自身经验理解文化。后来，这种观点被美国人类学家克利福德·格尔茨（Clifford Geertz）修正。其一，局外人（etic）视角固然重要，它能为研究获取客观的信息，但局内人（emic）视角也不容忽视，它能够获取受访人的理论及认知模式；其二，获取信息并不是终极目标，更重要的是将受访者的行为置于具体的社会历史语境中加以解释,这就是"厚描"(thick description)。受结构主义、后殖民主义和女性主义等20世纪理论思潮的影响,民族志研究得到进一步发展。同时,芝加哥学派的社会学家们和伯明翰学派的文化学者的研究也在不同程度上使用了该方法,前者如《街角社会:一个意大利人贫民区的社会结构》(*Street Corner Society: The Social Structure of an Italian Slum*),后者如《学做工:工人阶级子弟为何继承父业》(*Learning to Labour: How Working Class Kids Get Working Class Jobs*)等。[2] 到了泰勒一代的游戏研究者这里,民族志被广泛用于讨论游戏社群、网络文化、电竞文化等。

显然,泰勒并不像上文提及的弗雷泽,是窝在书房里的"云玩家"。她曾前往波士顿市丽亭酒店参加《无尽的任务》游戏玩家大会;曾在2007年西雅图奎斯特球场(现名为世纪互联球场)观看世界电子竞技大赛(WCG);曾多次参观Twitch的总部;还曾在晚冬的凌晨2点一路向南,开车拜访佛罗里达的游戏主播。这些鲜活的田野经历被她用第一人称的文字叙述出来,读者仿佛身临其境,跟着她一起奔波在路上,一起观察、访谈、思考。这些民族志体验,融汇为她的三本核心著作,分别是《跨次元游戏:探索网络游戏文化》(*Play Between Worlds: Exploring Online Game Culture*,2006)、《增加筹码:电子竞技与电脑游戏的职业化》(*Raising the Stakes: E-Sports and the Professionalization of Computer Gaming*,

2012）和《看我玩：Twitch 与游戏直播的兴起》（*Watch Me Play: Twitch and the Rise of Game Live Streaming*，2018）。

之所以列出上述三本书，首先是因为它们标识出泰勒教授的学术研究路径。它始于多人游戏文化的讨论，继而聚焦竞技性游戏的职业化，也就是电子竞技，最后探讨直播给电子竞技文化带来的巨大影响。更为重要的是，这三本著作还契合了电竞文化发展的三个阶段，分别指向作为竞技性游戏的电竞、作为体育产品的电竞，以及作为媒体娱乐的电竞文化。

无尽的任务：休闲玩家和高级玩家的跨次元游戏

《跨次元游戏》描述的是电竞文化的萌芽期。它从 20 世纪 70 年代持续到 80 年代，以街机游戏厅和家用游戏机为主，具有极强的地域性。这一时期的关键词是"游戏"，确切地说，是竞技性游戏，比赛受众既有游戏爱好者，也有喜欢严肃休闲活动的群体，并没有达到职业化的程度。在本书中，泰勒教授以《无尽的任务》为案例，结合自己的游戏经验和对其他玩家的访谈，讨论了以这款游戏为核心的趣缘群组。就网络游戏而言，游戏与现实的界限并非泾渭分明，而是以各种可能的方式渗透、交叠、相互影响。本书以"跨次元"为题，分别从休闲玩家和高级玩家两个维度，讨论了虚拟游戏世界与现实生活世界之间的互动。

所谓高级玩家（power gamer），是相对于休闲玩家（casual gamer）而言的。前者游戏体验丰满，现实生活骨感，通常是孤独的、不善交际的玩家。与之不同，后者只在游戏中投入适量的时间，在游戏以外拥有属于自己的"真实生活"。[3] 可以说，泰勒本人就是一名休闲玩家。她在本书开篇写道：

> 一开始玩《无尽的任务》时，我并没想到自己正在开启一项新的民族志研究，也没想到自己会花四年多的时间来与游戏世界和其他玩家互动。我跟别人一样，觉得这款游戏能让自己远离手头的"现实"工作。然而，几乎就在同一时刻，我开始意识到，它与我之前讨论过的空间并不是割裂的。里面有虚拟化身，人们相互交流，是一个持续共享的虚拟空间，是一个充满人工器物的世界。我创建了新角色，是一个侏儒巫师，开始参与到这个世界中，杀杀老鼠，认识其他玩家，我发现自己被游戏迷住了。[4]

继而，她参加了游戏粉丝集会：

> 在距离酒店一个街区远的地方，我陆续看到戴着姓名卡的人们，这对参会的人来说并不稀奇，但我很快发现了不同之处。卡片上的名字听起来非常奇怪，似乎包括一些神秘信息。仅凭这个小细节，我知道自己来对地

方了。我套上自己的徽章，上面有我的游戏用户名、所在的服务器以及（那时已经失效的）公会。……很快，我发现自己从局外人悄然转变为玩家中的一员……这次活动，一次"粉丝集会"，展示出一些独特的体验，它模糊了游戏与非游戏的界限、线下与线上生活的界限、游戏角色与"真实"身份和身体的界限。[5]

在集会中，泰勒参与了多种线下活动和游戏。之后，她又做了如下尝试：

> 第二天晚上回到位于北卡的家中，我登入游戏，来试试水。我给一位"现场任务"队友发了一条消息："嘿，在吗？我是Iona，咱们在波士顿见过。"在等回复时，我看到屏幕上出现了这样一行字："嘿！很高兴认识你！想要组队吗？"然后，我们就集结成队，用虚拟角色的身份在线一起打副本、开始探索，这次是在虚拟世界。[6]

不难看出，上述三段话勾勒出休闲玩家泰勒教授在多人游戏文化中的身份转换路径，从线上（使用侏儒巫师这个角色玩游戏）到线下（参加粉丝集会，与新老朋友面对面社交），再到线上（在游戏中与新朋友联系，组队玩游戏），如此循环反复。

与休闲玩家相比，高级玩家对带游戏的态度更为严肃。简言之，他们融合了"成就型"和"探索型"两种玩家的特质。首先，高级玩家更重视"升级"，在装备和道具上都追求极致，这与成就需求相对应。在多人游戏中，成就总是相对的，因此高级玩家的目标设定也是动态变化的。即便只能获得点滴缓慢进展，高级玩家不仅可以像休闲玩家一样，不惜花费很长时间，进行"痛苦的、重复性的，甚至无聊的"的游戏任务，而且比休闲玩家的忍耐力要高得多，这就是泰勒提到的"铁杵磨针"（the grind）。其次，高级玩家更重视"效率"，这一点回应了探索需求。他们将游戏行为划分为"生产型"（productive）和"浪费型"（wasteful），只是为了能够找出最佳策略，并将其进一步优化。用泰勒的话说，他们善于拆解游戏，将挑战拆分为若干部分，然后逐一击破；善于找出游戏内部的问题或漏洞，并加以利用；善于"社交"，以便随时随地都能为自己找到帮手；善于协调团队，让队友各展所长，取得团战的胜利。

值得注意的是，无论是通过"铁杵磨针"式活动，一再突破个人极限，还是为了优化策略而反复试探游戏本身的界限，抑或是与团队或个人进行沟通，其目的都是提升成就感。换句话说，"探索"和"社交"都是在为"成就"服务。与此同时，我们可以发现高级玩家"跨次元"体验的鲜明特色。如果说休闲玩家的世界转化集中在线上与线下的空间交替，那么高级玩家则面对着永恒的排行榜和无尽的任务，模糊了

"工作"与"休闲"、"趣味"与"无聊"。在此,我们可以从中隐约看出电竞选手的影子。用泰勒的话说,在休闲游戏玩家眼中,高级玩家似乎根本不是在玩游戏,而是在"工作",有些人的下一站就是职业玩家。

从职业玩家到媒体景观:游戏竞技的产业化

2012年,泰勒出版了第二本专著,名为《增加筹码:电子竞技与电脑游戏的职业化》,讨论电子竞技发展的第二阶段。它从90年代跨世纪到2010年,形成了全球化的竞技文化空间。在此期间,电竞发展成为一个产业,关键词是"体育"。其中,电子竞技以传统体育为蓝本,第三方组织崛起,赛事设施逐步完善,比赛的正规性和职业化程度持续提升,不仅吸引了游戏玩家,还吸引了很多泛玩家人群。在《增加筹码》一书中,泰勒教授以成熟的韩国模式为参照,聚焦欧美地区,通过现场观赛、面对面访谈、电子邮件、网络电话等形式完成了田野调查,讨论了作为体育产业的电子竞技以及作为运动员的职业玩家。

在整个产业化进程中,电子游戏玩家群组的图谱日渐清晰,主要包括业余爱好者和运动员两类,如下图所示:

不难看出,电子游戏玩家的群组分布呈金字塔状。最底端分别是休闲玩家和高级玩家,上文已经详细讨论过,在此

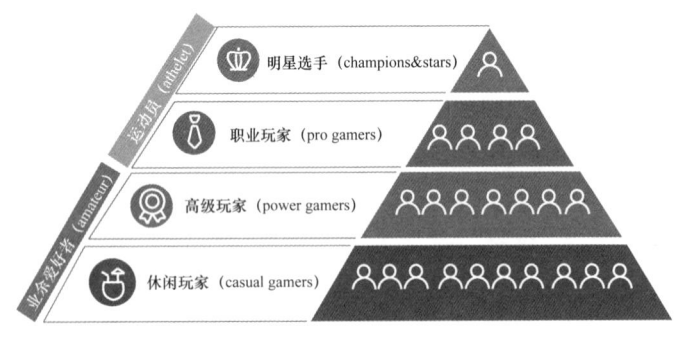

电子游戏玩家群组分布①

不做赘述。再往上是职业玩家,他们就像篮球、足球等传统体育项目的运动员一样,是电子竞技职业运动选手,其常规工作就是完成日常训练和参加电竞比赛。与传统体育运动员相比,电竞选手的职业化之路要坎坷得多。他们要说服家人和朋友,获得他们的支持;要通过刻苦训练和优异的成绩,获得职业身份;就算能够成功与电竞战队签约,也会面临各种新挑战。最顶端是明星选手,他们通常获得过大赛冠军或成绩优异,在媒体的作用下,被建构为明星/粉丝体系中的标杆式人物。此外,这张图也揭示出电竞选手的职业化路径:最开始都是以普通玩家身份进入游戏(休闲玩家),然后成为朋友圈中的佼佼者并开始上网玩(高级玩家),继而参加面对面比赛(职业玩家),最后有可能拿到冠军(明星选手)。[7]

---

① 此图根据泰勒的相关论述整理而成,人数部分仅为图例,不代表具体人数比例。

根据泰勒的描述,职业玩家与业余玩家存在着如下差异。其一是动机。业余玩家将玩游戏当作一种休闲方式,因此,输赢不是绝对重要,只要尽兴就好,有时候游戏失败甚至也可能带来乐趣。与之不同,职业玩家玩游戏更多是出于强烈的胜负欲,也就是想赢。只有赢了,才会满足成就欲,进而产生乐趣。其二是玩法不同。为了求胜,职业玩家每天要花费大量时间进行机械性训练,"游戏的快感中夹杂着汗水、努力、勤奋、重复、挫败,甚至还有愤怒"[8]。与之相比,业余玩家玩游戏的时间要少得多,休闲玩家每周最多玩几个小时游戏,即便是"铁杵磨针"式的高级玩家,其强度也远远低于职业玩家。其三是跟谁玩。与陌生人相比,业余玩家更愿意跟家人和新老朋友玩游戏,游戏的互动反馈机制也在无形中促进了现实生活中的亲密关系。然而对职业玩家来说,"用非亲友群体来检测自己的技能,才好玩,才具有挑战性,才算是真正意义上的对战",这也是成为职业玩家的重要一步。[9]其四是技能要求。对业余玩家来说,尤其是休闲游戏玩家,想要玩游戏,无须具备高阶技能,男女老少皆可,但职业选手却有极高的技能和技术壁垒。泰勒指出,想要成为职业选手,玩家需要具备如下素质:掌握并熟悉游戏操作技能,有技术及设备支持,掌握游戏及系统,策略式思维,熟练的临场发挥能力,社交及心理技能,对自己的事业及相关组织机构足够了解。归根结底,想要成为职业玩家,个人软实力和外部硬技术都要兼备,换句话说,就是电竞产业要足够成熟。

谈及电竞赛事，泰勒简单勾勒出从小众游戏竞赛到国际大赛的发展脉络。她首先援引了美国作家斯图尔特·布兰德（Stewart Brand）发表在《滚石杂志》（*Rolling Stones*）上的一篇特稿。根据此文，最早的电子游戏比赛可以追溯到1972年10月19日，参赛者聚集在位于加州洛斯阿图斯的斯坦福人工智能实验室，进行了长达四小时的"太空大战"（*Spacewar*）。1976年，游戏《海狼》（*Sea Wolf*, 1976）首次推出的高分排行榜（high score notation），后来成为街机游戏文化的一大特色，更成为玩家之间比拼成绩的一个参照物，全球高分竞技玩家的纪录被收入"双子星系"（Twin Galaxies）平台，以严肃视角见证了游戏竞技的发展。后来，随着家用游戏机的普及，游戏赛场从街机厅转移至家中客厅，通常是亲朋好友之间进行比赛，用照片的形式存留得分，通过《任天堂动力》（*Nintendo Power*）、《世嘉愿景》（*Sega Visions*）等游戏杂志公布。到了90年代，《德军总部3D》（*Wolfenstein 3D*, 1992）、《毁灭战士》（*Doom*, 1993）、《雷神之锤》（*Quake*, 1996）等第一人称射击类电脑游戏兴起，玩家凭借局域网以及后来的互联网，不仅能同时在线竞技，而且还以游戏为核心形成了不同的趣缘社群，如1996年成立的"雷神会"（Quakecon）。雷神会总部位于得克萨斯州，以局域网为基础组织面对面游戏竞赛，繁盛时每年可以吸引7000人慕名而来，后来成为全球范围的国际赛事。1997年5月，《雷神之锤》的电竞赛事亮相电子娱乐展览会（E3），奖品为一辆法拉利328GTS汽车。同年6月，电子竞技职业联盟（Cyberathlete Professional League，CPL）在得克萨斯成立，旨在举办电竞赛事，报道传播赛事资讯，同时也为电竞奖项、赞助商和合作企业等内容制定了新标准。面对面竞技、局域网竞赛，以及狂热粉丝的参与，成为电子竞技产业的基础。[10]

自90年代末起，欧美电竞产业愈发成熟，当时的典型代表是冠霸电玩挑战大会（Championship Gaming Series，CGS）和电子竞技联盟（Electronic Sports League，ESL）两种模式，二者在企业人员组成、企业愿景、赛事品牌塑造、传播方式等方面各有特色。首先，CGS的创始人大多具有商学院和法学院教育背景，ESL的管理层则多为熟悉游戏的前电竞选手和精通互联网的技术爱好者。第二，选手方面，CGS更愿意选择成熟的电竞选手，以签约方式进行合作；ESL则偏好新人和业余选手，不单独签约，与选手合作的方式较为松散。第三，就竞赛游戏而言，CGS选择了《反恐精英》（*Counter-Strike*，2000—）、《FIFA国际足球》（*FIFA*，1993—）等几款核心游戏；而ESL更看重电竞游戏的多样性，选择了多款不同的游戏，尽最大努力扩大受众群。第四，从资金来源看，CGS的赞助商主要是DirecTV等传媒集团；ESL资金则不仅来自赞助商，还通过提供增值服务收取会员费。第五，从内容传播方式来说，CGS的宣发渠道主要为卫星电视，ESL则主要使用互联网推广现场赛事。结合泰勒的

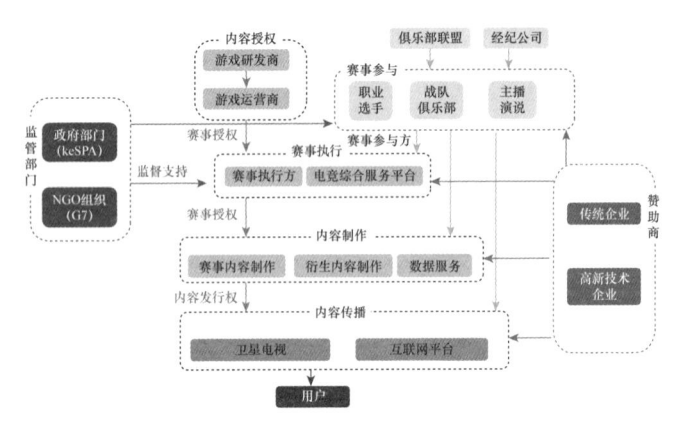

电子竞技产业示意图[11]

描述，我们可以描摹出当时电子竞技产业链，如上图。

不难看出，作为一种体育产品，电竞以赛事为核心，通过游戏开发运营、赛事参与、赛事执行、内容制作及传播，最终传递给用户，其中涉及赛事授权和内容发行权等事宜。此外，赞助商以及监管部门也会介入电竞产品的生产过程，前者为电竞产品提供资本，后者包括政府机构及NGO组织，旨在对行业进行监督支持。在走向体育产业化的进程中，电竞选手和电竞解说也开启了职业化之路。

更重要的是，电竞在多个产业机构的共同作用下，被构建为一种媒体景观。当时，电竞俱乐部官网和电竞资讯网站以图文为主，前者如SK俱乐部（sk-gaming.com），后者如cadred.org、gosugamers.net、readmore.de等。与之相比，影像更受观众的欢迎。视频点播（Video on Demand，VoD）包括赛事录制、重播和点播，不仅是选手用来训练的重要工具，而且已成为体育产业消费中的重要组成部分。此外，有些游戏还内置了观看模式，让观众能以参赛者视角来观看比赛，甚至在不同选手间切换。随着宽带和实时录影技术的快速发展，电竞观众们无须前往赛场，通过直播的形式就能同步观看比赛，进一步加剧了电竞的景观化进程。[12] 其中，无论是选手，还是电竞解说，抑或是比赛本身，都只是整个产业体系中的体育产品，在观众的凝视下，它们成为电子竞技视觉景观中的一个动态符号。到了直播时代，电竞的文化内核再次发生变革，从媒体景观转变为媒体事件。

构建媒体事件：直播文化中的电子竞技

2010年后，伴随直播时代的来临，电子竞技进入了第三个发展阶段，不仅成为一种以多种媒体为核心的大众娱乐，而且被构建为一种强调视觉和叙事的网络式媒体事件。无论电竞的组织机构，还是相关技术，都在努力适应媒体的生产和流通，媒体的生产和消费（观看）都成为严肃研究课题，得到深入讨论。[13]《看我玩：Twitch与游戏直播的兴起》就是讨论直播文化与电竞文化的一部最新著作。

在本书开篇，泰勒教授就分享了第一次通过网络直播看电竞比赛时的震惊体验：

2012年5月的一天，我坐在沙发上浏览网页时，发现有个网站推送了一条消息，让我极为惊讶。那是正在巴黎举行的《星际争霸2》（*StarCraft II*）电竞大赛……近年来，我研究电竞，还出版过一部专著，对游戏的传播形式并不陌生。然而，这种生产方式一下子引起了我的注意。大赛在美丽的大雷克斯（Le Grand Rex）剧院举办。在镜头下，2000多名激情澎湃的观众正在欢呼着，中间穿插着大赛的实时消息。《星际争霸》的奇异世界中充满了人族（Terrans）、超自然的普罗托斯神族，以及令人毛骨悚然的虫族（Zergs），巨大的剧场中坐满了玩家、电竞解说员和观众，他们的脸出现在多块共享屏幕上。然而，还有另一群观众，那些只通过网络来参与的人。我和世界各地成千上万的人一起，通过互联网来实时观看这场比赛。除了巴黎赛场的视频，我们的屏幕上还有一个聊天滚动条，几百个人用文字和表情包边聊着比赛，边为选手加油助威。[14]

不难看出，直播通过互联网，将电竞推送到世界各个角落，极大地扩展了电竞的潜在用户群体。更为重要的是，直播还在更深层面塑造着新的电竞文化。

从用户角度上看，直播改变了用户们参与电竞的方式，让他们以娱乐的态度实时参与到媒体景观的塑造中。通过直播平台，电竞赛事不仅仅是单向度的被动观看，而且是多维度的、主动的媒体事件建构过程，是开放的参与式媒体实践。与此同时，粉丝文化、明星制、网络文化在电竞文化中的作用更加明显，致使电竞从体育产品转化为娱乐产品。不仅如此，直播还有潜力提升电竞用户群的性别多样性。为了实现用户群最大化，越来越多的游戏开发商和电竞赛事运营商开始想方设法吸引女性群体。之所以如此，一方面是因为当代女性的数字素养要比以前高得多，更容易以观众/粉丝身份进入到电竞媒体实践中；另一方面则是因为，与足球等强调体力消耗的传统运动相比，女性以职业选手身份参与电子竞技要更为容易。

从产业角度上看，直播首先改变了电竞内容的生产和传播惯例，重塑了电竞媒体生态。除了旗舰直播平台 Twitch，越来越多的网络平台（YouTube、Facebook）、电竞联盟（如 ESL 等）和游戏开发商（拳头、维尔福、暴雪等）也纷纷推出了直播服务，主流游戏主机增加了直播功能。传统媒体企业转播赛事时，也会在有线电视之外增加与直播平台的合作。[15] 游戏开发商"无产者"（Proletariat）还专门为直播制作了一款名为《流线》（*Streamline*，2016）的休闲竞技网游，能够让主播与自己的观众一起玩游戏。此外，直播也进一步改变了电竞产业的商业模式。现在的游戏公司既可以与电竞公司合作，委托对方举办赛事，也可以雇用白标产品（white label product）供应商，通过外包来处理赛事工作。再者，直播可以将游戏内容和亚马逊等平台联系起来，让用户在观看比赛的同时进行购物。同时，直播对电竞的影响也并不是单向度的，而是双向的。Twitch 曾投资过 Liquid 战队，国内二次元直播平台哔哩哔哩也于 2018 年成立了电竞俱乐部，旗下战队曾参与《守望先锋》《英雄联盟》等电竞比赛。

总之，在当前这个媒介融合时代以及跨屏观看时代，直播这一新技术深刻地影响了电子竞技文化。如果说早期的竞技游戏赛事还聚焦在选手和解说上，那么如今的电竞已经在"游戏""体育"和"娱乐"方面实现了"跨次元"，为用户呈现了一个参与媒体实践的空间。用艾玛·维特科夫斯基博士的话说，电竞已经成为一种"网络式媒体运动文化"（networked media sport culture）。在这个媒体空间中，电竞本身就是一个"无尽的任务"。

全球化视野下的中国电竞文化

根据最新的统计数据，2019 年全球电竞总产值为 11 亿美元（约 77 亿人民币），其中近 20% 来自中国地区。[16] 国内机构给出的预测更为乐观，2019 年国内电竞市场收入将高达 138 亿元。[17] 在全球化进程中，中国电竞产业也在加速发展。从政策层面看，国家及地方政府推出了一系列举措，如上海的"世界电竞之都"计划以及电竞教育发展计划。从产业内容看，腾讯推出以《王者荣耀》为基础的移动电竞赛事，量子体育等电竞服务企业走出国门,在海外多个国家和地区组织运营电竞大赛。就连电竞衍生活动也更加多样化,如西安WCG2019年总决赛和麻省理工学院的科学家团队合作,推出了面向当地青少年的游戏设计大赛,鼓励孩子们用可视化编程语言Scratch进行创造性表达。可以说,中国电竞产业的版图正逐步扩大。

然而与此同时,中国电竞文化也存在着一些问题。首先,国内电竞文化依然以重大赛事(cup-day)为主,缺少日常生活层面(everyday)的参与,缺乏传统体育活动及文化样态所具有的多样性。第二,在政策利好情况下,传统行业急于进入这个新兴领域,准备不足,有些失败的案例更是揭示出电竞产业中的资本泡沫。典型的案例是一些只教学生打游戏的电竞教育项目,以及一些不太成功的"电竞小镇"。更为严峻的是,虽然当前电竞产业飞速发展,但国内依然缺乏对电竞文化及电竞产业的学术研究和深度理解,停留在现象层面的情况居多,无法从社会历史语境中把握电竞的文化逻辑。

在这种情况下,无论是研究方法还是结论,泰勒教授、艾玛·维特科夫斯基博士等人都能给国内学者以启发。只有从学术角度对电竞热潮进行批判性解码,用严肃视角来反思作为大众文化的电子竞技,才能推动产业发展,继而合力培养未来的电竞从业者/研究者。如此一来,我们才能在教育、体育、文化、外交等领域发挥出中国电竞的巨大潜力,并进一步为全球的电竞产业提供有效的参考。

互动电影：
电影与游戏的跨媒介融合

1985年，由乔纳森·林恩（Jonathan Lynn）执导的悬疑喜剧电影《妙探寻凶》（*Clue*）上映。故事发生在美国新英格兰地区的一个大宅中，有6个人受邀来宅中做客，然而主人却突然在众人面前离奇死亡，于是大家开始寻找凶手。值得注意的是，这部影片改编自一款经典的同名桌游，由英国游戏设计师安东尼·E.普拉特（Anthony E. Pratt）设计，于1949年分别以"Cluedo"和"Clue"的名称在英国和北美发行，被玩家称为"20世纪后半叶最伟大的侦探游戏"。由于电影在很大程度上还原了游戏的探案乐趣，且上映时在不同的电影院提供了三个不同的结局，因此被视作一次成功的影游联动。

2011年，科幻小说作家恩斯特·克莱恩（Ernest Cline）的处女作《头号玩家》问世，讲述一个年轻的游戏玩家如何克服重重困难，最终不仅顺利完成了游戏任务，还拯救了现实世界。10年后，电影《失控玩家》（*Free Guy*）登陆全球大银幕，成为继《头号玩家》同名电影后又一部以电子游戏为题材的热门电影作品，只不过拯救世界的英雄由玩家变成了NPC（非玩家角色），即具有情感计算（affective computing）功能的人工智能。实际上，电子游戏与电影的跨媒介互动由来已久，甚至已经突破传统分野，形成了一种新的艺术类型，即互动电影。

互动电影的缘起

互动电影，在英文中被称为interactive cinema或interactive movie，是一种以动态影像为媒介的"互动"（interactive）艺术，其核心特质为"互动性"。有意思的是，"互动电影"一词自诞生以来，就游弋在电影和电子游戏两种艺术形式之间。可以说，它融合了电子游戏的"互动性"（interactivity）和传统电影的视听表征，从而将游戏玩家与电影观众的体验及身份合二为一。

学者格洛丽安娜·达文波特（Glorianna Davenport）曾从电影这一媒介的角度来阐释互动电影。她指出，传统电影的故事通常是固定不变的线性叙事，并被永久嵌入电影胶片或录像带中。与之不同，互动电影将电影语言及电影美学与一个能实现观众反馈及控制的传送系统整合起来，鼓励观众主动参与到电影体验的构建、个性化、消费和分享活动中。[1]

换句话说，互动电影是在传统电影的基础上，增加了交互维度，将线性叙事拓展为个性化的非线性叙事。这首先意味着整部作品要以段落的形式呈现给观众，并根据叙事设定暂停点和选项，每个选项需要对应不同的片段，以便让观众做出选择，从而决定故事的发展以及最终的结尾。当观众以这种方式构建完成一个故事时，他们看到的并非整个电影，而是一个影像片段的数据库，片段之间的联系并不是由导演来决定的，而是取决于观众观影时的选择。更为重要的是，不同的观众所构建出的互动电影叙事也是不同的，具有极大的个性化特质。因此，互动电影用颠覆性的非线性叙事为观众带来了一种参与式的观影体验。

世界上最早的互动电影可以追溯到黑色喜剧《一个男人与他的房子》（*Kinoautomat: Člověk a jeho dům*，1967），由捷克导演拉杜兹·辛瑟拉（Radúz Činčera）编剧并执导，于1967年在加拿大蒙特利尔世博会展映。在影片中，主人公诺瓦克居住的公寓起火了，无论他做出什么样的选择，最终都无法阻止房子陷入火海。导演的女儿辛瑟拉娃（Alena Činčerová）在广播访谈节目中指出，在整个放映过程中，电影会暂停九次，观众可以通过按下座位上的电子按键投票，来改变电影的情节发展。暂停的时机通常会选在颇具戏剧性的时刻。届时，一名演员会走上舞台，询问观众希望男主人公接下来怎么做。例如，诺瓦克开车追赶乘坐出租车的暴怒妻子时，交警却示意男主人公靠边停车，电影便暂停。此时观众若想让诺瓦克加速通行，就按绿键；反之则按红键。与此同时，两部35毫米放映机同时做好准备，按照多数观众的选择放映相应的片段。

该片一上映便引发了巨大反响,以至于《纽约客》(*The New Yorker*)的文章评论说,捷克人民应该为导演建一座纪念碑以示表彰。[2] 遗憾的是,由于主创人员不符合当局的意识形态要求,影片被捷克政府禁止上映。1982年,索尼娱乐公司(Sony Entertainment)出资为35家影院配备了装有红、黄、绿三色投票按键的椅子,用来放映《一个男人与他的房子》,用银幕中的角色取代了原本引导观众进行选择的演员。同样令人遗憾的是,80年代的观众对这一形式并不感兴趣,因此该片在1985年5月下线,从此再没有互动电影在院线上映过。

数字吸引力时代的游戏式电影

学者里昂·葛瑞威奇(Leon Guevirch)在《互动电影:数字吸引力时代的影像术和"游戏效应"》一文中指出,传统电影受到体感游戏机等互动设备的影响,促使火车效应过渡至游戏效应,吸引力电影过渡至互动性电影。[3] 他认为早期电影的特色之一是电影中的吸引力(attraction),就像史蒂文·巴托莫尔(Steven Bottomore)所说的"火车效应"一样,观众在观影时体验到眩晕和惊奇感,这一感受促使已经熟悉吸引力视听体验的观众们对"奇观"产生更高的期待,即对互动性和游戏性奇观的渴望。

随着自媒体的逐渐普及，互动电影的平台变为互联网视频分享网站。这些网站不仅使得超文本阅读变得更为便捷，而且还使得每位观众都能根据自己的意愿而不是多数人的意愿来选择故事的发展方向。在 YouTube 上，比较热门的互动电影有《无处可逃》（*No Escape*）、《最后通话》（*Last Call*）和《选择》（*Choices*）等。其中，《选择》由詹妮·梅森（Jenni Mason）执导，讲述了青少年本（Ben）的一段日常生活。电影使用了更加扁平化的图像风格，接近电脑界面。一开始，屏幕上出现了美国前总统夫人艾莲诺·罗斯福（Eleanor Roosevelt）的一句话："我为今日之我，源于昨日我所做出的选择。"从某种程度上，这句话既点明了主人公本的成长取决于自己的选择，也向观众表明，即将看到的电影源于自己做出的选择。

在影片中，主人公一早醒来，就面临着一系列选择，例如：要不要马上起床，要不要涂发胶，早餐吃什么类型的麦片，上学选什么交通工具，在教室里遇到不会的难题要不要求助他人，等等。

简言之，电影中有两种表现选择的方式，一种是非交互式选择，即当主人公遇到某个问题时，用结构图的方式将各种选择呈现在画面上，有时也会表现出每种选择对应的后果。例如，本在早晨被妈妈叫醒时，他躺在床上，面对着天花板，若有所思。画面两侧有两个选项，分别是继续睡和起床。同时，电影也解释了每种选择的原因：前者是又累又困，后者是担心迟到或错过校车。

另一种是交互式选择。电影被互动式选择分为四节，在每节结束时停顿，出现一个菜单选项，每个选项通过超链接连接着相应的视频片段，指向不同的情节发展。例如，在第一节结尾，本准备去参加一个聚会，朋友马克（Mark）询问本是否需要帮即将参加聚会的他搞到毒品。此时画面右侧是本的半身图片，左侧上部是加粗的问题"是否让马克的朋友为你找来药丸？"，中间两个圆圈选项里分别是肯定和否定的选项，按钮下方写着"由你来决定"。一旦观众做出选择，也就激活了相应的超链接，随即跳转到相应的结局。整个电影分为四个段落，观众需要做出三次选择，每次都面对两个选项，分别导向不同的结局。

可见，互动选择为这部电影的观众带来了一种游戏式的奇观体验，不仅从形式上强化了电影的主题（即"我为今日之我，源于昨日我所做出的选择"），而且还悄然将传统的电影观众转变为轻度游戏玩家。

与YouTube类似，网飞（Netflix）也是基于互联网的影视分享平台。因此，当网飞在2018年以互动电影的名义推出《黑镜：潘达斯奈基》时，实际上并不值得我们大惊小怪。在观影过程中，观众需要在两个选项中做出选择，例如早餐吃哪种麦片，买哪张唱片。听着耳熟吗？这基本沿用了《选择》所使用的套路。如果非要说《黑镜：潘达斯奈基》有哪些创新，那就是得益于更专业的电影拍摄及游戏技术团队，它的影像语言更为成熟,并使用了一个通过谐音猜电话号码的数字解谜任务。

以好莱坞为灵感的电影游戏

在游戏术语中,互动电影也被称为 movie game 或 VCR game,指具有极强电影质感的游戏。这类游戏往往大量使用电影符号和叙事手法,以动画或真人视频的方式来呈现游戏世界。

上世纪 80 年代,游戏产业先后用激光光碟和 DVD 的形式探索互动电影这一类型。1983 年,世嘉公司(Sega)推出的激光光碟游戏《太空地带》(*Astron Belt*)是最早的互动电影游戏之一。同一时期,著名迪士尼动画设计师兼导演唐·布鲁斯(Don Bluth)亲自操刀,为一些游戏设计动画,代表作品有《龙之传说》(*Dragon's Lair*,1983)、《太空王牌》(*Space Ace*,1983)等。有些电子游戏则直接加入了电影片段,用于交代故事背景和情节发展,如取材于电影《幻魔大战》(*Harmagedon: Genma Taisen*)的游戏《贝加之战》(*Bega's Battle*,1983)和后来改编自同名电影的《绝岭雄风》(*Cliff Hanger*,1993)等。

与之相比,游戏中的过场动画(cutscene)也愈发普遍。挪威卑尔根大学(University of Bergen)游戏学者卢恩·克莱夫杰（Rune Klevjer）指出，过场动画是一个影像片段，通常出现在以故事驱动的单人游戏中，它会暂停玩家的游戏进程，以便呈现相应的情节、特点及景观，进而调整游戏的结构和节奏。有时，过场动画会以奖励的方式出现，发挥纯粹观赏的功能，但有时也会影响游戏玩法，向玩家传达后续任务的信息，或是对危险任务做出提示。[4]从早期的《吃豆人》到近期的《艾尔登法环》，很多游戏作品都曾使用过过场动画。

谈及电影语言和游戏形式的深度融合，我们不能不提及游戏制作人小岛秀夫。1986年，小岛加入日本游戏公司科乐美，制作了一系列强调电影质感的作者游戏。所谓作者游戏（author game），是我参考作者电影提出的一个概念。电影学者苏珊·海沃德（Susan Hayward）指出，"作者电影"（Autorenfilm）一词诞生于1913年的德国，经法国艺术电影运动进一步普及开来。彼时，作者电影往往带有"艺术"标签，能够成功地吸引到中产阶级观众。[5]作为一种新兴媒介，电子游戏在知名制作人或设计师的加持下，很有可能因为带有强烈的个人风格而成为"作者游戏"。以号称电子游戏教父的席德·梅尔（Sid Meier）为例，其作品曾对后来的策略类和模拟类游戏产生巨大的影响，获得过2008年全球游戏开发者大会终身成就奖等众多奖项，因此在后续的游戏名称前都加上了他的名字，如《席德·梅尔之文明4》（*Sid Meier's Civilization IV*，2005）。英国布鲁姆斯伯里出版社（Bloomsbury）还专门推出过"具有影响力的电子游戏设计师"

书系，目前收录了四本专著，分别讨论"上古卷轴"系列（Elder Scrolls）和"辐射"系列（Fallout）的设计师托德·霍华德（Todd Howard）、雪乐山经典系列游戏《狩魔猎人》（*Gabriel Knight*）的设计师珍·简森（Jane Jensen）、专注为女孩儿设计游戏的布伦达·劳雷尔（Brenda Laurel），以及日本游戏大师宫本茂。[6]

在加入科乐美后，小岛秀夫参与并主导了"合金装备"系列（Metal Gear）的多部作品。他史无前例地将伪装潜入元素作为游戏的核心叙事动力，开创了潜行类冒险游戏的先河，而且在影像和声音上都极为强调"电影质感"，为后来的同类作品提供了形式元素的参考。小岛从小就是电影迷，在中小学时曾与朋友一起用8厘米摄影机拍摄过一段长达40分钟的侦探短片，在其中承担了编剧和演员的角色，这个爱好一直持续到大学。在谈及最初的职业规划时，他表示："我想制作电影，可是不知道从何入手。所以我主要在游戏业界和玩具业界找工作。当时游戏正处于黎明期，只要拿着企划书，谈谈以前拍过的电影，总是有人肯听的。而且如果遇上拍摄现场的人，还会被当作知识阶层来看待呢。"[7] 在科乐美，小岛成立了专门的团队，采用电影制作的方式，将人手根据专业分工，在名片上印上"游戏设计师"和"导演"两个称号，最典型的作品案例就是搭载PS2的《合金装备2：自由之子》（*Metal Gear Solid 2: Sons of Liberty*，2001）。[8]

在发行《合金装备2》时，科乐美曾以DVD的形式附赠了游戏团队的纪录片，名为《合金装备2：制作好莱坞游戏》（'*Metal Gear Solid 2: Sons of Liberty*'-*Making of the Hollywood Game*）。其中，时任助理总监的松花贤和（Yoshikazu Matsuhana）表示，每位团队成员都有一个专门的"创意笔记本"，按小岛的要求每天至少写下一个创意。到了晚上，小岛会从中挑选好的想法，对其优化和提升后，再添加到游戏中。由此，整个团队的头脑风暴被转化为鲜明的小岛风格。从这部纪录片的标题"制作好莱坞游戏"可以看出，《合金装备2：自由之子》借鉴了大量电影语言。在场景设计中，制作团队专门前往美国取景，并参考了"007"系列等动作电影的手法，聘请军事顾问对设计团队和动作捕捉演员进行了培训。至于该游戏的声景，音效总监村冈一树（Kazuki Muraoka）表示，因为前作的巨大成功，公司为这部作品提供了更多预算，用来完成好莱坞风格的声音设计。他和小岛一起看了由周润发主演的电影《替身杀手》（*The Replacement Killers*，1998），以寻找灵感。最终，两人被电影的配乐所震撼，决定邀请该片作曲者哈里·格雷格森-威廉姆斯（Harry Gregson-Williams）为游戏设计配乐。[9]

无论是小岛在团队中发挥的核心作用，还是其游戏作品的电影质感，都一路沿袭下来，逐渐形成了电影风格明显的作者游戏，包括后来由小岛工作室制作的《死亡搁浅》（*Death Stranding*，2019）。值得一提的是，正是因为有了像小岛秀夫这样个人风格极强的游戏作者，彼时的日本游戏批评者才得以有意识地借鉴电影研究的方法，对本土游戏进行解读。2022年12月15日，小岛工作室宣布《死亡搁浅》将被改编成电影，并以此重新定义游戏改编作品的潜力。[10]

如果说小岛秀夫更注重将电影质感融入游戏设计中，那么游戏开发商"摇滚明星"（Rockstar，以下简称R星）则不仅热衷于用好莱坞电影来提升旗下开放世界游戏的吸引力，而且还擅长挪用类型电影，以此来推动游戏的宣传和营销，如"荒野大镖客"系列和"黑色洛城"系列。

作为这两个系列的制作人，丹尼尔·豪泽（Daniel Houser）和山姆·豪泽（Sam Houser）从小就是美国电影的忠实粉丝，尤其是犯罪片和意式西部片。据说丹尼尔·豪泽特别喜欢惊悚动作片《勇士帮》（*The Warriors*，1979），以至于在加入R星后，推出了同名电子游戏。[11] 就《荒野大镖客》（*Red Dead Redemption*，2010）而言，它将背景设定在1911年的美墨边境，以好莱坞西部片为范本，建构了一个开放式的边疆。至于《黑色洛城》（*L. A. Noire*，2011），它的故事发生在1947年的纽约，通过挪用黑色电影的形式元素，让玩家扮演一位刑警，解决一个个犯罪案件。

2011年，《黑色洛城》还入选了纽约翠贝卡电影节（Tribeca Film Festival），这也是该电影节首次打破惯例，将游戏纳入入选名单。在展映期间，时任R星创意副总裁的丹尼尔·豪泽在采访中表示，《黑色洛城》的灵感来自一系列经典的黑色电影，包括《夜长梦多》（*The Big Sleep*，1946）、

《双重赔偿》(*Double Indemnity*,1944)、《马耳他之鹰》(*The Maltese Falcon*,1941)、《不夜城》(*The Naked City*,1948)、《旋涡之外》(*Out of the Past*,1947)等,有超过400名电影工作者参与了游戏开发过程,包括化妆师、导演、配音演员、动捕演员等,使用了大量原创服装和道具,最终制作出了具有电影价值的游戏作品。[12]

此外,R星还在官网上开设了推荐专栏,发布官方选择的电影、杂志、图书、电视节目列表,并在玩家中发起投票活动,以配合游戏的营销活动和品牌宣传。例如,在《荒野大镖客》正式发布两个月前,R星就在该板块推出了西部电影片单,包括《决斗犹马镇》(*3: 10 to Yuma*,1957)、《邓迪少校》(*Major Dundee*,1965)、《西部往事》(*Once Upon a Time in the West*,1968)、《少壮屠龙阵》(*Young Guns*,1988)四部电影,还有小说《血夜子午线》(*Blood Meridian*)和电视剧《孤鸽镇》(*Lonesome Dove*,1989)。[13]

游戏学者艾斯特·莱特(Esther Wright)指出,在塑造品牌形象时,R星声称能让玩家有机会通过游戏打破社会规范和禁忌,以此来批判美国的社会弊端。通过上述营销策略,R星既能利用大众熟知的电影符号来激发玩家期待,使其通过某种电影类型来想象后续的游戏体验,还能从视觉上建构一种历史表征,让玩家对游戏的历史真实性产生深度认同,进而认同R星的品牌,将其游戏视为具有极大商业价值和历史价值的作品。[14]

互动电影的未来

随着游戏世代的成长,电影和电子游戏都已经成为人们生活中不可或缺的文化媒介。无论是电影爱好者,还是游戏玩家,都在翘首期盼着更具创意的互动电影奇观。虽然互动电影目前在更大程度上还是一种小众的、先锋性的尝试,很难在影响叙事和游戏交互之间找到令大众满意的平衡,但只要创作者持续探索,这种艺术类型依然充满潜力。

在未来,拓展现实(XR),例如虚拟现实(VR)和增强现实(AR),将会取代 YouTube、网飞等传统的网络视频平台,成为互动电影的新一代载体,既能呈现炫酷的电影质感,又能支持多样化的交互形式,可以为互动电影的受众带来足够的沉浸式体验。

首先,VR 能够将玩家的多种具身体验推向极致。目前,VR 设备通常包括头戴式显示器和动作感应控制器,与游戏主机、电脑等游戏硬件配合使用,例如索尼的 PSVR、三星出品的盖乐世 VR、HTC 与维尔福(Valve)合作推出的 HTC Vive 等。简言之,VR 设备能拓展人们玩游戏时的视野(field of vision,FOV),从而创建一种身临其境的全景式游戏体验。在一般情况下,人眼的视野是 120°,但集中注意力时只有 25°。以 2022 年发布的第二代 PSVR 为例,它的头盔视野高达 110°,并支持 4K 显示。[15] 从某种程度上说,虚拟现实设备的视野越接近人眼,玩家的游戏体验就越发"真实",

就越能模仿真实世界中的感官体验。VR设备的这一特性与互动电影的"电影质感"不谋而合，因为两者都是以满足受众的感官快感为目的。

同时，虚拟现实设备还能够更好地实现多样化的游戏交互。在当前的互动电影中，游戏式电影的交互过于简单，通常只让人们通过点击选项做出选择，游戏玩家会觉得游戏交互意犹未尽；而电影式游戏的交互虽然多种多样，如射击、收集、搭建、解谜等，但其难度也许会让传统的电影观众望而却步。就VR而言，它首先能提供一种全景视角，让人们能通过随意转换视角来打破单一的观看体验，实现简单的初级交互。这在游戏中屡见不鲜。有的游戏为玩家提供了第一人称、第三人称、俯视、平视等多种视角，玩家可以根据个人偏好进行设置，还可以随时停下来转换视角观察周围的环境。若是VR影像加入了更为多样的游戏任务，则会进一步提升互动体验。以纪录片为例，传统的纪录片往往为观众记录和呈现某种历史体验，但用VR设备拍摄纪录片，则可以加入交互体验的环节，让观众得以通过VR遥控器或体感动作，来深度感受影片所要表达的内容。

此外，虚拟现实设备还能实现个性化的观影体验。在互动电影（不管是更偏重游戏还是电影）中，玩家/观众不仅可以根据自己的意愿选择菜单中的选项，进入下一个叙事片段，还可以完全打破线性发展，不断返回到上一段落，查看其他的故事发展方式，因此它为每个受众都提供了上帝视角，创造了颇具个性化的影像故事。与之相应，只有具备高度个性化的观影设备，人们才能根据自己的意愿而不是他人的想法来"私人定制"互动电影体验。上文曾提及《一个男人与他的房子》，其故事的发展要依靠观众的选择。然而囿于技术及设备的限制，选择要通过多数人投票产生。也就是说，少数观众无法按照自己的意愿来推动整个故事的发展。因此，对有些个体而言，这部电影并没有实现真正意义上的互动。与之不同，VR 能摆脱观影场所的限制，一人一套设备，促使互动电影的体验过程更为个体化、私人化。

由此可见，VR 设备能够呈现互动电影的三个核心特质，即电影质感、多样化交互和个性化选择。反之，互动电影也是未来 VR 内容的一种有效的表现方式。从某种程度上说，有些具有电影质感的 VR 游戏已经为互动电影制作提供了有力的参考，例如《蝙蝠侠：阿卡姆 VR》（*Batman: Arkham VR*，2017）和《黑色洛城：VR 案宗》（*L. A. Noire: The VR Case Files*，2017）。我们可以畅想这样一种图景：随着技术的发展，VR 设备成本大幅降低，在大众中普及开来；互动电影制作流程愈发成熟，电影人和游戏开发者的合作更加紧密，编剧团队习惯了用非线性写作软件（如 Twine）创作剧本[16]；发行商通过互联网向全球同步发布数字化的互动电影，交互性的强弱亦成为电影分级的一个因素。到那时，人们可以选择坐在自家客厅的沙发上用 VR 观影，享受极致的新型体验。

结语
游戏素养的用途

作为游戏学者,我对游戏的理解受到了詹姆斯·保罗·吉(James Paul Gee)教授的很大影响,尤其是他对游戏素养的讨论。

他选择从语言学的角度来理解"素养"(这也是许多语言学家和教育学家理解该词的出发点),用这个词来指称语言的输入(听和读)和输出(说和写)两类技能。对吉教授来说,电子游戏是一种融合多种媒体符号的互动语言,其生产与消费都是社会文化实践,具有经济的、历史的及政治的含义。如此一来,一款电子游戏就成了一个基于具体语境的多模态符号系统,这个系统以某种方式悄然影响着我们对世界的看法,同时,我们也可以用游戏来进行自我表达。

对大多数人来说,他们更愿止步于单向度地被动接受游戏内容(游戏语言的输入),缺少主动且具有批判性的游戏体验(游戏语言的输出),而后者才是评判游戏素养的重要参数。

简言之,游戏玩家的输出能力也包括"说"和"写"两部分。前者指通过游戏评论,对游戏进行深度阐释的能力;

后者是通过制作游戏，运用游戏这一媒体进行创造性表达的能力。

想要深度阐释游戏，评论者需要具备一定的理论素养和批判性思维。国外学者玛莎·金德（Marsha Kinder）在其著作《电影、电视和电子游戏中的权力游戏》（*Playing with Power in Movies, Television, and Video Games: From Muppet Babies to Teenage Mutant Ninja Turtles*）中讨论了电子游戏与性别、种族和阶级的关系，并对游戏文本进行了典型的精神分析式解读。金德指出，当时的游戏设计者往往将受众锚定为中产阶级白人男性玩家，孩子在游戏中获得了虚拟的成长体验，通过击败游戏中的父辈角色，想象性地消解了他们的恋母情结，最终增进了父子感情。在《作弊：在电子游戏中获得优势》（*Cheating: Gaining Advantage in Videogames*）一书中，加拿大游戏学者米娅·康萨尔沃（Mia Consalvo）基于布尔迪厄的"文化资本"概念，将玩家的作弊行为理解为"游戏资本"——由玩家、游戏公司、游戏产业等多个群体共同构建而成。印度学者苏维克·穆克吉（Souvik Mukherjee）在《电子游戏和后殖民主义》（*Videogames and Postcolonialism: Empire Plays Back*）一书中，尝试在殖民/后殖民理论框架下，理解印度的游戏文化。

与"说"相比，用游戏语言"写作"则是更高阶的能力，因为它往往需要作者具有一定程度的游戏设计、美术、编程等专业技能，通常包括"改写"和"创作"两类活动。

作为非常规玩法，作弊、骇客、修改都是典型的改写游戏行为。其中，作弊（cheats）既涉及游戏开发者为了便于测试而留在游戏程序中的代码，又包括玩家从外部对游戏进行的修改，皆旨在让游戏难度降低或直接跳过某些任务。骇客（hacks）指针对源程序文件进行直接修改，如增加、删除、修改或优化代码。曾经有人为了让女儿玩《大金刚》（*Donkey Kong*，1981），而将其中的游戏角色修改为女性角色。骇客式的修改需要较高水平的编程技能，对多数玩家来说具有较高难度。

相比而言，修改（mods，又被称为"模组"）就简单多了，它是一种面向普通玩家的游戏修改程序。金山软件公司出品的金山游侠就是一款这样的游戏修改工具，玩家可以通过它来截屏、修改游戏、查看游戏攻略。国外玩家布莱特·渡边（Brett Watanabe）曾将一款游戏的玩家角色修改成一头鹿。最成功的游戏改写，当数 MOBA 游戏的经典地图，是玩家使用《星际争霸》的编辑器创作的。

如果说改写游戏意味着挑战既有的旧规则，那么制作游戏则意味着创造全新的游戏世界。优秀的游戏设计师会带有明显的风格特质，其设计理念也会成为极具个性化的游戏签名。就日本游戏制作人宫本茂而言，他的设计哲学是在有限的空间中将趣味性最大化，即"箱庭哲学"。对华人游戏设计师陈星汉来说，他倡导通过游戏过程达成内心世界的探索和情感实验。

游戏设计师、纽约大学教授埃里克·齐默尔曼（Eric Zimmerman）在《游戏素养》（"Gaming Literacy"）一文中强调，玩游戏不仅意味着遵循游戏规则，还包括打破规则，去修改甚至重新定义游戏规则，心怀游戏的态度（ludic attitude），世界上的诸种结构皆可游戏。[1]从这一意义上说，游戏素养意味着主动且具有批判性思维的游戏体验。

在本书中，我尝试以克劳福德（Chris Crawford）的游戏设计理念和费尔南德兹-瓦拉（Clara Fernández-Vara）的游戏批评理论为基础，提出一种游戏批评范式。

克劳福德认为，游戏世界（game universe）包括"名词"（noun）和"动词"（verb）两个维度。名词指向游戏中的符号系统，即游戏的世界观，是由游戏设计团队制作并规定的先验性假设，与游戏的艺术性及文化内核相关。如短篇游戏《惊梦》（2015年），它取材自汤显祖的《牡丹亭》，所有关卡的提示都是通过古诗词呈现，玩家从自然万物中获取颜色和填充颜色，完成任务后能欣赏颇具国风的动态效果，画中的留白部分更是应和了中国传统的空白美学，营造出空纳万物的虚静意境。整个游戏过程能在美学层面表达出"庄周梦蝶"的意境，因强烈的中国古典美而堪称当代国风游戏的典范之作。这种具有东方美学内核的名词表达方式也被《绘真·妙笔千山》（2019年）延续了下来。

动词维度指向玩家在游戏中的活动方式，首先指游戏机制（game mechanics），这是衡量游戏创新的重要标准。《致命框架》（*Framed*，2014）就是典型的创新范例。作为一款解谜游戏，它并没有采用传统的密室逃脱套路，而是采用黑色电影风格，用若干画框的形式呈现每个关卡。玩家需要调整画框的顺序，以帮助游戏角色建立合理的逃跑路线。游戏结束后，玩家能获得双重的游戏体验：一方面，他们以游戏角色的视角，完成了紧张刺激的孤胆英雄逃亡之旅；另一方面，他们又像电影剪辑师，完成了整部电影的编辑过程。

此外，动词维度还指向玩家使用何种策略玩游戏，既包括玩家按照规则进行的合理行为，又包括游戏作弊行为。每款游戏已经为玩家制定好了规则，但只有玩家进入游戏后，才令其产生意义。在《卡通农场》中，游戏规则要求玩家用较低的生产成本完成较多的订单，用销售产品的钱继续扩大生产规模以达到升级的目的。除了自己种植作物及饲养家畜以获得生产资料，玩家还可以使用其他策略，如与好友交换资源，花钱购买钻石以改变游戏进程或是低价买入、高价卖出。

无论是名词还是动词，都还停留在游戏现象本身，没有达成对游戏文本的深度解码。想要实现对一款游戏进行批判性解读，评论者要结合相关形式元素，进一步探讨它的程序修辞。所谓"程序修辞"（procedural rhetoric），是指游戏的形式元素传达出来的意识形态。游戏学者费尔南德兹－瓦拉指出，游戏世界的运转方式蕴含着一套特定的社会文化价值观。以 MOBA 游戏为例，它们不断地向玩家许诺英雄梦和成就感，但实际上用重复的对战消耗玩家的碎片时间，甚至入侵他们的整块时间,将想要休闲的玩家转化为数字劳工。

需要说明的是,理解游戏文本的方式有很多,本书中的范式只是其中之一。但有一点是毫无疑问的:只有不断对具体的游戏文化文本进行批判性反思,才能从生产和消费两个环节推动游戏素养的提升,才能让电子游戏真正成为一种文化媒介,从而让我们透过游戏慧眼看世界。

注释

《文字游戏》：中国独立游戏的新浪潮

1 Bogost, I., Ferrari, S., & Schweizer, B. (2012). *Newsgames: Journalism at Play*. MIT Press, p.88.

2 Juul, J. (2019). *Handmade Pixels: Independent Video Games and the Quest for Authenticity*. MIT Press, pp.7-8.

3 Juul, J. (2019). *Handmade Pixels: Independent Video Games and the Quest for Authenticity*. MIT Press, pp.7-9.

4 Juul, J. (2019). *Handmade Pixels: Independent Video Games and the Quest for Authenticity*. MIT Press, pp.12-21.

5 参见https://lostlevels.net/。

6 Juul, J. (2019). *Handmade Pixels: Independent Video Games and the Quest for Authenticity*. MIT Press, pp.57-186.

7 Boym, S. (2007). Nostalgia and Its Discontents. *The Hedgehog Review*, 9 (2), 7-19.

8 乔晓萌：《游戏论·历史的维度｜宽泛定义下的中国独立游戏小史》，澎湃新闻，https://www.thepaper.cn/newsDetail_forward_16370628，2022年1月22日。

9 Pearce, C. (2020). Strange Bedfellows: Indie Games and Academia. In *Independent Videogames: Cultures, Networks, Techniques and Politics*. (pp.95-109). Routledge.

10 Higher Education Video Game Alliance. (2019). *2019 Survey of Program Graduates*. Hevga.https://hevga.org/reports/.

《多萝西之家》：电子游戏中的非裔话语

1 Einhorn, E. & Lewis, O. (2021, July 19). *Built to Keep Black from White*. NBC News. https://www.nbcnews.com/specials/detroit-segregation-wall/.

2 Owens, Keith A. (2017, January 6). *Blacks in Detroit 100 Years Ago*. Michigan Chronicle. https://michiganchronicle.com/2017/01/06/blacks-in-detroit-100-years-ago/.

3 Austin, D. (n.d.). *Brewster-Douglass Projects*. HistoricDetroit. https://historicdetroit.org/buildings/brewster-douglass-projects.

4 *Fredrick Douglass Project Towers*. Detroiturbex. http://detroiturbex.com/content/neighborhoods/fdtowers/index.html.

5 Moskowitz, P. (2015, February 5). *The Two Detroits: A City Both Collapsing and Gentrifying at the Same Time*. The Guardian. https://www.theguardian.com/cities/2015/feb/05/detroit-city-collapsing-gentrifying.

6 Glantz, A. & Martinez, E. (2018, February 15). *Loophole in Law for the Poor Spurs Gentrification*. Detroit News. https://eu.detroitnews.com/story/news/nation/2018/02/15/redlining-law-government-minorities-neighborhoods/110469186/.

7 Glantz, A. & Martinez, E. (2018, February 15). *Detroit-area Blacks Twice as Likely to Be Denied Home Loans*. Detroit News. https://eu.detroitnews.com/story/business/real-estate/2018/02/15/red-lining-home-loans/110436482/.

8 Moskowitz, P. E. (2017). *How to Kill a City: Gentrification, Inequality, and the Fight for the Neighborhood*. Hachette UK.

9 更多详情，可参见：https://risehomestories.com/。

10 Leonard, D. J. (2006). Not a Hater, Just Keepin'it Real: The Importance of Race- and Gender-based Game Studies. *Games and culture*, 1 (1), 83-88.

11 Grace, L.D. (2021). *Black Game Studies: An Introduction to the Games, Game Makers and Scholarship of the African Diaspora*. ETC Press.

《哈利·波特：魔法觉醒》：移动电竞时代的跨媒介叙事

1 详情可参见：https://ds.163.com/article/60caeb877c872246f7a08047/。

2 详情可参见：https://ds.163.com/article/62f133c2c3e1e50001cfd3a6/。

3 Ramsey, L.C. (1983).*Chivalric Romances: Popular Literature in Medieval England*. Indiana University Press, p.5.

4 Ramsey, L.C. (1983).*Chivalric Romances: Popular Literature in Medieval England*. Indiana University Press, pp.48-68.

5 雷蒙德·威廉斯：《漫长的革命》，倪伟译，上海人民出版社，2012年，第333—335页。

6 Biedenharn, I. (2015, October 12). *Harry Potter Illustrator Jim Kay Interview: How He Created Breathtaking 'Sorcerer's Stone' Images*. Entertainment Weekly. https://ew.com/article/2015/10/12/harry-potter-illustrator-jim-kay-interview/.

7 秋秋：《〈哈利波特：魔法觉醒〉美术团队专访：如何做出别具一格的美术？》，游戏葡萄，https://youxiputao.com/articles/22824，2021年12月13日。

8 Dynamedion. (n.d.). *Composing Harry Potter: Magic Awakened*. Dynamedion. https://dynamedion.com/news/composing-harry-potter-magic-awakened/.

9 详情可参见本书《无尽的任务：从竞技游戏到电竞直播》一文。

10 新浪游戏：《资料：关于中国电子竞技大会（CIG）》，新浪网，http://games.sina.com.cn/newgames/2003/09/09125540.shtml，2003年9月12日。

11 两档节目均在2004年停播。

《手机疑云》：电子游戏中的酷儿性

1 Huizinga, J. (2014). *Homo Ludens: A Study of the Play-element in Culture*.

Routledge.

2　Tekinbas, K. S., & Zimmerman, E. (2003). *Rules of Play: Game Design Fundamentals*. MIT Press.

3　Fernández-Vara, C. (2019).*Introduction to Game Analysis*. Routledge.

4　Bogost, I. (2010). *Persuasive Games: The Expressive Power of Videogames*. MIT Press.

5　Fernández-Vara, C. (2019).*Introduction to Game Analysis*. Routledge.

6　Poovey, M. (1998). Sex in America. *Critical Inquiry*, 24 (2), 366-392.

7　Warner, M. (2000). *The Trouble with Normal: Sex, Politics, and the Ethics of Queer Life*. Harvard University Press.

8　Ruberg, B. (2019). *Video Games Have Always Been Queer*. NYU Press.

9　Clark, N. (2017). What Is Queerness in Games, Anyway? *Queer game studies*, 3-14.

10　检索日期为2022年3月23日。

11　Dustin Bailey. (2021, Feb 12). "Steam just reached 50, 000 total games listed", PCGamers, https://www.pcgamesn.com/steam/total-games.

12　Ruberg, B. (2019). *Video Games Have Always Been Queer*. NYU Press.

《失踪》：严肃游戏与女性保护

1　Sontag, S. (2005). *On Photography*. Rosetta Books.

2　Abt, C. C. (1987). *Serious Games*. University Press of America.

3　数据来源：https://www.savemissinggirls.com/the-issue/#overview-problem。

4　节目全集可参见：http://www.satyamevjayate.in/。

5　Spivak, G. C. (2015). Can the Subaltern Speak？. In *Colonial Discourse and Post-Colonial Theory* (pp.66-111). Routledge.

6　Chhibber, P. (2020, October 2). *Raji Harnesses Hindu Stories, Creating a Grand Adventure*. Polygon. https://www.polygon.com/2020/10/2/21494483/raji-an-ancientepic-nintendo-switch-hinduism-india.

7 Satyamev Jayate. (2012, May 6). *Female Foeticide*. Satyamev Jayate.http://www.satyamevjayate.in/watch-the-episodes/female-foeticide/watch-full-episode-english.aspx.

《阴阳师》：国产游戏的突围

1 中国戏曲研究院编：《中国古典戏曲论著集成（一）》，中国戏剧出版社，1959年，第43—44页。

2 广田律子：《"鬼"之来路——中国的假面与祭祀》，王汝澜等译，中华书局，2005年，第7—9页。

3 司马迁：《史记》（修订本），中华书局，2013年，第5页。

4 郑玄：《周礼注疏》，北京大学出版社，1999年，第826—827页。

5 干宝：《搜神记》，中华书局，2009年，第286页。

6 今野达、国东文麻吕、马渊和夫校注：《今昔物语集 三》，小学馆，1954年，第317页。

7 王鑫：《比较视域下的中日"妖怪"与"妖怪学"研究》，北京外国语大学博士论文，2015年，第232—235页。

8 数据采集日期为2023年1月2日。

9 网易游戏：《阴阳师》，2016年。

10 米歇尔·希翁：《声音》，张艾弓译，北京大学出版社，2013年，第28页。

11 Fernández-Vara, C. (2019).*Introduction to Game Analysis*. Routledge, pp.131-132.

12 Bartle, R. (1996). Hearts, Clubs, Diamonds, Spades: Players Who Suit MUDs. *Journal of MUD Research*, 1 (1), 19.

13 今野达、国东文麻吕、马渊和夫校注：《今昔物语集 三》，小学馆，1954年，第318页。感谢北京第二外国语学院王丽华博士对译文的建议。

《王者荣耀》：网络竞技与消费逻辑

1 Juul, J. (2010). *A Casual Revolution: Reinventing Video Games and Their Players*. MIT Press, pp.25-26.

2 Juul, J. (2010). *A Casual Revolution: Reinventing Video Games and Their Players*. MIT Press, pp.147-148.

3 语音台词引自游戏《王者荣耀》，腾讯游戏，2015年至今。

《新天龙八部》：游戏大片中的旅行

1 叫兽易小星：《万万没想到 第二季 04 勇者的游戏》，优酷网，http://v.youku.com/v_show/id_XNzQ0MDk5NzY4.html? from=y1.6-97.4.1.20eb4acaf5c211e3b2ad。

2 Jøn, A. A. (2010). The Development of MMORPG Culture and the Guild. *Australian Folklore*, 25.

3 新天龙八部游戏：《血染天山！新天龙八部首测重现经典大战》，新天龙八部游戏官网，http://tl.changyou.com/xtl/news/20130905/62252.shtml，2013年9月5日。

4 Webster, A. (2012, November 22). DreamWorks Makes 'Rise of the Guardians' Special Effects Tool Open Source.Theverge.http://www.theverge.com/2012/11/22/3679870/dreamworks-openvdb-special-effects-tool-open-source.

5 Failes, I. (2010, December 3). Rise of the Effects. Fxguide. https://www.fxguide.com/featured/rise-of-the-effects/.

6 新天龙八部游戏：《ODB特效 打造新天龙超炫PK体验》，新天龙八部游戏官网，http://tl.changyou.com/xtl/news/20130922/62774.shtml，2013年9月22日。

7 Urry, J., & Larsen, J. (2011). *The Tourist Gaze 3.0*. Sage, pp.3-15.

8 MacCannell, D. (1999). *The Tourist: A New Theory of the Leisure Class*. University of California Press, p.41.

9 MacCannell, D. (1999). *The Tourist: A New Theory of the Leisure Class*. University of California Press, pp.44-45.

10 Urry, J., & Larsen, J. (2011). *The Tourist Gaze 3.0*. Sage, pp.2-6.

11 北京市统计局城市社会经济调查队：《北京市城市调查统计分析选编：1990—1999》，2000年，第89页。

12 白骨精白白：《[技术交流]有人说，不花钱想打满全三，到底可行不？》，新天龙八部游戏官方论坛，http://bbs.tl.changyou.com/forum.php?mod=viewthread&tid=31582695，2014年9月26日。

13 《新天龙八部七级石头大神超豪华婚礼实录》，178.com，http://tl.178.com/201304/159315528848.html，2013年4月7日。

14 详情见《全六大神结婚 价值3万人民币的豪华婚礼》，uuu9.com，http://tl.uuu9.com/201310/1157547.shtml，2013年10月11日。

15 Debord, G. (2002). *The Society of Spectacles*. Translated by Ken Knabb. Hogoblin Press, pp.7-12.

橙光游戏：越轨者寓言与性别异托邦

1 有关橙光游戏2013年高考专题，可参见http://www.66rpg.com/topic/gaokao。

2 Lebowitz, J., & Klug, C. (2011). *Interactive Storytelling for Video Games: A Player-Centered Approach to Creating Memorable Characters and Stories*. Taylor & Francis, p.193.

3 Winn, B. (n.d.). *Game Design and Development 1: 2D Shooter*. Coursera. https://www.coursera.org/learn/game-design-and-development-1.

4 Weber, R. (2013, February, 28). *On Reflections: First Interview with the Ubisoft Studio's New MD*. Gameindustry. https://www.gamesindustry.biz/on-reflections-first-interview-with-the-ubisoft-studios-new-md.

5 相关信息，可参见：http://web.archive.org/web/20160223181322/http://

www.66rpg.com/redirect/doDownload? cpuClass=x64 (Accessed July 29, 2022)。由于橙光品牌战略的调整，官网也几经改版，引文中的链接已失效。

6 中国音数协游戏工委，伽马数据，国际数据公司：《2014年中国游戏产业报告（摘要版）》，中国书籍出版社，2014年，第53页。

7 中国音数协游戏工委，伽马数据，国际数据公司：《2016年中国游戏产业报告（摘要版）》，中国书籍出版社，2016年，第29页。

8 中国音数协游戏工委，伽马数据，国际数据公司：《2014年中国游戏产业报告（摘要版）》，中国书籍出版社，2014年，第51—65页。

9 相关信息，可参见：http://web.archive.org/web/20151017082420/http://bbs.66rpg.com/thread-403760-1-1.html。

10 有关2016年橙光官网信息，可参见 http://web.archive.org/web/20160310083902/http://www.66rpg.com/。

11 参见：https://www.66rpg.com/game/438505。

12 参见：https://www.66rpg.com/game/102128。

13 可参见：https://www.youtube.com/watch? v=g6MWd-lO0ME。

14 可参见：https://www.youtube.com/watch? v=tlIXyR--fLo。

15 Suzuki, M. (2013). The Possibilities of Research on Fujoshi in Japan. *Transformative Works and Cultures*, no.12.

16 Cohen, A. K. (1997). A General Theory of Subcultures. In Ken Gelder& Sara Thornton (ed.)*The Subcultures Reader*. Routledge, p.44.

17 Cohen, A. K. (1997). A General Theory of Subcultures. In Ken Gelder& Sara Thornton (ed.)*The Subcultures Reader*. Routledge, p.52.

18 胡疆锋：《伯明翰学派青年亚文化理论研究》，中国社会科学文献出版社，2012年，第51页。

19 O'Sullivan, T. (1994). Bricolage. In Tim O'Sullivan et al (ed.). *Key Concepts in Communication and Cultural Studies* (p.33). Routledge.

20 Modleski, T. (2005). *The Women Who Knew Too Much: Hitchcock and Feminist Theory*. Routledge, pp.99-100.

21 Radway, J. A. (1991). *Reading the Romance: Women, Patriarchy, and Popular Literature*. University of North Carolina Press, p.61.

《卡通农场》：用游戏想象乡村

1 肖恩·库比特：《数字美学》，赵文书、王玉括译，商务印书馆，2007年，第140—141页。

2 Virilio, P. (2007). *Art as Far as the Eye Can See*. Bloomsbury Academic.

3 United Nations Population Division. (n.d.). *Urban Population (% of total population)*. The World Bank. https://data.worldbank.org/indicator/SP.URB.TOTL.IN.ZS? end=2021&most_recent_value_desc=true&start=1960&view=chart.

4 数据来源为国家统计局官网。

5 Baudrillard, J. (1999). *The Consumer Society: Myths and Structures*. Sage.

6 肖恩·库比特：《数字美学》，赵文书、王玉括译，商务印书馆，2007年，第36页。

性别养成游戏：解码游戏中的女性神话

1 Sarkeesian, A. (n.d.). *Tropes vs. Women in Video Games*. Feminist Frequency. https://feministfrequency.com/series/tropes-vs-women-in-video-games/.

2 Devanathan, S. (2022, February 2). *Connecting the Dots: The Data behind Women in Gaming*. Facebook. https://www.facebook.com/fbgaminghome/blog/marketers/connecting-the-dots-the-data-behind-women-in-gaming.

3 中国音数协游戏工委，伽马数据，国际数据公司：《2019年中国游戏产业报告（摘要版）》，中国书籍出版社，2019年，第42页。

4 游戏葡萄:《bilibili游戏首曝乙女用户市场调研及行为报告》,游戏葡萄,http://youxiputao.com/articles/6207,2015年9月11日。

5 搜狐:《壕出天际!有玩家为这款游戏的角色庆生!3分钟狂砸12万!》,搜狐网,http://www.sohu.com/a/216636643_404443,2018年1月14日。

6 Gaudiosi, J. (2014, September 23). *10 Powerful Women in Video Games*. Fortune. https://fortune.com/2014/09/23/10-powerful-women-video-games/.

7 Stuart, K. (2014, December 3). *Zoe Quinn: 'All Gamergate Has Done Is Ruin People's Lives'*. The Guardian. https://www.theguardian.com/technology/2014/dec/03/zoe-quinn-gamergate-interview.

8 de Segonzac, J. (Director). (2015, February 11). Intimidation Game. (Season 16, Episode 14) [TV series episode]. In D. Wolf et al. (Executive Producers), *Law & Order: Special Victims Unit*. NBC.

9 中国音数协游戏工委,伽马数据,国际数据公司:《2018年中国游戏产业报告(摘要版)》,中国书籍出版社,2018年,第84页。

10 数据根据GDC历年来发布的《游戏产业现状报告》(*State of Game Industry*)整理而成。

11 GDC. (2021). *State of Game Industry 2021*. GDC. https://reg.gdconf.com/state-of-game-industry-2021.

12 Fahey, R. (2021, July 30). *Activision Blizzard's Nasty Frat-Boy Culture Is an Industry-Wide Ailment | Opinion*. Gamesindustry. https://www.gamesindustry.biz/blizzards-nasty-frat-boy-culture-is-an-industry-wide-ailment.

13 Gach, E. (2021, July 28). *Inside Blizzard Developers' Infamous Bill 'Cosby Suite'*. Kotaku. https://kotaku.com/inside-blizzard-developers-infamous-bill-cosby-suite-1847378762.

14 George, F. (2021, November 20). *Activision Reportedly Took Years to Fire Someone Who Signed off with "1-800-ALLCOCK"*. Thegamer. https://www.

thegamer.com/activision-signoff-firing/.

15　Shepherd, K. (2021, July 22). *California Sues Video Game Giant Activision Blizzard over 'Pervasive "Frat Boy" Workplace Culture'*. The Washington Post. https://www.washingtonpost.com/nation/2021/07/22/california-activision-blizzard-lawsuit-sexism/.

16　Gach, E. (2021, November 16). *Report: Activision's Bobby Kotick Didn't Just Know, He Also Was Shitty to Women* [*Update*]. Kotaku. https://kotaku.com/report-activisions-bobby-kotick-didnt-just-know-he-al-1848066600.

17　Blizzard Entertainment. (2021, August 3). *New Leadership at Blizard*. Blizzard. https://news.blizzard.com/en-us/blizzard/23706475/new-leadership-at-blizzard.

18　Myers, M. (2021, November 17). *Blizzard's First Female Co-Leader Only Got Equal Pay After Tendering Her Resignation*. Polygon. https://www.polygon.com/22787230/blizzard-equal-pay-disparity-jen-oneal-resignation.

19　Frank, J. (2014, September 1). *How to Attack a Woman Who Works in Video Gaming*. The Guardian.https://www.theguardian.com/technology/2014/sep/01/how-to-attack-a-woman-who-works-in-video-games.

20　Mortensen, T. E. (2018). Anger, Fear, and Games: The Long Event of #GamerGate. *Games and Culture*, 13 (8), 787-806. Dowling, D. O., Goetz, C., & Lathrop, D. (2020). One year of #GamerGate: The Shared Twitter Link as Emblem of Masculinist Gamer Identity. *Games and Culture*, 15 (8), 982-1003.

21　Hepler, J. B. (2019). *Women in Game Development: Breaking the Glass Level-Cap*. CRC Press.

22　Marie, M. (2018). *Women in Gaming: 100 Professionals of Play*. Dorling Kindersley Ltd.

23　Kenney, M. (2022). *Gamer Girls: 25 Women Who Built the Video Game Industry*. Running Press Kids.

24　McManus, E. (2009, March 2). *Q&A with Brenda Laurel: We "Brought Girls Roaring into the Online Game Space*. TED. https://blog.ted.com/interview_with_2/.

25　Li, Y. (2015, November 3). *Ladies Who Code: More Chinese Women Are Being Encouraged to Lean into Technology*. https://www.globaltimes.cn/page/201511/954372.shtml.

26　Ji, Y. (2021, March 8). *All-Women Online Gaming Community Established in China to Provide Friendly and Comfortable Spaces for Female Gamers*. Global Times. https://www.globaltimes.cn/page/202103/1217758.shtml.

《仙剑奇侠传》：90年代的奇幻江湖

1　完整采访内容，可参见：https://www.bilibili.com/video/BV1VN4y1j7xq/?spm_id_from=333.788.recommend_more_video.1。

2　我爱天雪葵楼：《仙剑十五年回顾》，仙剑英雄网，http://www.palhero.net/?p=3886，2010年7月5日。

3　Lebowitz, J., & Klug, C. (2011). *Interactive Storytelling for Video Games: A Player-Centered Approach to Creating Memorable Characters and Stories*. Taylor & Francis, pp.48-65.

4　苏珊·海沃德：《电影研究关键词》，邹赞等译，北京大学出版社，2013年，第344页。

5　Navarro-Remesal, V., & Perez-Latorre, O. (2021). *Perspectives on the European Videogame*. p.21.

6　姚壮宪：《仙剑之父谈RPG游戏开发》，《电脑报》，2004年8月9日，E13。

7　赵一凡等主编：《西方文论关键词》，外语教学与研究出版社，2007年，第647—649页。

8　姚从容，陈卫民：《20世纪90年代京津沪城市经济发展与外来人口比较研究》，《西北人口》，2006年，第1期，第17页。

9 李郇、徐现祥、陈浩辉：《20世纪90年代中国城市效率的时空变化》，《地理学报》，2005年，第4期，第622页。

10 张太原：《20世纪90年代中国城市居民的文化消费——以北京为例》，《当代中国史研究》，2007年，第1期，第104—106页。

11 北京市统计局城市社会经济调查队：《北京市城市调查统计分析选编：1990—1999》，2000年，第89页。

12 姚从容，陈卫民：《20世纪90年代京津沪城市经济发展与外来人口比较研究》，《西北人口》，2006年，第1期，第18页。

13 张太原：《20世纪90年代中国城市居民的文化消费——以北京为例》，《当代中国史研究》，2007年，第1期，第107页。

14 张颐武：《对"现代性"的追问——90年代文学的一个趋向》，《天津社会科学》，1993年，第4期，第79页。

15 张谦芬：《90年代以来乡村书写中的城市背影》，《文艺理论与批评》，2005年，第4期，第87页。

16 戴锦华：《隐形书写——90年代中国文化研究》，江苏人民出版社，1999年，第3页。

17 国家统计局："个人电脑普及率（1999年）"，国家统计局官网，http://www.stats.gov.cn/ztjc/ztsj/gjsj/1999/200203/t20020306_50310.html。

世界游戏语境里的中国传统文化

1 Kwon, H. C. (2013). Historical Novel Revived: The Heyday of Romance of the Three Kingdoms Role-Playing Games. *Playing with the Past: Digital Games and the Simulation of History*, 121-134.

2 Tylor, E. B. (1871). *Primitive Culture: Researches into the Development of Mythology, Philosophy, Religion, Art and Custom* (Vol. 2). J. Murray.

3 Williams, R. (2014). *Keywords: A Vocabulary of Culture and Society*. Oxford

University Press.

4 Larkham, Peter J. (1995). Heritage as Planned and Conserved. In *Heritage Tourism and Society*, edited by Daniel T. Herbert, pp.85–116. Mansell, London.

5 Craig, J. (2021, March11). *Egyptologists Use Assassin's Creed: Origins to Teach History*.Thegamer. https://www.thegamer.com/egyptologists-assassins-creed-origins-teach-history/.

无尽的任务：从竞技游戏到电竞直播

1 Newzoo. (2022, April 19). *2022 Global Esports and Streaming Market Report*. Newzoo. https://newzoo.com/insights/trend-reports/newzoo-global-esports-live-streaming-market-report-2022-free-version.

2 Boellstorff, T., Nardi, B., Pearce, C., & Taylor, T. L. (2012). *Ethnography and Virtual Worlds*. Princeton University Press, pp.13-16.

3 Taylor, T.L. (2006). *Play Between Worlds: Exploring Online Game Culture*. MIT Press, p.70.

4 Taylor, T.L. (2006). *Play Between Worlds: Exploring Online Game Culture*. MIT Press, p.11.

5 Taylor, T.L. (2006). *Play Between Worlds: Exploring Online Game Culture*. MIT Press, p.1.

6 Taylor, T.L. (2006). *Play Between Worlds: Exploring Online Game Culture*. MIT Press, p.9.

7 Taylor, T.L. (2012). *Raising the Stakes: E-Sports and the Professionalization of Computer Gaming*. MIT Press, p.89.

8 Taylor, T.L. (2012). *Raising the Stakes: E-Sports and the Professionalization of Computer Gaming*. MIT Press, p.99.

9 Taylor, T.L. (2012). *Raising the Stakes: E-Sports and the Professionalization of

Computer Gaming. MIT Press, p.88.

10　Taylor, T.L. (2012). *Raising the Stakes: E-Sports and the Professionalization of Computer Gaming*. MIT Press, pp.3-9.

11　该图以泰勒在书中对欧美产业的描述为基础,参考了NBD图数馆的电竞产业图。原图请参见张弩:《电竞职业急缺50万人才,你最适合哪个岗位?》,澎湃新闻,https://www.thepaper.cn/newsDetail_forward_3167119,2019年3月20日。

12　Taylor, T.L. (2012). *Raising the Stakes: E-Sports and the Professionalization of Computer Gaming*. MIT Press, pp.199-200.

13　Taylor, T.L. (2018). *Watch Me Play: Twitch and the Rise of Game Live Streaming*. Princeton University Press, p.4, 136.

14　Taylor, T.L. (2018). *Watch Me Play: Twitch and the Rise of Game Live Streaming*. Princeton University Press, p.1.

15　Taylor, T.L. (2018). *Watch Me Play: Twitch and the Rise of Game Live Streaming*. Princeton University Press, p.4.

16　New Zoo. (2020). *Global Esports Market Report 2019*. New Zoo, https://newzoo.com/solutions/standard/market-forecasts/global-esports-market-report/.

17　企鹅智酷,腾讯电竞,《〈电子竞技〉杂志:世界与中国:2019全球电竞行业与用户发展报告》,腾讯企鹅智酷,https://mp.weixin.qq.com/s/U83ukyJsNXj62dBUJM2Grg,2019年6月20日。

互动电影:电影与游戏的跨媒介融合

1　Davenport, G. (2014). Interactive Cinema. In Marie-Laure Ryan, Lori Emerson and Benjamin J. Robertson (Eds.), *The Johns Hopkins Guide to Digital Media* (pp.278-282). Johns Hopkins University Press.

2　Willoughby, I. (2007, June 14). *Groundbreaking Czechoslovak Interactive Film*

System Revived 40 Years Later. Czech Raido. http://www.radio.cz/en/section/panorama/groundbreaking-czechoslovak-interactive-film-system-revived-40-years-later.

3　里昂·葛瑞威奇、孙绍谊：《互动电影：数字吸引力时代的影像术和"游戏效应"》，《电影艺术》，2011年，第4期，第92页。

4　Klevjer, R. (2014). Cut-Scenes. In Mark J. P. Wolf & Bernard Perron (Eds.), *The Routledge Companion to Video Game Studies* (pp.301-309). Routledge.

5　Hayward, S. (2023). *Cinema Studies: The Key Concepts (The Fifth Edition)*. Routledge, pp.32-39.

6　Sierra, W. (2020). *Todd Howard: Worldbuilding in Tamriel and Beyond*. Bloomsbury Publishing USA. Salter, A. (2017). *Jane Jensen: Gabriel Knight, Adventure Games, Hidden Objects*. Bloomsbury Publishing USA. Kocurek, C. A. (2017). *Brenda Laurel: Pioneering Games for Girls*. Bloomsbury Publishing USA. DeWinter, J. (2015). *Shigeru Miyamoto: Super Mario Bros., Donkey Kong, The Legend of Zelda*. Bloomsbury Publishing USA.

7　李玲：《小岛秀夫游戏梦的渊源》，《游戏批评》，2001年，第13辑，人民交通出版社，第100页。

8　李玲：《小岛秀夫游戏梦的渊源》，《游戏批评》，2001年，第13辑，人民交通出版社，第104页。

9　有关该纪录片的更多信息，可参见https://www.youtube.com/watch?v=eJVYND_YRx8。

10　Carter, J. (2022, December 15). *Kojima Productions Is Making Death Stranding into a Feature Film*. Game Developer. https://www.gamedeveloper.com/business/kojima-productions-is-making-i-death-stranding-i-into-a-feature-film.

11　Schiesel, S. (2005, October 16). *Gangs of New York*. The New York Times. https://www.nytimes.com/2005/10/16/arts/gangs-of-new-york.html.

12 Gaudiosi, J. (2011, April 5). *Rockstar Games' Dan Houser on 'L.A. Noire's' Selection by the Tribeca Film Festival*. Hollywood Reporter. https://www.hollywoodreporter.com/business/digital/rockstar-games-dan-houser-la-174859/.

13 Rockstar Recommendations. (2010, March 15). *Rockstar Recommends: The Best of the Rest of the West*. Rockstar. https://www.rockstargames.com/newswire/article/51974aa385ka89/rockstar-recommends-the-best-of-the-rest-of-the-west.html.

14 Wright, E. (2022). *Rockstar Games and American History*. De Gruyter Oldenbourg.

15 PlayStation. (2022, January 4). *PlayStation VR2 and PlayStation VR2 Sense Controller: The Next Generation of VR Gaming on PS5*. PlayStation. https://blog.playstation.com/2022/01/04/playstation-vr2-and-playstation-vr2-sense-controller-the-next-generation-of-vr-gaming-on-ps5/.

16 在创作互动电影《黑镜》时，查理·布鲁克（Charlie Brooker）就使用了Twine来编写剧本。详情可参见：Reynolds, M. (2018, December 28). *The Inside Story of Bandersnatch, the Weirdest Black Mirror Tale Yet*. Wired. https://www.wired.co.uk/article/bandersnatch-black-mirror-episode-explained.

结语　游戏素养的用途

1 Zimmerman, E. (2008). Gaming Literacy: Game Design as a Model for Literacy in the Twenty-First Century. In *The Video Game Theory Reader 2* (pp. 45-54). Routledge.

索引

A

《阿芝台克人》（*Aztec*，1982）80-81

《艾尔登法环》（*Elden Ring*，2022）123,331

《暗黑破坏神：不朽》（2022 年至今）56

"暗黑破坏神"系列（Diablo）180

B

《百战铁翼》（*LHX: Attack Chopper*，1990）73

《半条命 2：第一章》（*Half-Life 2: Episode One*，2006）175

《半条命 2》（*Half-Life 2*，2004）240

《宝藏陷阱》（*Treasure Trap*，1982）90

《贝加之战》（*Bega's Battle*，1983）330

《蝙蝠侠：阿卡姆 VR》（*Batman: Arkham VR*，2017）338

《蝙蝠侠：阿卡姆疯人院》（*Batman: Arkham Asylum*，2009）240

《部落战争》(*Clash of Clans*,2012—)226

C

"超级猴子弹跳球"系列(Super Monkey Ball)239

《超级马里奥:奥德赛》(*Super Mario Odyssey*,2017)111

《超级马里奥兄弟》(*Super Mario Bros.*,1985)71,111

《超级食肉男孩》(*Super Meat Boy*,2010)12

《超级桃子公主》(*Super Princess Peach*,2006)241

《沉睡的公民》(*Citizen Sleeper*,2022)284

《成龙的动作功夫》(*Jackie Chan's Action Kung Fu*,1990)292

《成龙的探险》(*Jackie Chan Adventures*,2001)293

《吃豆人》(*Pac-man*,1980)4,238,331

《吃豆小姐》(*Ms. Pac-man*,1982)238

《刺客信条:大革命》(*Assassin's Creed: Unity*,2014)59

《刺客信条:起源》(*Assassin's Creed: Origins*,2017)301

《刺客信条3:解放》(*Assassins Creed III: Liberation*,2012)73

《刺客信条编年史:俄罗斯》(*Assassin's Creed Chronicles: Russia*,2016)74

《刺客信条编年史:印度》(*Assassin's Creed Chronicles: India*,2016)74

《刺客信条编年史:中国》(*Assassin's Creed Chronicles: China*,2015)293-294

《刺猬索尼克》(*Sonic the Hedgehog*,2006)239

D

《大富翁》（*Monopoly*，1995）174

《大金刚》（*Donkey Kong*，1981）238,341

"弹丸论破"系列（Danganronpa）206

《德军总部 3D》（*Wolfenstein 3D*，1992）73,316

《等待》（*Wait*，2005）280

《滴答：双人冒险》（*Tick Tock: A Tale for Two*，2019）15

《第二人生》（*Second Life*，2003—）94,278

《第五人格》（2018 年至今）55

《吊销黑卡》（*Black Card Revoked*，2015）35

《多萝西之家》（*Dot's home*，2021）3,22-24,33,35-36

《16 吨》（*Sixteen Tons*，2010）11

E

《鳄鱼小顽皮爱洗澡 2》（*Where's My Water? 2*，2013）239

F

《反恐精英》（*Counter-Strike*，2000—）317

《菲斯》（*Fez*，2012）12,14

《风暴英雄》（*Heroes of the Storm*，2015—）180-181

《风之旅人》（*Journey*，2012）13,116-117,304

《封闭世界》（*A Closed World*，2011）283

《弗洛伦斯》（*Florence*，2018）284

《浮游世界》（*Flow*，2006）116-117

"辐射"系列（Fallout）332

G

《赶走性骚扰》（*Hurl the Harasser*，2017）279

《告诉我为什么》（*Tell Me Why*，2020）131

《功夫大师》（*Kungfu Master*，1984）

《功夫大师》（*Kung-Fu Master*，1984）238,292

《功夫大师成龙》（*The Kung-Fu Master Jackie Chan*，1995）292

《孤独的海》（*Sea of Solitude*，2019）284,287

《古堡迷踪》（*Ico*，2001）240

《古墓丽影：最后的启示》（*Tomb Raider: The Last Re-velation*，1999）286

《古墓丽影9》（*Tomb Raider 9*，2013）76-77

《光与夜之恋》（2021年至今）206,245

《FIFA国际足球》（*FIFA*，1993—）317

H

《哈迪斯》（*Hades*，2018）131

《哈利·波特：魔法觉醒》（2021年）37

《海狼》（*Sea Wolf*，1976）316

《合金装备2：自由之子》（*Metal Gear Solid 2: Sons of Liberty*，

2001）332-333

《合金装备 5：幻痛》（*Metal Gear Solid V: The Phantom Pain*，2015）240

《和班尼特·福迪一起攻克难关》（*Getting Over It with Bennett Foddy*，2017）15,23

《和平精英》（2019 年至今）55

《黑 / 白》（*Black/White*，2009）71,278

《黑暗力量》（*Dark Forces*，1995）174

《黑色洛城：VR 案宗》（*L.A. Noire: The VR Case Files*，2017）338

《黑色洛城》（*L.A. Noire*，2011）334

《花》（*Flower*，2009）116

《画中世界》（*Gorogoa*，2017）123

《荒野大镖客》（*Red Dead Redemption*，2010）334-335

《荒野大镖客 2》（*Red Dead Redemption 2*，2018）58

《荒野行动》（2017 年至今）16,55

《回到床上》（*Back to Bed*，2014）13

《毁灭战士》（*Doom*，1993）316

《绘真·妙笔千山》（2019 年）289,342

J

《纪念碑谷》（*Monument Valley*，2014）118,123

《剑侠情缘》（1997—2000 年）296

《江南百景图》（2020 年至今）299

"街头霸王"系列（Street Fighter）293

《经营麦当劳》（McDonald's Video Game, 2006）281

《惊梦》（2015 年）289,304,342

《巨洞探险》（Colossal Cave Adventure, 1977）4

《决战！平安京》（2018 年至今）55

《决战 II》（2001 年）291

《绝地求生》（PUBG: Battlegrounds, 2017—）109,116

《绝岭雄风》（Cliff Hanger, 1993）330

K

《卡通农场》（Hay Day, 2012—2021）3,225-228,230,232-233,343

《开心农场》（2008—2017 年）114,225

《看门狗》（Watch Dogs, 2014）248

《口袋妖怪 GO》（Pokemon Go, 2016—）91

L

《拉吉：远古传奇》（Raji: An Ancient Epic, 2020）147

《蓝色回忆录》（A Memoir Blue, 2022）284

《乐高海岛》（Lego Island, 1997）174

"雷顿教授"系列（Professor Layton）206

《雷神之锤》（Quake, 1996）174,316

《雷神之锤 3》（Quake 3, 1999）277

《雷霆双雄》（Herzog Zwei, 1989）171

《篱笆庄秘闻》（2017年）183

《李小龙：传奇归来》（*Bruce Lee: Return of the Legend*，2003）292

《李小龙：龙之探索》（*Bruce Lee: Quest of the Dragon*，2002）292

《李小龙》（*Bruce Lee*，1984）292

《历历在目》（*Before Your Eyes*，2021）284

《恋与制作人》（2017年至今）101,109-110,116,119-120,206,245

《林中之夜》（*Night in the Woods*，2017）16

《流浪》（*Stray*，2022）23

《流线》（*Streamline*，2016）321

《龙：李小龙的故事》（*Dragon: The Bruce Lee Story*，1994）292

《龙之传说》（*Dragon's Lair*，1983）330

《鹿鼎记之皇城争霸》（1994年）269

《罗克特的新学校》（*Rockett's New School*，1977）254-255

"罗罗大冒险"系列（Adventures of Lolo）239

《旅行青蛙》（旅かえる，2017）3,101,109-110,112-115,118-121

M

"猫娘乐园"系列（Nekopara）206

《美国陆军》（*America's Army*，2002）278

《梦幻老爹：老爸约会模拟》(*Dream Daddy: A Dad Dating Simulator*, 2017) 122

《梦幻西游》（2003年至今）296

《梦幻西游2》（2013年至今）188

《梦幻西游手游》（2015年至今）289,296

《妙探寻凶》(*Clue*, 1949) 324

"命运/守护之夜"系列（Fate/stay night）206

《魔兽世界》(*World of Warcraft*, 2004—) 132,171,180,188,251

《魔域大冒险》(*Zork*, 1977) 4

《墨西哥英雄大混战》(*Guacamelee!*, 2013) 81

N

《尼德霍格》(*Nidhogg*, 2014) 12

《尼山萨满》（2018年）289

"逆转裁判"系列（Ace Attorney）206

《捏脸游戏》(*Zepeto*, 2018) 100

P

《配对》(*Match*, 2010) 279

《皮克敏》(*Pikmin*, 2001) 110

《乒乓球》(*Pong*, 1972) 280

Q

《奇异人生》(*Life Is Strange: True Colors*,2021)284

《亲爱的,别比我先死》(*Bury Me, My Love*,2017)125-126

《亲爱的读者》(*Dear Reader*,2019)11

《全面战争:三国》(*Total War: Three Kingdoms*,2019)292

R

《让彼处有光》(*Let There Be Light*,2016)83

《仁爱》(*Charity*,2008)280

《任天狗》(*Nintendogs*,2005)111

《日落黄昏时》(*As Dusk Falls*,2022)284

《如来金刚拳传奇》(1992年)269

《若发现》(*If Found...*,2020)131

S

《塞尔达传说:旷野之息》(*The Legend of Zelda: Breath of the Wild*,2017)122

《塞尔达传说:时之笛》(*The Legend of Zelda: Ocarina of Time*,1998)110

《三国无双》(1997年)291

《三国演义》(*Romance of the Three Kingdoms*,1985)290-291,295

《三国志:中原之霸者》(三国志 中原の霸者,1988)291

《三国志 II 霸王的大陆》（三国志 II 霸王の大陸，1992）291

《三国志大战》（2005 年）291

《三国志孔明传》（1996 年）291

《三国志列传：乱世群英》（1991 年）291

《三国志英杰传》（1995 年）291

《扫雷》（*Microsoft Minesweeper*，1992）iii

《森林里的秘密小路》（*Secret Paths in the Forest*，1977）255

《杀戮之盒》（*Killbox*，2015）278

"上古卷轴"系列（Elder Scrolls）331

《上古卷轴 5：天际》（*The Elder Scrolls V: Skyrim*，2011）ii

《社畜的福报》（2022 年）285

《神鬼寓言》（*Fable II*，2008）238

《神秘岛》（*Myst*，1993）174

《神秘庄园》（*Mystery Mansion*，1978）4

《生化奇兵：无限》（*BioShock Infinite*，2013）240

《失踪》（*Missing: Game For a Cause*，2016）134-135,138,140,144-145

《师父》（*Sifu*，2022）293

《时空幻境》（*Braid*，2008）12

《时空中的绘旅人》（2020 年至今）245

《史莱姆救美记》（*Gish*，2004）10

《使命召唤：黑色行动 2》（*Call of Duty: Black Ops II*，2012）

《手机故事》(*Phone Story*,2011)283

《手机疑云》(*A Normal Lost Phone*,2017)3,122-127,129

《守望先锋》(*Overwatch*,2016—)181,322

"狩魔猎人"系列(Gabriel Knight)332

《帅鸽男友》(はーとふる彼氏,2011)122,205

《双人成行》(*It Takes Two*,2021)15

《死亡搁浅》(*Death Stranding*,2019)333-334

《死亡巨石》(*Giant Boulder of Death*,2013)239

T

《她的故事》(*Her Story*,2015)14

《塔马迪皮科》(*Tamatipico*,2003)283

《太空地带》(*Astron Belt*,1983)330

《太空狼人杀》(*Among Us*,2018)23

《太空王牌》(*Space Ace*,1983)330

《太阳面具》(*The Mask of the Sun*,1982)80-81

《特殊行动:一线生机》(*Spec Ops: The Line*,2012)76

《特种部队》(*Special Force*,2003)82

《天龙八部手游》(2017年至今)296

《天使们的午后》(天使たちの午後,1985)237

《天涯明月刀》(2016年至今)296,301

《田径选手游戏》(*QWOP*,2008)60

《铁拳7》(*Tekken 7*,2015)82

《吞食天地 II 诸葛孔明传》（天地を喰らう II 諸葛孔明伝，1991）291

W

《外星花园》（*Alien Garden*，1982）9
《万物生长 Grow》（2015 年）118
《王者荣耀》（2015 年至今）3,16,120,169-170,173-177,180-182,184,204,289,297,322
《未来战警之洛杉矶篇》（*Future Cop: LAPD*，1998）171
《文字游戏》（2022 年）1-7,17-18,21,302
《沃德尔填词游戏》（*Wordle*，2021）2-3
《无尽的任务》（*EverQuest*，1999—）54,308-310
《无人驾驶》（*Unmanned*，2012）14

X

《席德·梅尔之文明 4》（*Sid Meier's Civilization IV*，2005）331
《细胞分裂》（*Splinter Cell*，2002）238
《侠盗猎车手：中国城风云》（*Grand Theft Auto: Chinatown Wars*，2009）295
《侠客英雄传》（1991 年）268
《侠影记》（1992 年）269
《仙剑奇侠传》（1995 年）3,53,62-67,69,118,156,241,260,264,296-

297

《像素起跑2：未来外太空传奇》（*Bit.Trip Presents... Runner2: Future Legend of Rhythm Alien*，2013）239

《小小大星球》（*Little Big Planet*，2008）81

"小镇家族"系列（Clannad）206

《笑傲江湖》（1994年）190,269

"心跳回忆"系列（Tokimeki Memorial）206

《新大话西游2》（2012年至今）188

《新天龙八部》（2013年至今）3,156,158,186-192,194-195,197-198,200

《信长之野望》（1983年）295

《星际火狐之大冒险》（*Star Fox Adventures*，2002）237

《星际迷航：旅行者——精英部队》（*Star Trek: Voyager-Elite Force*，2000）277

《星际争霸》（*StarCraft*，1998）54,171,320,341

《星际争霸2》（*StarCraft II*，2010— ）55,320

"刑警J·B·哈罗德事件簿"系列（J.B. Harold Murder Club）206

"行尸走肉"系列（Walking Dead）159

《熊抱》（*Big Huggin'*，2013）280,287

《轩辕剑》（1990年）53,155,269

《轩辕剑2》（1994年）269

《轩辕剑网络版》（2022年）155

《雪之少女》（*Kanon*，1999）237

Y

《鹞鹰战机》（*Harrier Attack*，1983）80

《疑案追声》（2019年）23

《倚天屠龙记》（1994年）268-269

《异日同梦》（*Every Day The Same Dream*，2009）282

《抑郁探索》（*Depression Quest*，2013）248

《阴阳师》（2016年至今）3,52,55,149,153,155-156,158-168

《隐身特工》（*Unseen Diplomacy*，2016）203

《英雄联盟》（*League of Legends*，2009— ）55,172-173,180-181,289,322

《英雄联盟手游版》（2022年至今）56

《樱花大战》（*Sakura Wars*，1996）206

《永劫无间》（2021年至今）297

《勇者斗恶龙》（1986年）268

《原神》（2020年至今）289

《远征亚马逊》（*Expedition Amazon*，1983）80

《云》（*Cloud*，2005）116

Z

《造个更好的捕鼠器》（*To Build A Better Mousetrap*，2014）283

《战神1》（*God of War 1*，2005）238

《真人快打》(*Mortal Kombat*,1992)73

《征途》(2006年至今)188,296

《征途2手游》(2018年至今)296

《致命框架》(*Framed*,2014)342

《智慧动物园》(*Smartkins Animals*,2016)83

《中国式家长》(2018年)285

《中间》(*Between*,2009)12

《中原之霸者：三国将星传》(中原の覇者 三国将星伝,2006)292

《追忆李小龙》(*Bruce Lee Lives: The Fall of Hong Kong Palace*,1989)292

《自由：在黑暗中反抗》(*Freedom: Rebels in the Dark-ness*,1988)22,280

《最后的生还者》(*The Last of Us*,2013)75,76

《昨日难留》(*No Longer Home*,2018)284

后 记

作为游戏学者，我对游戏研究的探索始于一篇农场游戏的习作，白驹过隙，如今已近十年。在此期间，我有幸获得了来自不同领域、不同国家的朋友们的支持和鼓励，在多个学术平台和大众媒体上分享自己用中文或英文写就的文章，和志同道合的小伙伴们一起讨论游戏，一同建构开放多元的游戏研究平台。其中，既有经常相聚的师友，也有不少人都未曾或鲜少在线下见面，只是凭借彼此的信任，通过邮件、电话、线上会议跨越不同时区沟通合作，实谓"相知无远近，万里尚为邻"。在此，衷心感谢你们一直以来给予的强有力支持，让我得以在游戏研究这个开放世界中自由探索，并持续地邂逅乐趣与惊喜，让这个原本孤单的旅途变得无比灿烂。我把你们的名字记在心里，相信未来我们也会因为游戏而经常相聚。

这本小书是一个充满实验精神的尝试。2014 年，我到芝加哥拜访友人，在客厅中读完了她的影评集。当时，我萌生了一个念头，期待国内的游戏爱好者们能像评论电影一样，对游戏进行深度的解读，也希望未来能出版一本自己的"游评集"。后来，每当想起那次旅行，记忆中首先浮现出黑胶唱片机中传来的音乐以及窗口洒进来的余晖，接着就会想起这个未完成的任务。感谢她多年来的支持和鼓励，如今这个愿望终于得以实现。

在此，我要衷心感谢冯应谦教授、罗福林（Charles A. Laughlin）教授、向勇教授、中村彰宪教授和陈京炜教授。感谢这些文化产业、游戏文化、东亚文化、游戏设计等领域的权威学者成为本书的第一批读者，并对本书给予了肯定，提供了建议。

我要特别感谢滕威老师和曾诚老师，让我有幸通过生活书店把这本书介绍给对游戏研究和游戏评论感兴趣的读者。此外，我还要特别感谢本书的编辑李方晴老师，她细致入微又严谨专业的建议为这本书注入了独特的光彩，也让我受益匪浅。感谢鲁明静老师为本书提供装帧设计。

本书的部分内容是在已发表过的文章（有时以"小山大圣"为笔名）基础上进行了更新和改写，同时新增了一些篇目。此间，虽然有些游戏文化现象已经发生变化，但依然被收录进来，旨在为中国游戏文化史提供一个历史切片。在创作过程中，我尽最大努力寻找一种适合不同读者的表达方式。如有不足之处，请大家提出批评或建议，以便让它更加完善。感谢您花时间读完这本小书，期待我们在下一次游戏之旅中重逢。

孙静

2024 年 1 月 30 日

Copyright © 2024 by Life Bookstore Publishing Co., Ltd.
All Rights Reserved.
本作品版权由生活书店出版有限公司所有。
未经许可，不得翻印。

图书在版编目（CIP）数据

嬉游志：透过电子游戏看世界 / 孙静著.
—北京：生活书店出版有限公司，2024.2
ISBN 978-7-80768-453-4

Ⅰ．①嬉⋯Ⅱ．①孙⋯Ⅲ．①电子游戏－研究Ⅳ．① G898.3

中国国家版本馆 CIP 数据核字（2024）第 044117 号

责任编辑	李方晴
装帧设计	鲁明静
责任印制	孙　明
出版发行	生活書店出版有限公司
	（北京市东城区美术馆东街 22 号）
邮　　编	100010
经　　销	新华书店
印　　刷	天津睿和印艺科技有限公司
版　　次	2024 年 5 月北京第 1 版
	2024 年 5 月北京第 1 次印刷
开　　本	880 毫米 ×1230 毫米　1/32　印张 12
印　　数	0,001-4,000 册
字　　数	230 千字
定　　价	59.00 元

（印装查询：010-64052066；邮购查询：010-84010542）